新　潮　文　庫

前　へ　！

—東日本大震災と戦った無名戦士たちの記録—

麻　生　幾　著

彼らはその言葉だけで突き進んだ。

「前へ！」

麻生　幾

目次

本文写真・資料　ＤＭＡＴ事務局
国土交通省・東北地方整備局
陸上自衛隊・中央即応集団
地図作成　ジェイ・マップ

前へ！

東日本大震災と戦った無名戦士たちの記録

第一章　福島第1原発を冷やせ！　兵士たちの知られざる戦争

大震災から三日後　二〇一一年三月十四日　午前十時過ぎ

原発事故に立ち向かった自衛隊。その幹部が密《ひそ》かに名付けた作戦名である。

美《うつく》し浜を守る作戦——。

太平洋に開けた、福島第1原子力発電所（福島第1原発）の南北に広がる美しい砂浜。夏ともなれば海水浴客も訪れる。そこに再び明るい笑い声が響くことを願い、陸上自衛隊・中央即応集団（CRF）の幹部が作ったものだった。

自衛隊の中で真っ先に福島第1原発へ出撃したのは、そのCRFの指揮下にある「中央特殊武器防護隊（中特防《ちゅうとくぼう》）」という名の特殊部隊だった。

中特防が、初めて出撃したその日の朝。長い冬がようやく終わりを告げ、身を切るように凍える日から久しぶりに解放されたときでもあった。

朝の最低気温は零度を上回った。昼前には二十度近くにまで上昇するほどである。湿度は二十数パーセント。穏やかな西北西の風。さわやかな春の一日の始まりを思わせた。

福島県双葉《ふたば》郡大熊《おおくま》町。

巨大な八基の円柱で支えられた白いアーチ。真っ青な空に溶け込むようだった。

柔らかな陽を浴びながら、中特防の三台の車両が接近した。

先頭は、ダーク・オリーブ色の、三菱《みつびし》・パジェロを改造した幌《ほろ》付きジープ。その後ろを、真っ黒なボディの水タンク車二両が続いた。

いずれの運転席にも、黒い防護マスクで顔を覆《おお》い、白い防護服を着込み、迷彩鉄帽を被《かぶ》った中特防隊員が座っている。

警備会社アルソックの社員が車列を停止させたとき、「隊長車」のジープに乗った、中特防の隊長、岩熊真司《いわくましんじ》１等陸佐は、周囲へ忙しく視線を送って訝《いぶか》った。

――消防の隊員はどこにいるんだ？

その発言の意味を理解するには、前日、十三日の夜のできごとを説明しなければならない。

福島第１原発から、西へ五キロ離れた、「オフサイトセンター」。コンクリート平屋建てのその施設は、経済産業省に属する「原子力安全・保安院」の現地指揮所である。

原発に緊急事態が発生した場合、原子力安全・保安院（保安院）や東京電力（東電）のほか、警察、町役場、県庁などの関係者が参集し、現地対策本部を立ち上げることが決まっていた。

震災から二日後の十三日夜、オフサイトセンターでは、第1原発の原子炉を冷却するための協議が緊張の中で行われていた。

なにしろ、前日の十二日、全電源を失った第1原発の1号機建屋《たてや》が水素爆発するという信じがたい事態となったのである。にもかかわらず、依然として原子炉の状態がわからない。

それは1号機だけの話ではなかった。電源が遮断《しゃだん》された2号機、3号機、そして4号機の原子炉でメルトダウンが起きている危険性が指摘されていた。だが、それを確かめる術《すべ》がなかった。それぞれの原子炉建屋では放射線量が余りにも高濃度である。四基の原子炉でいったい何が起きて、いかなる事態になっているのかがわからない、という最悪の事態だったのである。

オフサイトセンターに顔を揃《そろ》えたのは、中特防隊長の岩熊真司1等陸佐を始め、「東電」、「保安院」のそれぞれの連絡担当者のほか、全国地方自治体の消防隊を統括する総務省の外局「消防庁」の官僚も東京から急派されていた。

全電源を失って、原子炉を冷やすポンプが動かなくなった第1原発の中で、3号機の原子炉の状態がもっとも危険とされた。一刻も早く、原子炉を直接冷やすための給水ポンプへの給水を何としてでも再開しなくてはならない。しかし、ダムから水を運ぶ通常のポンプは電気がないので稼働《かどう》できない。ならば、いかにして給水を行うのか——重苦しい空気の中、協議が続いた。

張り詰めた空気を破るように、岩熊が言い放った。

「陸上自衛隊の水タンク車二台がすでに到着しています。給水手順も訓練し、いつでも突っ込めます——」

消防庁の官僚が慌《あわ》てて続けた。

「消防も行きます」

その言葉を、岩熊は頼もしく思った。消防隊員と彼らが保有する水タンク車も加わってくれれば、絶大なる効果が得られる。それより何より、仲間がいる、ということにこそ勇気付けられた。

各部隊の待ち合わせ場所として決まったのは、福島第1原発の正面入り口の、アーチ門の前だった。

そして、今、岩熊は、約束されたアーチ門の前に到着していた。

ところが、消防部隊がどこにもいないのだ。

岩熊は、オフサイトセンターへの連絡を考えた。時間を間違えたのか？

そのとき、アーチ門の向こう側、第1原発の敷地内から、一台のワゴン車が接近してくるのが岩熊の目に入った。

アーチ門の下を通過して近づいてくるワゴン車の中から、白い防護服に身を包んだ東京電力社員が身振りで促した。

〝私が案内します〟

東京電力社員の身振りをそう理解した岩熊は、消防がいないことへのわだかまりを引《ひ》き摺《ず》りながらも力強く頷《うなず》いた。

東京電力のワゴン車に続いて、三両の自衛隊車両がアーチ門をくぐり抜けた。

目の前に、蕾《つぼみ》が膨らんだ木々が、人気《ひとけ》のない道路の左右にずらっと並んでいる。浜《はま》通《どお》りと呼ばれる、太平洋と阿武隈《あぶくま》山地にはさまれたその土地は、桜の開花にはまだほど遠かった。

桜道をまっすぐ進むと、シグナルが消えた信号機がむなしく立っていた。

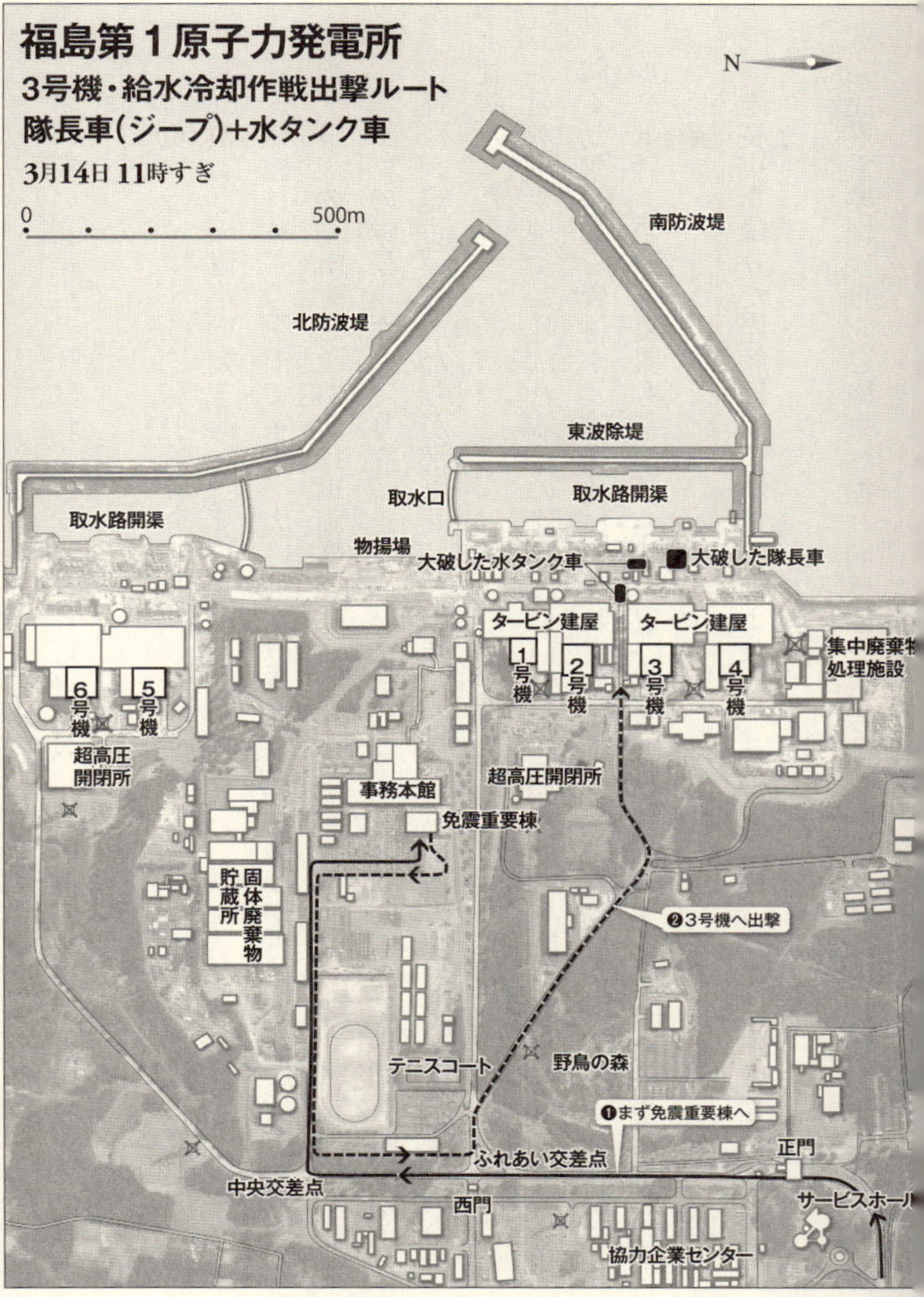
福島第１原子力発電所
3号機・給水冷却作戦出撃ルート
隊長車(ジープ)+水タンク車
3月14日 11時すぎ
0
500m
N
南防波堤
北防波堤
東波除堤
取水口
取水路開渠
取水路開渠
物揚場
大破した水タンク車
大破した隊長車
タービン建屋
タービン建屋
集中廃棄物処理施設
1号機
2号機
3号機
4号機
6号機
5号機
超高圧開閉所
超高圧開閉所
事務本館
免震重要棟
固体廃棄物貯蔵所
❷3号機へ出撃
テニスコート
野鳥の森
❶まず免震重要棟へ
正門
ふれあい交差点
中央交差点
西門
サービスホール
協力企業センター
© Iku AS

ふれあい交差点と呼ばれる十字路をさらに進み、その次の中央交差点で四両の車両群は右折した。

運動グラウンドを右に見ながら、車両群は、東の太平洋側へとまっすぐに伸びる、幅広の二車線道路を突き進んだ。

定検機材倉庫の手前で右折。広い駐車場を右に見つめながら、大きな新事務本館の前で最後の左折をしたあと、車両群はそこで停まった。

ジープの隊長車から降り立った岩熊と、その部下である、中央特殊武器防護隊103特殊武器防護隊員たちが足を向けたのは、奇怪なほど窓の少ない、二階建ての白い建物だった。

「免震《めんしん》重要棟」と呼ばれるその建物について、岩熊が聞かされていたのは、放射線を防ぐ効果がある資材が建物全体に張られ、空気中の放射性物質を除去する活性炭フィルター付きの換気装置も完備した、東電の原発事故対策の〝心臓部〟だということだった。

隊長車を降りた岩熊は、免震重要棟よりも、その先にある光景に目を奪われたはずだ。

免震重要棟からふと南東へ振り向けば、1号機と呼ばれる原子炉建屋が、ほんの目と鼻の先の位置にある。

　免震重要棟は、原子炉建屋が並ぶ敷地から約三十メートルの高さの丘の上に建てられている。

　一方、1号機を始めとする建屋の高さは約五十メートルだ。つまり、高低差二十メートルの建屋の上部は、免震重要棟がある丘から面前に見えるのだ。

　だがその、〝二十メートルの高低差〟の部分は、ちょうど、二日前の水素爆発で吹っ飛び、外壁の枠組みが無残に姿を晒《さら》している有様だった。

　免震重要棟に入った岩熊たちは、東電社員から、放射性ヨウ素対応全面マスクを受け取り、短時間で着装手順を習った。

　マスクの左右に突き出た、黄色とピンク色にペイントされた吸収缶は、呼吸時に放射性ヨウ素をほとんど排除してくれる、と東京電力社員は説明した。

　中特防でもまだ完備していない資機材だった。

　当初、東電と自衛隊の間では、第1原発への給水は東京電力が担当、福島第2原子力発電所（第2原発）の原子炉の冷却系ポンプへの給水は自衛隊、という切り分けが決められていた。

　岩熊が最初指揮を執った第2原発では、冷却装置が機能を回復しつつあった。ゆえに、給水ポンプへの給水を行った航空自衛隊の航空基地消防隊は、特別な放射線防護措置は取っていなかった（航空基地消防隊とは、航空機の離着陸の際に待機する、基地専属の消防隊である）。

しかし、第１原発は違う、と岩熊は当然ながら判断した。一昨日の１号機の水素爆発によって、原発敷地内の放射線量が上昇しているとの情報はすでに知っていた。その状況が、人体にとっていかに危険であるか、化学の専門家として当然、熟知していた。

しかも岩熊は、すでに昨夜から秘《ひそ》かに覚悟は決めていた。昨夜、十三日夜——。陸海空の自衛隊のオペレーションを一括指揮する、「統合任務部隊（ＪＴＦ）司令部」から、ある指示が密かになされていた。

「３号機が危ない。給水命令が下令されるかもしれない。準備せよ」

大震災直後の大津波は第１原発も襲い、幾つかの給水ポンプを破壊した。だが３号機の給水ポンプだけは幸運にも無事だった。

その給水ポンプに、自衛隊の水タンク車のホースを繋《つな》げば、真水《まみず》で原子炉を冷やすことができる——東電は経済産業省を通じ、そう要請してきたという。

当時、３号機の原子炉を冷却するため、海水注入がすでに行われてはいた。

岩熊はすでに決意していた。

みずから乗り込むジープを「隊長車」とし、給水冷却作戦を行う水タンク車を先導すること。そして、携帯式放射線検知器の数値をチェックして、水タンク車の隊員たちの安全を保つことを――。

隊長が現場に出撃することへの躊躇《ためら》いもなかったわけではない。指揮官とは常に、全体を指揮しなければならない。だからこそ、当初、福島行きを遅らせてでも、大宮駐屯地《ちゅうとんち》（さいたま市）の本部に陣取り、全体の指揮を執ることに拘《こだわ》った。

しかし事態は、自衛隊が初めて対峙《たいじ》する、国家的緊急事態である。

放射線防護を知り抜いた、岩熊の部下たちであっても動揺がないはずはない。だからこそ、自らが出撃してみせることが必要だ、と岩熊は決意していた。自分がまず先陣を切って突っ込むことが絶対に必要なのだ――。

岩熊のその決意を後から知った陸上幕僚監部《ばくりょうかんぶ》の多くの幹部たちは驚いた。

岩熊の専門は化学だった。福岡県久留米の幹部候補生学校卒業後、配属された部隊では、一貫して、化学科職種を歩んだ。

師団の化学防護隊長や、陸上幕僚監部の化学室員などを務めた。陸上自衛隊の中で、CBRN（化学・生物・放射性物質・核）の攻撃に対処する部門を一貫して歩き続けたのである。

それら化学科部隊というのは、戦闘部隊というイメージとは少し違う。冷静沈着な科学者の集合体というのがイメージに近い。

その中でも、岩熊は典型的な科学者だった。

見た目も、どちらかというと、〝男くさい野郎〟とは反対のタイプに属する。ヨウ素対応全面マスクのチェックを部下の隊員たちと交互に行った岩熊は、水タンク車に乗り込む部下の隊員たちを集めた。

彼らは、戦闘服の上から放射線防護服タイベックスーツと鉛《なまり》入りのベストを着込んで、ゴム手袋をし、さらにすべての隙間《すきま》をテープで封印していた。

岩熊は、安全対策について、昨夜から言っている言葉を繰り返した。

「被曝《ひばく》管理は厳守する。つまり、帰還《きかん》線量は、十ミリシーベルトとする！」

岩熊が言ったのは、身につけた携帯式放射線検知器の数値が、十ミリシーベルトになれば直ちに第1原発から帰還（撤収）するということだった。

岩熊は、同じ内容を、CRF司令部に陣取っている司令官の宮島俊信《みやじまとしのぶ》陸将にも、イリジウム衛星携帯電話で報告し、了承を得ていた。

しかし、第1原発の所長、吉田昌郎《よしだまさお》は、岩熊に対し、こともなげにこう言い放った。

「3号機は、安定し、安全です！」

同じ言葉を岩熊は数時間前にも聞かされていた。中特防が前進拠点としていた、あのオフサイトセンターでのことである。東電の担当者もまた、3号機に危険はまったくない、と強調していた。

岩熊は、放射線の遮断能力に長《た》けた「化学防護車」を隊長車として使わないことを、そのときすでに決意していた。

部下たちは、全身を防護衣服などで完全に守っているにせよ、彼らが乗るのは、何の放射線防護の措置もない水タンク車である。にもかかわらず、隊長の自分だけが、放射線を八割以上カットする化学防護車に、安穏と乗るわけにはゆかない――。

免震重要棟を出た岩熊は、隊長車の幌付きジープに飛び乗った。

部下の中特防103隊員四名が二台の水タンク車に素早く分乗する。

それを見届けてから岩熊は、ハンディトーキーを握った。

「前へ！　続け！」

十四日、午前十一時直前のことである。

東京電力社員が運転するワゴン車の先導を再び受けた、岩熊が率いる給水冷却作戦部隊は、もときた道をさらに戻り、中央交差点を過ぎ、ふれあい交差点で左折した。

そこからは、原発へ向かって斜め南東へ走る道路を突き進んだ。

途中の分岐点で斜め北東の道路をさらに進み、緩やかな坂を下るとそのまま真《ま》っ直《す》ぐ2号機と3号機の間の一本道へと入った。太平洋の青々とした海原が視線の先に入った。

岩熊たち給水冷却作戦部隊の目標は、3号機原子炉を冷やすための第3ポンプ室の給水口だった。

その、第3給水ポンプ室の給水口は、3号機の原子炉建屋には敷設《ふせつ》されていない。3号機の東側（海側）に建つ、タービン建屋の、さらに海側——そこに第3ポンプ室と給水口がある——岩熊たちは、オフサイトセンターで東京電力社員からそう教えられていた。

しかし、岩熊に提示されたなかに、第1原発の平面図など詳細なものは何もなかった。

第1原発の全景を撮影した、一枚の簡単なカラー写真——。東京電力社員は、その一角を指さしたに過ぎなかった。

ワゴン車と自衛隊車両は、海へ突き抜ける3号機と2号機との間の道を直進した。キラキラと輝く太平洋を見渡すタービン建屋の先で右折した直後のことだった。

東京電力のワゴン車は、役目は終わったとばかりに、急いで引き上げてしまったのである。

残ったのは、岩熊が乗る隊長車のジープと二台の水タンク車の給水冷却作戦部隊だけだった。

給水口の位置は、免震重要棟で東京電力社員からおおまかに教えられていた。タービン建屋の東側（海側）に円柱状の給水ポンプがあり、周りに三カ所の給水口がある。そのいずれかの給水口の差し込み穴へ、水タンク車からのホースを繋げば給水が可能です――。

隊長車の中から、岩熊は、給水口の位置を目視でおおまかに確認した。

次に行ったのは放射線量の計測だった。

線量は高かった。しかし、自ら、帰還線量と決めていた数値は超えていなかった。

「線量、問題なし！　ただちに降車し、ホースをつなげ！」――

岩熊は、水タンク車の部下たちにハンディトーキーで伝えた。

時間は、午前十一時一分前。

そして、水タンク車の隊員たちが降りようとし、ドアを開けた音が、カチッとした、その直後のことだった。

統合任務部隊司令部の記録に記された時間は、午前十一時一分――。

強烈な爆発音と猛烈な爆圧は同時だった。

3号機の建屋が突然、爆発し、吹っ飛んだ。

1号機の時と同じく建物のコンクリート壁が四方へ吹き飛んだ。いや、爆発力は1号機のそれより激しかった。

オレンジ色の火花が上がった。真っ黒で濛々《もうもう》とした煙は、高度数キロもたちのぼり、3号機の周りを漆黒の闇《やみ》に包んだ。

岩熊が率いる給水冷却作戦部隊は、平面図を見るだけなら、タービン建屋が遮蔽《しゃへい》となる位置に居た。しかし、猛烈な爆圧と爆風は簡単にタービン建屋を乗り越え、容赦がなかった。

隊長車のジープは吹っ飛び、海側の側溝《そっこう》の中に叩《たた》きつけられた。窓という窓のガラスが粉々に破壊され右車輪が潰《つぶ》れたことで側溝の中で右側に横倒しとなった、その上から、破裂した3号機の膨大な量のコンクリートとガレキが激しく降り注ぎ、後部座席を覆《おお》う幌《ほろ》にコンクリートの塊が突き刺さった。

二台の水タンク車も爆風で跳ね飛んだ。車輪を被《おお》うサイドガードがめちゃめちゃに壊れ、左車輪が破裂。黒いタンク部分は醜く歪《ゆが》んでくぼみ、左に傾いたまま無惨《むざん》な姿となっていた。

午前十一時十九分

３号機水素爆発の第一報が、ＣＲＦ司令部に届いたのは、作戦室の前面に映し出されていたテレビ各局の画面のうち、日本テレビが最初に映像を流した、そのときだった。

共同作業室となっていた第一会議室は怒声にまみれた。

「中特防はどこだ！　所在確認！」

「（ＣＲＦの）情報小隊は推進中！」

「情報小隊、退避《たいひ》させろ！　衛星電話《ビーギャン》でオフサイトセンターと連絡！」

「だから中特防はいったいどこにいるんだ！」

「中特防隊長、通信不能！」

ＣＲＦ司令部では、中特防が給水冷却作戦を行う予定であることは知っていた。だが、詳細な行動についての連絡は入っていなかった。

　実は、第1原発で活動任務を与えられた中央特殊武器防護隊を含むＣＲＦは、爆発の一分前、指揮系統が劇的に変化していた。それまでは、仙台に司令部を置く、自衛隊・統合任務部隊《JTF》の隷下《れいか》に組み込まれていた。しかし、膨大なエリアでの想像を絶する人数の行方不明者や被災民の救出、保護を任されたＪＴＦでは、危機レベルが高まりつつある第1原発の対処まで手が回らなくなったのである。そこで、本来、各部隊に特殊な専門部隊を差しだす支援組織《フォースプロバイダー》であるＣＲＦは、初めて〝自ら戦う部隊《メジャーコマンダー》〟となる予定だった。

　その切り替わるタイミングが、発生した突発事態を余計に混乱に陥《おとしい》れた。

　第一会議室に詰める多くのＣＲＦの幕僚たちは、まさか、中特防の隊長以下、部隊がそこにいて、爆発に遭遇したとは夢にも思わなかった。指揮系の切り替えのタイミングは、指揮通信系がまだ確立していない時間だったからだ。

　幕僚のひとりが、岩熊を何度も呼び出している。だが、岩熊だけでなく、オフサイトセンターや第1原発へ接近している現地部隊との通信もほとんど絶えた。

　イリジウム衛星携帯電話で繋がることもあったが、中継する衛星との角度が難しく、何度も途絶えてスムーズではなかった。

　混乱と困惑が第一会議室を襲った。

爆発を受けた水タンク車（陸上自衛隊・中央即応集団提供）

しかし、指揮中枢《ちゅうすう》が置かれた作戦室は混乱しなかった。それどころか静寂だった。

CRF司令官の宮島俊信陸将は、自分の執務室にいた。

第一報を受け、急ぎ作戦室に入ったが、それでも慌《あわ》てることはなかった。

部下に声を張り上げて命令を下すことも、情報がないことに罵声《ばせい》を浴びせかけることもない。質問すら一切しなかった。その光景に、ある幕僚は、宮島の凄《すさ》まじいまでの覚悟をそこに見た感じがした。

！

詳細不明です！　との部下の報告にも聞き返さない。正確な情報が不明であることを確認するのみで泰然としていた。

へ
突発事態の初期においては、情報が錯綜《さくそう》することを宮島は知り抜いているかのようだ、と幕僚のひとりは思った。

前
第一会議室に飛び込んできた第一報とは、CRF隷下の情報小隊、その通信担当員からだった。情報小隊もまた、第1原発の近くへ向け、前進中だったのである。

第一報の入電時間は、午前十一時二十分。3号機爆発の十九分後のことである。

だが、戦場では常に最前線へ突っ込む猛者《もさ》たちの情報小隊ですら混乱を極めていた。

「（情報小隊）小隊長以下四名、安否確認中！」

混乱の中で情報を集めることに必死となっている第一会議室では、報告と命令の通信が激しく飛び交った。

ＣＲＦ副司令官の今浦勇紀《いまうらゆうき》陸将補はすでに福島に送り込まれており、陸路、オフサイトセンターへ前進中だった。ＣＲＦの前方《ぜんぽう》指揮所を設営するためである。兵站《へいたん》のスペシャリストである今浦は、本来、輸送部隊の出身だ。しかし、浪花節《なにわぶし》の親分肌の性格であることからか、イラク派遣の第二次群長に抜擢《ばってき》された。

イラク活動で今でも語り継がれているのは、宿営地のゼロゲート（最前線の警備門）で発砲騒ぎがあったときのことだ。今浦は、指揮官であるにもかかわらず、自らフル装備で、発砲現場へ突入し、敵の襲撃に備える陣頭指揮をした。

また後日には、正体不明の武装勢力から、一日に四発ものミサイルを宿営地内に撃ち込まれたことがあった。

今浦は下士官たちを集め、こう怒鳴った。

「必ず、お前たちを日本につれて帰る！」

今でもその言葉は語り草となっている。

十一時二十六分、ＣＲＦ司令部は、高機動車に乗って先を急ぐ今浦に無線による緊急指令を送った。

「オフサイトセンターの線量上昇につき、前進中の今浦副司令官は停止、後退せよ！」

その直後、ＣＲＦ司令部は、現場に近いはずの情報小隊との通信をようやく確保した。

「情報小隊、２８８号線、中間地点！」

ＣＲＦ司令部の幕僚は慌てた。

「そこは第１原発から西南西の風下、できるだけ離れよ！」

情報小隊から悲痛な声が打ち返された。

「道路渋滞につき、動けず！」

政府からの避難命令や、３号機の爆発で周辺住民が早くも避難を始め、道路がすでに大渋滞していたのである。

情報小隊隊員たちを乗せた高機動車はまったく身動きできなかった。

岩熊たちの状況がまったく入ってこない中、十一時五十五分。初めての情報がオフサイトセンターから急報として届いた。だがそれは、恐れていた情報だった。

「３号機、爆発による負傷者、発生！」

しかしこの報告は、〝誤報〟としてすぐさま否定された。

岩熊以下、給水冷却作戦部隊の安否は依然、確認できない状態が続く。

さらにその約八分後の十二時三分。航空自衛隊・入間《いるま》航空基地連絡官からの一報が防衛省を経由してCRF司令部に飛び込んだ。

「ヘリコプターで搬送中の四名が被曝した可能性あり！」

これもまた、誤報と訂正がすぐになされた。

情報は激しく錯綜し、混乱を極めていた。

入間航空基地の連絡官から〝誤報〟が伝えられる約一時間前、岩熊は、大破した隊長車の中で苦闘していた。

岩熊は部下の運転手に怒鳴った。

「装備品、残置《ざんち》！　退避！」

岩熊は、ドアを何度も蹴《け》り飛ばしてこじ開け、低いうめき声を洩《も》らしながら外へと転がり出た。

だがそこはガレキのヤマだった。

ガレキの中を這《は》って必死に脱出を図った。高濃度の放射線が溢《あふ》れているかもしれない。いや、二度目の爆発が起きる可能性もあった。

ガレキの中から這いずり出た岩熊は、視界を奪う猛烈な黒煙の中で、必死に水タンク車を探した。

一台の水タンク車は給水ポンプの脇《わき》で大破している！　もう一台は2号機と3号機の間でガレキに埋もれていた。しかし、それぞれの運転席からすでに這い出てきた部下たちの姿をはっきりと確認した。

部下たちの全身は真っ黒な埃《ほこり》にまみれ、ガレキに切り刻まれたのか防護服はズタズタだった。

岩熊は初めて気づいた。

自分の防護服も切り刻まれている。

携行してきた携帯電話が、ズボンにくくりつけていたはずのワイヤーごと引きちぎられていた。

だが、そんなことはどうでもよかった。岩熊は急いで五名の部下たちを集め回った。

I2等陸曹（三〇）が、右足に裂傷を負ったかのように出血している。I1等陸曹（四二）は、首にダメージを食らって項垂《うなだ》れていた。

さらに、苦悶《くもん》の表情で右足首を押さえるH陸曹長（二九）の背後では、S陸士長（二七）が左肩を押さえ顔を歪めていた。岩熊ともう一人、I陸士長は幸運にも軽傷だった。

辺《あた》りには猛烈な粉塵《ふんじん》が立ちこめている。噎《む》せ返りながら岩熊は部下たちに叫んだ。

「退避！　急げ！」

岩熊は、部下たちを急き立《せ》てた。とにかくここから早く離れるのだ——。

4号機の西側道路を部下たちに徒歩で進ませた岩熊の背後から、別の原子炉建屋で作業していた東京電力と協力企業の社員、十数名が必死の形相で逃げてきた。

岩熊は、煙が充満する中、必死に辺りへ目をやった。

4号機の先で、一台の無人の大型トラックが目にとまった。急いで駆け寄り、運転席のドアを開けた。

幸運なことにエンジンキーが挿さっている。

岩熊は、このトラックを退避用に使わせてくれ、と東京電力社員に叫んだ。

自力で歩けない東京電力社員を救出してから、部下たちと残りの東京電力社員、協力企業社員を急いでトラックの荷台へ送り込んだ。

トラックはまず免震重要棟へ向かった。

免震重要棟でも窓という窓はメチャメチャに破壊されていた。強烈な爆風は、３号機からは裏側にあたる西の窓まで粉砕していた。

そこで東京電力社員を降ろした岩熊たち六名の中特防隊員は、そのまま第１原発の正門まで急いだ。

正門前でトラックから降り、たまたまそこにいた、東京電力の協力企業の軽トラックの運転手に、オフサイトセンターまで送ってもらうことを依頼した。

協力企業の運転手は、ズタズタの防護服を着た岩熊たちの姿に驚きながらも二つ返事で承諾し、急いで中特防隊員たちを乗り込ませた。

一時間かけてようやくオフサイトセンターに送ってもらった岩熊たちは、搬送してくれた運転手に礼を尽くしたあと、１０２特殊武器防護隊が開設していた除染《じょせん》所へ急いで向かった。

中特防には、即応部隊として二つの中隊がある。一つは、給水冷却作戦部隊で岩熊が率いた隊員が属する１０３特殊武器防護隊である。

もう一つの１０２特殊武器防護隊は、第１原発、第２原発の周辺において除染所を開設し、除染を行うという任務分担がすでにできあがっていた。

除染の前に、岩熊たちが防護服を着たままで放射線量の検知が開始された。

デジタル数値を見つめた102特殊武器防護隊員はさすがに驚愕《きょうがく》した。岩熊が、二十二・四ミリシーベルト。部下の三名もいずれも二十二ミリシーベルトを超えていた。

岩熊が決めた帰還線量を二倍以上も超える数値だった。

防護服を廃棄したあと、全身の除染を終えた岩熊たちは、オフサイトセンターに派遣されていた、千葉県にある放射線医学総合研究所の医師による医療診断を受けた。

その結果、首に激しい痛みを訴えたＩ１等陸曹は、福島県立医大附属病院へとヘリコプターで搬送され、肩や腰を負傷したと危惧《きぐ》された隊員は、外科術技機材が揃《そろ》う第2原発の医務室へ送られた、と報告された。

右足を負傷し出血しているＩ２等陸曹だけは、すぐさまヘリコプターで、放射線医学総合研究所へ搬送された。傷口から内部被曝《ひばく》している危険性があったからだ。体内被曝量を調べるためには、ホールボディカウンターという医療機材がいる。それがあるのは放射線医学総合研究所だけだった。

午後〇時八分

岩熊たちが必死に離脱を図っている頃、ＣＲＦにも恐れていた事態が現実のものとなったことが伝えられた。

一旦《いったん》は誤報とされた情報が、間違っていなかったのである。

オフサイトセンターに詰める、中特防の作戦担当からの報告だった。

「中特防隊員、車両から退避中！ うち一名、負傷、飛散物による打撲。だが意識はあり、歩ける！ また中特防隊長は無事！ オフサイトセンターの除染部隊は、屋内に退避中！ 給水冷却作戦部隊については、オフサイトセンターで除染後、屋内で待機する。以上！」

続けて午後〇時十七分。

「負傷者、四名。いずれも意識あり、歩行可能！ うち二名の103隊（中特防103特殊武器防護隊）のS士長とI士長は、オフサイトセンターに到着！ 除染後、屋内退避予定！」

その三十分後の午後〇時五十分、中特防作戦担当から続けて詳細が入った。

「103隊、S士長は左肩、背中打撲。I1等陸曹は頸部《けいぶ》打撲。H曹長は右足首打撲。本部管理中隊のI2等陸曹は右足裂傷につき、第2原子力発電所の医務室へ前進中！」

爆発前の中特防活動状況について、詳細が入ったのは、爆発から約三時間後の午後一時五十七分のことだった。

「第1原発は、冷却水給水支援で103隊担当。3号機の爆発時、現場に所在した！第2原発は空自担当で、二十四名所在も負傷者の情報なし。除染所は、102隊（中特防）担当。オフサイトセンター近傍および内部、また給水ポンプ操作とその管理支援は、本部中隊が担当だが、負傷者なし！」

さらに続けて報告された内容は、CRF司令部の想像を遥《はる》かに超えていた。

「自衛隊車両三両、中特防隊長車、タンク車二台、水素爆発により大破。現在、車両はガレキに埋まっており、現場に残置。中特防の負傷者四名については、オフサイトセンターで治療。第2原発の医務室へ搬送は誤り！」

このとき、初めて、CRFは、水素爆発の想像を絶する事態を把握したのだ。

その報告を伝え聞いた、防衛省A棟十一階の省対策会議室に詰めていた防衛省官僚は、隊員の生存に安堵《あんど》するより、背筋が凍る思いに襲われた。

事前に受けていた情報では、中特防は、3号機の東、タービン建屋裏の流されていないポンプの給水口に水タンク車からホースを繋《つな》ぎ、降車して給水する予定であった。

しかし、今、届いたばかりの報告によれば、中特防は降車していない！　もし、水素爆発のとき、降車していたとしたら、いや、降車が、たった一分でも早ければ、間違いなく彼らの命は――。

岩熊たちの状況が続々と入って来る間、後退を命じられていた副司令官の今浦から、午後〇時三十分、強い要請が飛び込んだ。

「現在、郡山駐屯地から十五キロ、国道288号線地点。ただいまから、オフサイトセンターへ前進したい！」

岩熊たち給水冷却作戦部隊の安否を自ら確認したい――指揮官としての強い意志を今浦は示したのだった。だが、CRF司令部は今浦を思いとどまらせた。情報はまだ錯綜していたからだ。

しかし今浦は、午後二時ちょうど、ついにCRF司令部を押し切った。前方指揮所要員五名の幕僚とともに、郡山駐屯地からオフサイトセンターへと前進を開始したのである。

だが、そのオフサイトセンターでも被害が発生していた。

午後二時二十分。オフサイトセンターに詰める中特防隊員からCRF司令部へ緊急報告――。

「（オフサイトセンターで使用中の）衛星電話《ビーギャン》をしばらく閉鎖し、移動する！　衛星電話機材とオフサイトセンターを繋ぐ通路が、汚染の恐れがあり、東電担当者から、離脱するように指示を受けた。移動させた衛星電話の再開時刻は、十五時三十分を予定！」

だが、その情報は、オフサイトセンターへ急いでいた今浦には伝わらなかった。今浦を乗せた車両はひたすら悪路を突き進む。途中、思わぬ制止を受けた。福島県警が道路封鎖を行っていたのだ。福島県警は、自衛隊部隊と分かっていたが、ここから先は放射線量が高い地域があり、引き返せ、と命じたのである。今浦は従わなかった。決意を持って警察官を説得し、前進を続けたのだった。そして午後四時ちょうど。自衛隊現地部隊の総指揮官となるべく、今浦がようやくオフサイトセンターに到着した。

オフサイトセンターに岩熊がようやく引き上げてこられたのは、その直前のことだった。

岩熊の姿に、今浦を始め、そこにいた誰もが絶句した。ガレキから這い出たことで、ぼろ切れのようになった防護服は泥や汗でどろどろである。顔も真っ黒だった。

息を整えるのも忘れたかのように、目をカッと見開いた岩熊は、報告するよりも前に、いきなり怒声を張り上げた。

「冗談じゃないっすよ！」

その言葉は、遠く離れた、東京・市ヶ谷の陸上自衛隊の心臓部である、陸上幕僚監部にもすぐに伝わった。

岩熊を知る陸上自衛隊の幹部たちは驚いた。

学者風で寡黙《かもく》なあの男が、どれだけの事態に見舞われたのか、誰もがその凄《すさ》まじさを想像し、言葉を失った。

前　へ　！

3号機が水素爆発した衝撃と混乱が続く中、中特防を指揮するCRF司令官の宮島は、原発対処のためにさらに部隊を増強し、現地へ急派することを決心。幕僚たちに態勢作りを急がせた。事態は明らかに変わった、と判断した。第1原発の状況について、最悪の事態を想像させることになったのだ。

CRF副司令官の今浦が、オフサイトセンターに到着したとき、最初に派遣されていた先遣隊によって、ちょうど前方指揮所が立ち上がったところだった。

同時に、CRF司令部から送り込まれた幕僚たちが、部隊編成を組み直し、作戦計画を作り直していた。それもこれも、3号機に引き続き、2号機でも冷却機能が失われ、危険な暴走を始めた可能性があることが伝えられたからだ。

ＣＲＦが素早く行動できたのは、そもそも、初動の立ち上がりが早かったからだった。

第１原発から約二百キロ離れた、埼玉県朝霞《あさか》市に司令部を置く（当時）、ＣＲＦ。他国の軍隊が日本に攻め込んできたり、国内で大規模テロが発生したとき、真っ先に出動する部隊を支援する部隊、それがＣＲＦだ。特殊作戦群や中央即応連隊といった特別な部隊を、真正面で戦う部隊に、支援として送り込むのだ。

一方、国際的な災害派遣では、ＣＲＦは自らが主体の部隊となる。二〇一〇年に発生したハイチの大地震など、国際緊急援助の中核部隊としても活動している。

そのため隷《れい》下《か》部隊は巨大で、かつ特殊で、また極秘の部分もある。管理中隊と第１〜第３中隊の総計約七百名からなる「中央即応連隊」のほか、機動力と輸送力に長《た》けた航空部隊を保有する「第１ヘリコプター団」、海外でのＰＫＯ活動や災害派遣活動を行う一般部隊を訓練する「国際活動教育隊」。生物兵器を用いた攻撃やテロに医療面から対処する「対特殊武器衛生隊」。

そして、核・化学・生物の特殊兵器に立ち向かうのが「中央特殊武器防護隊」だ。

さらに、敵後方へパラシュート降下する精鋭「第１空挺《くうてい》団」、極秘の特殊作戦部隊である「特殊作戦群」もＣＲＦの指揮下にある。

三月十一日、ＣＲＦ司令部は震災発生直後から非常勤務態勢に移行し、司令部要員にすばやく非常呼集をかけた。

大震災当日　三月十一日　午後二時四十六分

呼び集められた要員たちが駆け込んだのは、通常の作戦室ではなかった。

第一会議室で合同で作業を行い、司令官が陣取る指揮所中枢《ちゅうすう》の作戦室に報告を入れる――そのシステムを立ち上げたのである。

ＮＨＫのニュースが、宮城県北部で、マグニチュード８・７、震度七という凄まじい情報を伝えている。しかも三陸一帯に、大津波警報という聞いたこともない言葉をアナウンサーが連呼していた。

未曾有《みぞう》の災害の発生を、ＣＲＦ司令官の宮島は予想した。それに対処するためには、もはやマニュアルは通じないだろう。自衛隊は、かつてない規模で対応しなければならない――宮島はそう確信した。

ＣＲＦの隷下部隊が次々と非常勤務態勢へと移行する中、中特防も出動態勢を急いでいた。

震災発生から二時間後、福島第１原子力発電所で全電源が喪失した、との緊急情報が伝えられたからだ。

しかし、その日、ＣＲＦの隷下部隊では、多くの隊員が休暇をとっていた。三月という期間は毎年、一年間の休日出勤の代休日を消化する年度末であった。三月十一日午後四時現在の、中特防で出動可能な人員は、全隊員二百九名のうち、約半分の九十二名。そのうち五十二名とは連絡がつかなかった。東日本全域で携帯電話の通信がパンクしていたからである。

そのＣＲＦから、真っ先に、福島へ出撃したのは、中特防副隊長以下二名の先遣偵察隊だった。

午後九時ちょうど。先遣偵察隊は小型パジェロを駆って、陸路、第１原発のオフサイトセンターを目指した。

さらに続けて、午後九時二十分、二台の化学防護車とともに中特防の第一波部隊が、埼玉県さいたま市大宮駐屯地の中特防本部を出発。

その二十分後、第二波部隊として、二台の化学防護車、大型トラックと小型トラックが福島を目指した。

それら部隊の行動を、ＣＲＦ司令部は、正式な命令を待たずに素早く命じた。自衛隊法では、甚大《じんだい》な災害発生時、命令を待たず、部隊を移動できる権限が指揮官に与えられている。正式命令は、その後、午後十時五十七分、「午後七時に遡《さかのぼ》って——」と統幕長から発せられた。

ＣＲＦ司令官の宮島が口頭で発した命令は、「行原命《こうげんめい》（原子力災害行動命令）」という、自衛隊創設以来、まったく聞き慣れない、しかも史上初めての命令だった。

多くの自衛隊幹部でさえ、概念として知っているに過ぎなかった。

まさか、自衛隊が、危機的状況に陥った原子力発電所に立ち向かうことなど想定していなかったからだ。だから、その命令を聞いて、理解ができない一般隊員は多かった。

中特防の副隊長を始めとする先遣偵察隊が、オフサイトセンターに到着したのは、日が変わって、十二日午前三時三十五分のことである。

なにしろ、東北自動車道は、道路がいたるところで陥没や破断。高速を降り、オフサイトセンターへ向かう一般道はさらに道路状態が酷《ひど》かった。しかも、途中、大きな余震も連発していた。

先遣偵察隊を乗せたパジェロは、悪路を何度も迂回《うかい》し、大きな余震では停車し、さらに地震で発生した段差《だんさ》を乗り越え、やっと到着したのだった。

それから間もなくして、中特防の除染部隊十六名が出発。四台の除染車、二基の除染装置、二台のトラックを引き連れて、東北自動車道を突き進んだ。

その時、中特防隊長の岩熊は、大宮の中特防本部に居残って指揮を執り続けた。もし、自分が向かってしまったら、その間は指揮できない――そう判断したからだ。当時の通信状態は最悪だった。東北の駐屯地とも満足に通信ができない状態である。通信なくして指揮官たり得ない――岩熊は確信していた。

未明に出発した中特防の主力である除染部隊が、震災翌日の早朝にオフサイトセンターに到着した頃、東京電力本店の対策本部では、早くも１号機の原子炉の状態に緊迫が走っていた。

原子炉の圧力が、設計の基準とした最高レベルを遥かに超え、核燃料棒が溶け始めている可能性を首相官邸に伝えていたからである。

周辺住民の避難指示を首相官邸が決断する中、１号機の原子炉は悪化の一途を辿《たど》り始めていた。

政府や東電の関心は、原子炉内の圧力に集中していた。

原子炉内圧力が高いことから、唯一《ゆいいつ》、残っていた非常用の消火系のラインからの給水が入らないのだ。

もしそのままの状態が続けば、最悪の場合、核燃料棒が溶け落ち、メルトダウンとなる危険性がある。そうなれば高熱で高濃度の放射性物質が原子炉やそれを覆《おお》う格納容器を突き抜ける――。

それは、高濃度の放射性物質が大量に外界へ放出されてしまうことを意味していた。

つまり住宅地域へと流れてしまうのだ。東京電力がもっとも恐れる事態だった。

1号機の原子炉内の圧力を下げるために、内部の〝汚れた空気〟を外部に放出することを官邸は決断した。ベントと呼ばれる、開放弁を開ける作業によって、原子炉内の圧力を下げる準備をはじめたのである。もしそれをしなければ、原子炉の爆発という、チェルノブイリの悲劇と同じ事態となるのだ。旧ソ連・チェルノブイリの原子力発電所では、暴走した原子炉が爆発。防護用の圧力隔壁もなかったので、飛散した高濃度の放射性物質は、そのまま数十キロに渡って拡散し、多くの住民に襲いかかったのだ。

震災の翌日、十二日　午前十時十七分

第１原発のベントがついに開始された。

その約五時間後、菅直人《かんなおと》首相は、党首会談に出席した野党党首に、語気強く言い放った。

「１号機は、水位が上がってきているので大丈夫です」

その、わずか数十分後のことだった。

十二日午後三時三十六分――。１号機の建屋が爆発したのである。外壁ともども、建屋の上半分がそっくり吹っ飛んだ。

建屋内に溜《た》まった水素が爆発したのだと分かるのは、さらに数時間後のことだった。

内閣危機管理センターに詰めるある幹部は、事態のフェーズが明らかに変わったことを意識していた。国家的緊急事態という言葉も脳裏に浮かんだ。

その頃からだ。内閣危機管理センターや、東京電力の対策本部では、自衛隊の名前が何度も挙がり始めた。

さらに日が変わって、震災から二日後、十三日午前十時四十分。

多くの部下と装備品を送り出していた中特防隊長の岩熊は、ついに前進を決断し、中特防の本部がある大宮を出発。東北へと悪路を駆け上がり、深夜のうちにオフサイトセンターへと入った。

ところが、到着するや否《いな》や、陸海空自衛隊を指揮していた統合任務部隊《JTF》司令部から
の二つの命令が、岩熊を待ち受けていた。ひとつは、第2原発の周辺で、八カ所の除染所を開設し、周辺住民の被曝《ひばく》者の除染をする活動である。八カ所というのは規模が大きいにせよ、いつもの訓練の延長線上にある。

しかし、第1原発3号機の給水ポンプへの給水という任務は、今までやったことのない〝未知の〟活動だった。

東京電力社員が説明するには、水素爆発した1号機の南側に位置する、3号機の原子炉建屋も、震災直後の大津波をくらって、非常時に原子炉を冷却するはずの装置がダウンしていたのだ。万が一のために用意されていた、第1原発の南西約九キロにある坂下ダムから引いた二系統の消火系給水ラインからさえも水を引き込めず、原子炉を冷却できないでいるという。

十三日　午後

東京電力は、独自のポンプ車で海水をくみ上げ、消火系ラインから原子炉への給水を決意した。

しかしそれも完全な給水とは言えない。危なっかしい綱渡り的な手段だけが残った

状態だった。

ところが海水を入れ始めた直後の午後三時過ぎ、内閣官房長官の枝野《えだの》幸男《ゆきお》は、記者会見を開き、驚くべき事実を公表したのだ。

３号機でも水素が建屋内に漏れ出し、爆発の危険性がある、というのである。

だが、枝野はこうも付け加えた。

「爆発が生じても、原子炉本体には問題が生じない」

しかし、水素という言葉に、詰めかけた記者たちは激しく反応した。何しろ前日に１号機が水素爆発したばかりなのだ。

詰め寄る記者たちに枝野は繰り返した。

「水素爆発を起こさないためのあらゆる努力が今、東京電力によってなされ、３号機は冷やされている」

十四日　早朝

首相官邸の総理応接室に詰める東京電力幹部から、菅首相へ伝えられたその報告は悲痛に包まれた。幹部は、専門用語を駆使したが、誰が聞いても、３号機がついに危機的状況を迎えたことを意味していた。

午前七時五十五分、東京電力は、二日前に爆発した1号機に続き、3号機も「原子力緊急事態」であると、菅首相に報告したのである。

原子炉を守る格納容器内の圧力が、設計上の最高使用圧力を超え、さらに上昇していることを東京電力本店は把握したのだ。

その重大な意味を、東京電力幹部だけでなく、菅首相や政府高官たちはもちろん理解した。最悪の場合、3号機の原子炉内部の圧力がピークに達して爆発し、さらに原子炉を覆う格納容器までもが破壊される事態が起きるかもしれない。それはすなわち、チェルノブイリ原子力発電所のように、天文学的な量の放射性物質が広範囲に大気中へ拡散することを理解していたのである。

そのとき、中特防の隊長である岩熊は、オフサイトセンターにいた。建物の中ではない。オフサイトセンターの敷地内にある駐車場に止めたジープ、そこを中特防の前進拠点としていた。

岩熊は、資機材の準備に追われていた。3号機への給水をお願いするかもしれない、という情報が、オフサイトセンターに詰める東京電力の連絡担当者からもたらされたばかりだった。いつ命令が下されるともしれない。3号機への給水冷却作戦の準備と調整に忙殺されていたのである。

しかしその情報は聞かされなかった。官邸で報告された〝3号機の危機〟は岩熊には伝えられなかった。

それとは別に、岩熊は、数時間前、CRF司令部から、重要な通報を受けていた。新たな統幕長指示がまもなく下令される予定であると。

岩熊率いる中特防は、陸海空自衛隊を一括運用していたJTF司令部の隷下での任務だった。CRFが、中特防をJTFへ差し出した、のである。

だが、第1原発の事態の悪化を受けて、一層、戦力を集中配備する必要に迫られた。そのため、岩熊がCRF司令部から聞かされたのは、中特防は、JTF司令部の指揮から外れ、CRFの指揮下に戻ること。さらに、CRFが原発対処の専門部隊となれ、という命令が下るはずだということだった。CRFは、防衛大臣直轄《ちょっかつ》部隊として、原子力災害対処の任務が与えられることとなったのである。

指揮系統の切り替えの予定時間は、

〈1100《ヒトヒトマルマル》（午前十一時）〉

とされた。

それを受けて、CRFは、ダイナミックな動きを開始した。オフサイトセンターに、CRF司令部の幕僚たちを、通称〝チヌーク〟と呼ばれる葉巻型のCH－47ヘリコプターでごっそり空輸し、前方指揮所を立ち上げることを決めたのである。

　ＣＲＦの副司令官の今浦ほか幕僚たちを乗せた一番機のＣＨ－47ヘリコプターが朝霞駐屯地（東京都練馬区から埼玉県朝霞市にまたがる）を離陸したのは、午前七時四十八分のことである。二番機のＣＨ－47は、その約三十分後の八時十五分に朝霞を飛び立った。

　南の空から、ＣＲＦ司令部の大量の幹部たちを乗せたＣＨ－47が接近している午前九時、岩熊に、ついに出撃命令が飛び込んだ。3号機が緊急事態となったことを東京電力が官邸に通報した、そのわずか約一時間後のことである。

　ただ、その命令は、実は、正式なものではなかった。統合任務部隊司令部からでも、ＣＲＦ司令部からの、「行原命《こうげんめい》」と呼ばれる正式な行動命令でもなかった。

　福島市内の自治会館に立ち上がっていた、福島県の原子力事故現地対策本部に詰める経済産業副大臣の池田《いけだ》元久《もとひさ》のもとに、東京電力本店からの、ダイレクトな緊急要請が寄せられたことからすべてが始まった（福島県庁ビルは、震災の影響で使用禁止となっていた）。

　池田はすぐさま、ＪＴＦ司令部から派遣されていた連絡官の1等陸佐を呼び寄せた。

「冷却機能を失った3号機が危機的状況である。ついては、自衛隊に、真水による給水支援を、至急、お願いしたい」

実はこのとき、３号機にはすでに、東京電力の給水車により、海水が給水されていた。にもかかわらず、自衛隊には、〝真水〟という要請がなされた。東京電力関係者は、〝アメリカ政府からの強い要請が背景にあった〟と証言している。海水による給水を続け過ぎると、塩で給水ラインが腐食し、水が入らなくなる、との警告を受けたという。

副大臣の池田からの要請を受けたＪＴＦの連絡官は、すぐに臨時に架設した卓上電話を握った。

オフサイトセンターの駐車場で準備を急ぐ岩熊の、イリジウム衛星携帯電話を呼び出したのだった。

統合任務部隊の連絡官が伝えたことは、副大臣の池田を通して、東電の要請をそのまま横流し的に行ったも同じだった。

上級司令部が検討を加え、岩熊に正式な行動命令を発したものではなかったのである。

そして、岩熊は出撃した。

その約二時間後、岩熊を始めとする中特防の隊員たちは、３号機の爆発で吹っ飛ばされ、数名が負傷した。あと数秒、車から降車するのが遅れていれば負傷だけでは済まなかった――その事実を、陸上自衛隊の最高幹部たちが知るのはずっと後のことだった。

午後三時三十五分

オフサイトセンターに詰めた陸上自衛隊の連絡官から、防衛省A棟地下にある陸幕指揮所に至急報が入った。陸上自衛隊のトップ、陸上幕僚長の火箱芳文《ひばこよしふみ》陸将を始めとする陸上自衛隊の幕僚たちスタッフ数十名は、震災発生以来、その陸幕指揮所に詰め、四六時中、怒声が飛び交っていた。それが約四時間半ほど前に、3号機が爆発し、中特防隊員たちが襲われ、負傷。しかも詳細がまだわからない。震災以来の怒声が飛び交う世界は、さらに修羅場へと変わった。

緊急報の内容は、原子炉の緊急事態に関する情報だった。しかし、それは1号機でも3号機でもなかった。

「少なくとも午後三時現在、『2号機』の原子炉の冷却機能がすべて失われた。よって、原子炉内の燃料棒が露出する見込み。水素爆発の可能性アリ」

第1原発のクライシスは、約四時間半前に3号機が爆発したというのに、今度は、

2号機爆発という、悪魔のドミノの始まりをみせはじめていた。

陸上幕僚長の火箱は、３号機の爆発を、防衛省ビル四階の執務室のテレビの映像で観《み》た。

二日前の1号機の爆発も、たまたま陸幕指揮所から一時的に戻っていた執務室のテレビでライブ映像を目撃した。

だが、火箱は冷静だった。政府から、福島第1原発に対処せよとの深刻な情報はまったくない。しかも、その朝（十二日）、菅首相が福島第1原発の免震重要棟へ視察に出かけている。危険であれば行くはずはない。

中特防の一部を偵察として前進させているが、彼らもプロである。安全を保ち、活動しているはずだ、と確信していた。

中特防は、東日本大震災発生の当日の夜、いちはやく派遣したが、特別なことをやる、という認識はもっていなかった。災害派遣で行ってきたこれまでと同じプロトコールをしっかりと淡々として冷静に行うのだ、という意識だった。もし何か特別なことがあるとしても、避難する住民の除染が主な任務となろう、という思いだった。

それは、福島第1原発への思いと同じだ。メルトダウンを起こしていることなど想像もしていなかった。数日以内に、陸上自衛隊のヘリコプター部隊や地上部隊が、高濃度の放射線量の原発建屋の直前まで接近し、特別な任務を行うことなどまったく考えてもいなかった。

それより火箱は重要な仕事に忙殺されていた。被災者の救命救助活動のために全国の自衛隊を投入する、その手配と調整に没頭し、ほとんど寝ていなかった。それは一刻を争う事態だった。人命救助こそが、火箱にとって真正面の重要作戦だった。

しかし、最初の1号機の爆発からわずか二日後、火箱が見つめているのは、二度目の爆発。しかも、二日前とは、明らかに違うことがあった。

濛々《もうもう》と上がる煙を見つめながら、火箱はそのことにすぐに気がついた。

――中特防の部隊が、今日、福島第1原子力発電所で支援活動を行っているのではないか?

火箱は、幕僚に電話をかけ、すぐに調べさせた。

報告はすぐに届いた。

恐れていたことが現実となった。

中特防は、まさにこの爆発の瞬間、現場で活動していたという。しかも複数の負傷者が発生している。ただ、命に関わるものではない――。

火箱は、幕僚たちに指示を矢継ぎ早に送った。隊員の治療や検査に万全を尽くせと、語気強く指示した。

だが火箱は落ち着かなかった。

どす黒い物が体の奥深くから立ち上がるのを感じた。

——何かがおかしい……。

不気味な疑念が頭を占領した。

福島第1原発はいったいどうなっているんだ？

官邸や原子力安全・保安院の発表の中には、メルトダウンなどという言葉はないが、本当なのだろうか？　あの発表自体がもしかすると事実が含まれていないのではないか——。

考えてみれば、官邸は、今朝も大丈夫だと言い続けているが、その当日の昼、3号機が爆発し、岩熊たちが負傷した。それでも、原子炉は安全だ、と官邸は発表しているが、おかしいんじゃないか。

実は、もっと深刻な事態が、福島第1原発で起きているのではないか？

原子炉の内部で、メルトダウンを起こしているのではないか？

しかし、官邸や政府からは、自衛隊への要請はまったく届いていなかった。

午後四時三十四分、東京電力は、２号機への海水の注入を実施している。だが、それは文字通り〝焼け石に水〟だった。原子炉内部の圧力はまったく下がらなかった。

午後六時六分、陸幕指揮所に福島第１原発の新たな情報が寄せられた。

「２号機、原子炉内の圧力を下げるためにベント弁の開放を実施するも、水位はさらに低下中！」

そのわずか約十五分後、水位がさらに急激に低下し、燃料棒が全露出した可能性がある、との情報が届く。全露出した燃料棒がすべて溶けて原子炉の底にたまり、メルトダウンが始まる可能性があった。そして最悪のケースでは、そこで発生した水素が爆発する——つまり、原子炉そのものの爆発の可能性という、悪夢のカウントダウンが始まったのである。

陸海空の自衛隊は、立て続けに緊急避難指示を発令した。

海上自衛隊では午後八時三十一分、

「艦艇と航空機は第１原発から五十マイル《約八十キロ》離脱せよ！」

午後八時五十六分には陸上自衛隊でも、

「オフサイトセンターから郡山駐屯地へ移動せよ！」

と命令が下った。

そして午後九時十四分、ＪＴＦ司令部は、自衛隊の全部隊に対し、一斉命令を発した。

「第１原発から百キロ以上、退避せよ」

郡山駐屯地に置くはずだったＣＲＦの前方指揮所も、午後十時二十二分、さらにそこから後退した、福島市の県対策本部へ移動するように命じられた。

陸海空の自衛隊の全部隊は、２号機のメルトダウンと、原子炉の爆発に身構えていたのである。

午後八時四十分

オフサイトセンターで前方指揮所を立ち上げたＣＲＦ幹部幕僚の緊迫した声が、約二百三十キロ離れたＣＲＦ司令部の幹部幕僚の耳に飛び込んだ。

「今から約一時間四十分後の午後十時二十分に、２号機がメルトダウンになる見積もり。よって、午後十時十五分までに撤収を行う！」

東京電力の連絡担当者からそう告げられたという。

ＣＲＦ幹部幕僚の声に、司令部にいる幹部幕僚は、その声の〝状態〟について違和感をもった。

やたら元気がよく、しゃべり続けている――。

現地の最前線は、メルトダウンという言葉に、相当な衝撃を受けているのではないか――。

それは、福島県全域で大部隊を活動させている、陸上自衛隊の「第12旅団」でも同じだった。

そのとき第12旅団は、前橋市（群馬県）に近い榛東《しんとう》村の旅団本部から、福島第1原発に近い郡山駐屯地に前方指揮所を展開していた。

陸幕指揮所からの緊急情報が、その前方指揮所に届いたときだった。

「2号機、メルトダウンの可能性あり。よって前方指揮所は速やかに後方への退避を――」

メルトダウンの可能性――その言葉に、前方指揮所の幹部幕僚は思わず叫んだ。

「なんだぁ！　メルトダウンってよぉぉぉ！」

陸幕指揮所の若い幕僚が慌《あわ》てて付け加えた。

「危険性がある、そういうことです。よって、退避すべきかどうか――」

「お前ぇ！」第12旅団の幹部幕僚が遮って怒鳴った。「言葉に気をつけろぉ！」

ところが、その三十分後、陸幕指揮所からの撤収命令は撤回された。しかし、それは一部に限られた。

「部隊の撤収は予定どおり実施せよ。しかし、前方指揮所の指揮官ならびに要員の撤収は待て」

第12旅団の幕僚たちは、その指示に違和感が残った。

理由がつかない命令の変更ではないか？

２号機の危機的状態が改善されたという情報はまったくない。ゆえにこの指示は異様だった。

第12旅団の幕僚たちがその理由を知ったのは数時間後のことだった。撤回指示が下される直前、陸上幕僚監部は防衛省内局の防衛官僚から内々に、こう伝えられていた。

「撤収は、海江田《かいえだ》大臣の指示待ちとなる――」

オフサイトセンターでも、東電と関連会社スタッフも同じく〝撤収不可〟という命令を受けていた。

すべては、海江田万里《ばんり》経済産業大臣の命令からだった。翌日の記者会見まで待つこと、それを要求したのだった。

第1原発に対処する部隊、関係者がいなくなることは、日本政府が福島第1原発への対処を放棄することを意味する——それを、海江田大臣が政治的に拒絶したのだった。

しかし陸上自衛隊の幹部たちは、わだかまりを引《ひ》き摺《ず》ったままだった。

海江田大臣の命令は、政治的なパフォーマンスなのではないか——。

全部隊の撤収が命じられたのは、翌十五日午前十一時過ぎになってからだった。

十四日午後十時四十五分から、オフサイトセンターの撤収がやっと政府から指示される翌十五日午前十一時までの約十二時間——。

オフサイトセンターに詰めたCRF幹部幕僚たちは撤収もできず、メルトダウンをすでに起こしていた原発の最前線で待機させられたのだった。

この「十二時間」は〝謎《なぞ》の十二時間〟である。

今後、この〝謎の十二時間〟は、様々な検証がなされるだろう。

何しろ、四月十七日、事故収束までの作業工程が東電からようやく発表されるまでの三十八日間の中で、第1原発はその時、〝最大の危機〟を迎えていたのだ。

原発対処にあたった自衛隊の幹部たちが、当時を振り返るとき、もっとも緊迫した瞬間として挙げるのが、この〝謎の十二時間〟である。

事態は明らかだった。東日本全域への高濃度の放射性物質の拡散は現実化していた。

それはイコール、東日本の崩壊をも意味していると言っても過言ではないと経済産業省幹部は、覚悟していた。

だが、事態はさらに深刻であることに東電は目を向けていなかった。東電はミスを犯していたのだ。

放射性物質を含有した燃料棒は、原子炉以外にもあった。１号機から４号機には、使用済みの核燃料棒が真水プールに沈められていた。普通なら、常時、水が自動循環され冷やされている。

ところが、その「使用済み燃料プール」でも、電力が失われたことで循環装置が働かず、水位が低下、核燃料棒が露出している可能性に全電源喪失から四日も経《た》ってから、やっと気づいたのである。

原子炉のことにばかり注目し、余裕がなかった、と東京電力関係者は述懐している。

しかし気づいた事実は深刻だった。もし燃料プールの冷却機能も維持できなければ、同じように水が干上がる。すなわち燃料棒が露出し、そこでも溶融が始まり、そしてメルトダウンへ――。

報告を受けた陸幕指揮所のある幹部幕僚は、愕然《がくぜん》とはしなかった。それよりも、東京電力という組織そのものに戦慄《せんりつ》を覚えた。

福島第1原発の免震重要棟には、二百名以上という社員がいるのに、一つのアクシデントが起きると、全員の関心がそこへ向けられる。

その姿は、まるで、小学生のサッカーのようだ、と陸幕指揮所の幹部幕僚は思った。転がったボールへ、大勢の子供たちが集まってしまう、その姿だ。

けが人がいるかどうかさえ、情報を集めようとはしない。負傷者がいるのか、いないのか、それさえわからない。

つまり、発生した事態を俯瞰《ふかん》して、全体像を見る、チェックする人間が誰もいないのだ。危機管理上、極めて脆弱《ぜいじゃく》な組織体質であることをあらためて実感した。

しかし、陸幕指揮所の幹部幕僚は、部隊を送り出している以上、このまま傍観しているわけにはゆかない、と決心した。

陸幕指揮所から、ＣＲＦ司令部を通じ、現地部隊に指示が飛んだ。全体を見る人間を作ること、また幾つかの問題点を解決することを東電に要求しろと。

東京電力は、その要望を受け、改善項目をファックスで送ってきた。

だが、そこに書かれていた内容は、非常用の電話番号や連絡網など、余りにも事務的なことばかりだった。

十五日　未明

福島第１原発を巡る緊張と混乱は、朝を迎える頃、底なしの恐怖が広がってゆくようだった。

今度は、４号機が水素爆発したのだ。そして火災も起こった。

さらに昨夜はもっとも憂慮された２号機でも、内部の冷却装置が破裂しただけでなく、異様な煙が上がった。

しかも３号機でも不気味な白煙が上がり始めた。

１号機でも原子炉内の圧力が上がり始めた。

福島第１原発は、暴走を始めていた。

午前十時二十五分

防衛省Ａ棟の防衛大臣室は緊張に包まれていた。

北澤俊美《きたざわとしみ》防衛大臣と向き合っていたのは、統合幕僚長の折木良一《おりきりょういち》、陸上幕僚長の火箱陸将、海上幕僚長の杉本正彦《すぎもとまさひこ》海将、航空幕僚長の岩崎茂《いわさきしげる》空将、さらに防衛官僚である防衛政策局長など、日本の防衛に携わる最高幹部たちだった。

東日本大震災発生から五日目。大臣室に届く被災地の情報は益々《ますます》増加していた。

会議の冒頭、北澤が唐突にこう口にした。

「官邸から、福島第1原発へ、水を撒《ま》いてくれ、という話がきた」

火箱は、その言葉の重みを瞬間的に悟った。

できるか？　ではなく、やれ、という政治的に決定された命令なのだ。

ただ、どこへ、いつ、どのような方法で、水を撒くのか、という話はなかった。とにかく水を撒いてくれ、とだけ北澤は繰り返した。

発言や質問する者はいなかった。自衛隊最高幹部たちの誰もが神妙な表情で黙り込んだ。咳払《せきばら》いする音さえなく、大臣室は静寂に包まれた。

火箱は脳裏で想像した。

1号機から4号機までの原子炉建屋の周りは、高濃度の放射線に包まれているため、地上から近づけない。ゆえに、上からヘリコプターで撒け、ということなのだろう——。

火箱は、北澤を凝視した。だが、北澤は、火箱を見ることはなかった。

しかし、火箱は悟った。

官邸や北澤大臣は、それをやるのは陸上自衛隊だと、そう思っていることを、火箱は、その場に流れている空気から肌で感じた。

――今、この瞬間は、暗黙の了解の場だ。

会議の後、陸幕指揮所に戻った火箱は、幹部幕僚たちを急いで集めた。

大臣からの要請を説明した上で、

「やるしかない。検討しよう」

と幹部幕僚たちを見渡しながら語気強く言った。

だが、検討を始めたのっけから問題にぶつかった。

「そもそも、福島第1原発は、今、どうなっているんだ？」

北澤大臣との会議でも情報は伝えられなかった。

官邸からは、ただ水を撒け、ということだけで、どこへどれだけ撒くのかなど、まったく情報が伝えられなかった。

「どこに、どの高さでやればいいんだ？」

その言葉を火箱は何度も口にしなければならなかった。

基本的な情報から集める検討が続けられているとき、幕僚の一人が、航空自衛隊からの画像を届けた。航空自衛隊の百里《ひゃくり》基地に属するＲＦ４Ｅファントム偵察機が、福島第1原発の上空を飛行し、撮影した静止画像だった。

手にした火箱は思わず唸《うな》った。

「ひでえな」

初めて目にする光景だった。

爆発した1号機、3号機と4号機は無残な姿をさらけ出していた。いずれも屋根がなかった。ぐしゃぐしゃとなった内部が丸見えである。歪《いびつ》に曲がった鉄骨や鉄筋が剥《む》き出《だ》しになっていた。

2号機だけ屋根がある。無傷のように思えた。

政府や東京電力からまったく情報が届かない中、火箱と幕僚たちは独自の検討を始めた。

火箱の元には、頼もしい男がいた。陸上幕僚監部の人事部長、松村五郎《まつむらごろう》陸将補だ。松村は、東京大学工学部の原子力工学科を卒業し、一般幹部候補生として自衛隊に入隊したという変わり種だった。

実は、そのとき、陸上幕僚監部にはもうひとり、同じ学科を卒業した者がいた。松村の大学の先輩にあたる、渡部悦和《わたなべよしかず》陸将である。渡部は、火箱の右腕として、陸上幕僚副長を務めていた。渡部は、ＪＴＦ司令官の君塚栄治《きみづかえいじ》陸将やＣＲＦ司令官の宮島のアドバイザー役を担《にな》っていた。

独自の検討は、松村を中心に熱気を帯びた。

福島第1原発の事故の影響評価がまず開始された。

1号機は、爆発したとは言え、原子炉は無傷である。安定的に原子炉を冷やす水も循環しており、燃料棒が置かれた「燃料プール」も水が流れている。

2号機は、屋根があるので中は見えない。外見上はなにも特異な点は見当たらない。

検討作業の結果、もっとも危険な状態にあるのは、3号機と4号機だと断定された。

3号機は、1号機よりも激しく爆発したので、原子炉への冷却が不足となっている可能性が高い。原子炉に給水しているというが、圧力が上がらず空だきになれば、メルトダウンへ一気に進む。最悪の場合は原子炉爆発となる。

4号機の問題は、燃料プールだった。そこには千五百本もの燃料棒が保管されていた。普段なら、冷却水の中で〝冬眠している〟。しかし、電源が失われている今、その水はもはや冷たくない。燃料棒が出す自己崩壊熱で水が干上がっている可能性が高い。干上がれば、4号機は屋根がないので、放射性物質が直接、大気中に広範囲に拡散する。そうなれば首都圏も放射線の脅威にさらされる危険性があった。1号機も心配だが、より緊急性が高いのは4号機とされた。

ゆえに、４号機への水を撒くことが優先だ、と決まった。

幕僚たちが検討作業を続けた。

「じゃあ、やっぱり、空からだな」

「CH－47で、水が入ったバケット（バケツ）をつり下げ、４号機の真上でホバリングして入れるしかないだろう」

その傍らで火箱は、不気味な思いに襲われていた。

――2号機とて電気がいっていないはずだ。ならば、1号機や3号機のように、重大事態となってもおかしくない――それが不気味だった。


午前中に行われた官邸の会見場に現れた枝野長官の雰囲気には、激しい緊迫感がうかがえた。

四基の原子炉が同時に、危機的状態となっていたからだ。

午前十時過ぎ。陸幕指揮所に、内閣危機管理センター派遣の連絡官から、緊急情報が飛び込んだ。

「官邸が今、４号機の燃料プールへの、自衛隊のヘリコプターによる放水の検討を開始した！」

４号機の燃料プールに、ほとんど水がなく、燃料棒が露出する可能性がある。そうなれば、核反応が起きて大量の放射性物質を放出するだけでなく、メルトダウンが起きてしまう——官邸はそれを恐れていると。

その情報は、陸幕指揮所から直ちに、ＣＲＦ司令部へ伝達された。陸幕指揮所の幹部幕僚は、「ただちに準備を行え」と付け加えた。

もし命令が下されるとすれば、そのような危険な作戦は、ＣＲＦ隷下《れいか》の「第１ヘリコプター団」にしか行えないことがわかっていたからだ。

ＣＲＦ司令部はすぐに作戦計画の作成に入った。

だが、協議を重ねれば重ねるほど、その作戦がいかに困難であるかがわかった。

作戦は、検討を続けていた陸幕指揮所からの指示のとおり、第１ヘリコプター団のＣＨ－47で行うしかない。つり下げたバケットで海水をくみ上げ、４号機の真上でホバリングしたまま投下、放水する。

だが、ホバリングをしている間、乗務員が長時間、高濃度の放射線を浴び続けることとなる。

また、投下、放水する海水は一回につき七トンにもなる。落下させる物理的エネルギーの衝撃で、燃料プールを支える構造物が潰《つぶ》れる可能性が危惧《きぐ》された。

CH－47は、これまでも山火事の鎮火などで活躍しており、乗員も慣れてはいる。しかし、山火事の鎮火の原理は、〝水の圧力で強引に消す〟といういわば乱暴な力勝負である。木々をなぎ倒し、無酸素状態にすることで消火するのだ。

今回も、数トンの水を落とすことで、原子炉にも損傷が加わることをCRF司令部は真剣に危惧したのだ。

では、低い高度にすればどうか。

しかしそうすれば、今度は、乗務員がさらに高い濃度の放射線を浴びてしまう――幕僚たちはジレンマに陥った。

しかも、防衛省A棟十一階の省対策会議室の防衛官僚は、このCH－47ヘリコプターによる空中放水冷却作戦が、菅首相が〝政治的ミッション〟を意識した上での命令だったことを知っていた。前日からパニック的な海外市場での円急騰《きゅうとう》と株安を受け、東京証券取引所で日経平均が、一時は八千三百円を割ることとなった。海外のマスコミは二度の爆発をセンセーショナルに扱い、地獄の蓋《ふた》が開いたかのごとく過激な報道を繰り返している。また、オバマ・アメリカ大統領との電話会談が間近に迫っていた。その前に何らかのアクションをしたい――官邸がそれにこだわっているとの情報も入っていた。

日本が原発事故の収束へアクションを起こした、その光景を内外に見せつけることを官邸は求めている――それを知っていた防衛官僚は、陸幕指揮所の幹部幕僚にも伝えていた。

――このミッションは、全国民どころか、全世界が注視しています。だからこそ、効果のあるものでなければ批判を浴びてしまいます。

さらなる問題がＣＲＦ司令部の幕僚たちを悩ませた。

作戦の具体的な中身は、第１ヘリコプター団（千葉県木更津《きさらづ》市）の団長、金丸章彦《かなまるあきひこ》陸将補と、司令部の幕僚たちに任された。

当時、金丸は、第１ヘリコプター団から引きはがされ、仙台のＪＴＦ司令部に呼集されていた。陸海空自衛隊とアメリカ軍の航空統制を行うためである。

統合幕僚長の折木からの指示は、ＣＲＦ司令官の宮島を通じ、第１ヘリコプター団長の金丸に伝えられた。

金丸が、答えた言葉は、たった一言だった。

「了解しました」

仙台にいた金丸は、膨大な航空管制に振り回されながら、その隙間《すきま》を縫って、木更津の本部と、朝霞のCRF司令官、宮島と何度も連絡をとりあい、二日がかりの徹夜で作戦計画を完成させた。

菅直人首相の指示に基づき、CH－47二機の〈空中放水冷却隊〉に出動命令が、北澤大臣から下令されたのは、十六日の朝のことだった。

加藤憲司《かとうけんじ》2等陸佐が隊長を務める「104飛行隊」の、三機のCH－47が緊急発進したのは、東日本大震災が発生した約三時間後、午後五時過ぎのことだった。

「104飛行隊」が属する、陸上自衛隊「第1ヘリコプター団」の隊員たちは、災害において自分たちがいかに重要な任務をこなすことになるのかを良く知っていた。自衛隊の中で、最も多くのヘリコプターを保有する大部隊。有事や重大な災害・事故の発生時には、真っ先に被災地へ向かうため、一機のCH－47ヘリコプターを、「救難待機部隊」として、ローテーションで二十四時間待機させているほどだ。

その部隊が、千葉県木更津の第1ヘリコプター団の所在する駐屯地から、東日本大震災発生のわずか一時間後に離陸した。

葉巻型をした機体に、二枚のローターブレード（プロペラ）をぶんぶん振り回して飛行するＣＨ－47の巨体は、多くの隊員のみならず、ジープや装甲車などの重量物を輸送できるほか、迫撃砲などもつり下げて運べる。その高い輸送能力は、これまでの災害派遣活動でも最も期待され、フル活動していた。

救難待機部隊が出発したのを見届けた第１ヘリコプター団本部は、整備中でない可《か》働《どう》状態にある多くのＣＨ－47に対し、仙台市にある自衛隊の霞目《かすみのめ》飛行場へ前進するように命令。震災当日の深夜にかけて、加藤が率いる「１０４飛行隊」を含めた約十機が霞目飛行場に集結した。

霞目飛行場は、仙台空港のすぐ北側に位置し、東北全体の災害対処を行う陸上自衛隊「東北方面隊」の司令部がある「東北方面総監部」とも近い。また何より、被害が多いと見込まれる被災地への拠点としては絶好の位置にある。また航空燃料も大量に確保している飛行場であることから、第１ヘリコプター団本部は、可働状態にある多くの航空機をいち早く霞目飛行場へ前進配備することを命じたのである。

だが実は、霞目飛行場は、海岸線から約七キロも離れているが、大津波がすぐ近くまで押し寄せていた。離発着に滑走路の必要のないヘリコプターの拠点として、フル回転が期待された。

午後五時過ぎに離陸した三機のうち一機のＣＨ－47に搭乗した加藤は、操縦室で、機長と副操縦士の間にある、ジャンプシートと呼ばれる簡易座席に座り、じっと前方の眼下を見つめていた。

陽はすっかり暮れている。高度な操縦スキルが要求される夜間飛行となっていた。

離陸したCH－47は、日立市から沖に出て、海岸線を見つめながら、一路、北を目指した。

約四十分後のことだった。すでに福島県の北部に達していた。

加藤は強い違和感を抱いた。

――何か、おかしい。

思わず立ち上がった。

操縦席の風防ガラスから前方の陸地を見つめた。

すべての港町にまったく灯りがないのだ。

陸地と思われるところがすべて真っ暗だった。

加藤にとって、夜間飛行は一度や二度ではない。だから、夜の港町の輝くまでのネオンの洪水をよく知っている。ところが、今、自分の目の前に広がるのは、今まで見たこともない光景だった。光という光がひとつも映ってこないのだ。

加藤の脳裏に浮かんだ言葉があった。

――異様な光景だ。

そのことに気づくと、ゾッとした。

光がないと言っても、月明かりだけで、うっすらとした地形のシルエットがわかった。

だが、記憶にある地形がどこにもないのだ。

――海岸線の地形が変わっている！

大津波が海岸の地形さえ変えていたのだ。

加藤は立ち上がった。間もなく、仙台空港のはず。管制塔とコンタクトすれば被災情報が分かるかもしれない。

ところが、仙台空港があるべきところにまったく灯りがない。墨を塗ったような暗黒の空間が広がっている。また空港敷地内にある航法援助施設「ナブエイド」からの信号も受信できなかった。

機長も〝異変〟に気づいたようで、無線で「センダイタワー！」と何度も呼んでいる。だが頭から被《かぶ》ったヘルメットには何の声も打ち返されてこなかった。

加藤は、悪い予感がした。まさか……霞目飛行場も被害を受けているのか……。

悪い予感は当たった。

霞目飛行場の誘導灯や灯りが目に入ってくるはずなのに、何も見えないのだ。

それどころか、東北の最大の都市、仙台市にまったく光がない。死んだ町と化していた。後になってわかることだが、東北の広大なエリアが停電となっていたのだ。

——このままでは霞目飛行場がわからない。

加藤は、現実的な問題と向き合わなければならなかった。

だが、操縦士たちは、微《かす》かに認識できる海岸線のシルエットで大まかな位置を確認した。さらに、CH－47の底にあるランディングライトで地上を照らした。また霞目飛行場でも、地上係員がハンディライトを手にして点滅を繰り返してくれていた。操縦席の風防ガラスの前方にその光が見えたのだ。

ようやく霞目飛行場に到着した加藤たち第1へリコプター団の隊員たちだったが、暖かい部屋が待っているわけではなかった。持参した天幕（テント）の中という厳しい寒さの中での待機となった。しかし、ベテラン陸曹が機転を利《き》かし、木更津の基地で、CH－47にストーブを積んでくれていた。多くの隊員がそれで助かった。任務を遂行できる勇気となった、と加藤は確信した。

加藤たちに与えられた任務は、荷物や人員をひたすら輸送することだった。

東日本大震災発生の当日の夜から、翌十二日の深夜にかけて、支援物資だけでなく、あらゆる物を運んだ。福島第1原子力発電所と福島第2原子力発電所が、緊急事態だという話も耳に入った。間もなくして、そのためにバッテリーを福島第1原発の駐車場へ空輸したこともあった。

だが、自分たちが、爆発の危険性がある原子力発電所の真上へ突っ込むことなど想像さえしていなかった。

陸幕指揮所の隅にある会議室で、〈空中放水冷却作戦〉の検討会議が始まったときは、陸幕長の火箱は、まだ自分の運命を知らなかった。

それを知ることとなったのは、オブザーバーで出席していた経済産業省のひとりの幹部のそのひと言だった。

「4号機へ空からチヌーク(CH-47)で水を入れる」

その合意が自衛隊全体でなされた直後のことだった。それも会議が終わろうとしていたときである。

経産省幹部は、火箱と二人きりで話したいと言ってきた。席を移して向かい合ったとき、経産省幹部が言った。

「陸幕長、2号機に、ホウ酸を撒いて頂きたい」

「ホウ酸？」火箱は顔をしかめた。

経産省幹部が説明するには、ホウ酸は、核分裂反応を起こす中性子を吸収するからだという。

だが火箱にとっては余りにも唐突な話だった。ついさきほど、4号機への放水を決定したばかりなのだ。

「撒くったって、どこへ撒けばいいんです？」

火箱が訝《いぶか》った。

「実は、2号機が今、一番、危ないと思っています。すぐにでもメルトダウンする可能性が高い。最悪の場合、原子炉じたいが爆発し、膨大な放射性物質を大気中に吹き上げるかもしれないのです」

火箱は、その言葉には疑いをもたなかった。火箱自身、2号機の不気味さを強く感じていたからだ。

「では、ホウ酸を水に溶かして？」

火箱が訊《き》いた。

「いえ、ホウ酸だけで」

「固形のままでと？」

「そうです」

経産省幹部が頷《うなず》く。

「で、どこへ撒くと？」

火箱がさらに尋ねた。

「２号機の原子炉に直接――」

経産省幹部の言葉に、火箱はさすがに苦笑した。

「しかし、効果がないでしょう？　２号機には屋根があるから。上からでは、原子炉へ直接に撒くことはできないじゃないですか？」

「いや、直接、原子炉へ――」

経産省幹部は同じ言葉を繰り返す。

「ですから、２号機には屋根がありますよ。どうするんです？　どうやって撒くんです？」

経産省幹部はひと呼吸置いてから、こともなげに言った。

「その方法はお任せします」

火箱は呆《あき》れるしかなかった。

しかし、無視することはできなかった。経産省幹部は、2号機がいかに深刻な状態であるかを力説したからだ。

火箱は、幕僚を集め直した。新たな作戦を作らなければならなかった。

しかし、海水による放水冷却作戦は中止しなかった。それを行った後の作戦として、〈ホウ酸投下〉の検討に入った。

しかし、検討はすぐに行き詰まった。屋根にただ撒いてもしかたがない。原子炉まで届かないことは明白だからだ。

火箱が言った。

「2号機の屋根に、どこか隙間があるはずだ。画像で探してみろ」

もしその隙間を見つけたなら、2号機の上空でホバリングしたCH-47から七十メートルロープを三本で束ねたスリングネットを降下させる。そのネットは、ミカンの袋のように加工がなされ、そこにホウ酸を詰める。そのネットごと、屋根の隙間に通して、中へ落とす——。

「それしか方法はねえぞ」

火箱が幕僚たちの顔を見渡した。

しかし、その作戦には重大な欠陥があった。

もし小さい隙間しか見つからず、ネットが入らないときはどうするのか――。

火箱は意を決したように言った。

「場合によっては、建屋の上に降りて、人手で押し込むしかねえな」

だがその先に続く言葉は口にしなかった。

火箱はそのことを覚悟していた。

――この作戦は、〝戦死者〟を出すだろう。

だが、火箱は決心した。

絶対に、陸上自衛隊がやらなくてはならないのだ。

そうしなければ、事態は最悪の事態を惹起《じゃっき》してしまうのだ。

火箱の脳裏には、一人の男の顔が浮かんだ。

ホウ酸を満載した背嚢《はいのう》を背負った第1空挺《くうてい》団の隊員が、CH-47から、2号機の屋根にスリングをしてファストロープで降り立ち、両手で屋根の隙間にホウ酸をぶち込む――そんな命懸けの任務には、強靭《きょうじん》な精神力が必要だ。それができる男は、あいつしかいない――。

火箱が思い浮かべたのは、第1空挺団のY先任陸曹の顔だった。

かつて第1空挺団の団長を務めた火箱は、その男を高く評価していた。年齢は高く、定年間近である。だが何事にも動じず、腹の据わった勇者――それがY先任陸曹に与えた評価だった。

だが、火箱は、検討の最中、ある腹決めをしていた。

そして陸上幕僚監部の側近たちが集まる深夜のミーティングでこう言い放った。

「ホウ酸投下も、やるからな。Y先任陸曹や第1空挺団を使うしかねえ。そんとき、オレも行く。六十歳にもなったら、もう怖いもんなんてねえ。Y先任陸曹だけに行かせられない。オレも同じヘリに乗って、一緒に作戦を行う。本気だ」

何かを言いかけた幹部幕僚を火箱は身振りで制した。

「言うなよ、何も。止めてもやる」

それでも何人かの幹部幕僚は、口を開きかけたが、それを止め、神妙な表情で火箱を見つめた。

火箱は、幹部幕僚たちが何を思っているかが想像できた。

――この頑固オヤジは、言ったら聞かねえからな。

そのとき、火箱の頭の中で、ある光景が突然、蘇《よみがえ》った。

思いがけない記憶だった。

五十年以上も前の、古びた記憶だった。

生まれ育った故郷でのこと。遠足で訪れた、大分県中津市にある八幡鶴市《はちまんつるいち》神社にまつわる故事が強烈な記憶として残っていたのである。

昔々のこと、村を水害から救うため、ある母と子が犠牲になったという伝説だ。

火箱は、その母と子を、自分とY先任陸曹とに二重写しとするような思いに浸ったのだ。

火箱は、密《ひそ》かに、その作戦に名前を与えた。

〈鶴市《つるいち》作戦〉

「104飛行隊」の隊長である加藤が、その言葉を初めて聞いたのは、十三日の夜だった。膨大な輸送任務のオーダーに忙殺されている真っ最中のことである。

同じく霞目飛行場に前進していた、上級部隊の第1輸送ヘリコプター群長、大西正《おおにしまさ》浩《ひろ》1等陸佐からの言葉だった。霞目飛行場の滑走路の脇《わき》に立ち上がっていた第1ヘリコプター団の前進指揮所。指揮所と言っても、大きなテントの中に置かれた長机の上である。その傍らには、各飛行隊の指揮所となった机が並んでいる。

加藤は、その中で、大西と向き合った。

大西の表情がいつになく緊張した面持ちだった、と加藤は記憶している。

「原発に対処しなければならない」

加藤は、その意味がすぐにわかった。

――原子力発電所を冷やさなければならないのか。

霞目飛行場に到着して以来、バッテリーの輸送を依頼されてきたからだ。それは福島第1原発の冷却システムが喪失したからに他ならない。

過酷な任務になるはずだ、ということは理解した。

だが、驚きはなかった。

加藤の部隊には、他の輸送任務の依頼が殺到していた。ゆえに、原発対処といえども、そのオーダーはいつくるかわからない。それよりも、輸送任務の調整に忙殺されていたので、深刻な雰囲気に呑《の》み込まれる余裕はなかった。当時、前進指揮所のテントの中では、その時はまだ、輸送任務のオーダーが殺到し、膨大な調整作業で騒然としていた。福島第1原子力発電所のことだけに頭を巡らすことはできなかった。

それでも、第1ヘリコプター団の前進指揮所では、原発対処の作戦を作成しはじめた。

ところが、真っ先に大きな問題と直面した。

第1ヘリコプター団に命じられる任務は、ただ〝原発対処〟ということだけで、具体的にはまったく伝わっていなかった。電源を喪失して温度が上がる原子炉や燃料プールを冷却することになるのだろう、ということは加藤も意識していた。しかしその方法についても、具体的な指示は、東京の防衛省からはまだなかった。

しかしそれでもいつ命令されるかもしれない。その時に慌《あわ》てて準備しては間に合わない。団本部ですぐにデータを収集した。

〝冷却〟というならば、海水の放水という選択肢が真っ先に考えられた。ただ、チェルノブイリの事故では、ホウ酸を投下していた。核分裂を起こす原因となる中性子が、原子炉から放出されるのをホウ酸で吸収するための処置だった。

前進指揮所では、「ホウ酸投下作戦」の任務に備えた準備をまず開始した。ホウ酸の投下は、原発建屋の上空でヘリコプターをホバリングで停止させ、原子炉に向けてピンポイントで投下しなければならない。それだけ搭乗する隊員が長時間、放射線を浴びることになる。一方、海水の放水は、原子炉建屋の上を通過して水をかければいい。つまりホウ酸の投下の方がより危険性が高い。ホウ酸投下の技術が確立できれば、「海水放水冷却作戦」は容易《たやす》いはずだ、と判断した。

十五日になっても、海水の放水か、ホウ酸の投下なのかなど具体的な任務はまだ届かない。福島第1原発のどの原子炉建屋がターゲットなのかの情報もない。それでも前進指揮所は検討と準備を続けた。基本的には、ホウ酸の投下の作戦を行うことを前提とし、余裕があれば、海水の放水の準備も行うこととした。そして福島第1原発へのアプローチ方法、海水を汲《く》む場所、ホバリングの仕方——などの要領を作っていった。

十六日、〝非公式〟な情報として入ってきたのは、任務が付与されるとすれば、福島第1原発の「3号機」か「4号機」だということだった。爆発したことで屋上に〝大きな穴〟が開いているという。だが、映像情報どころか、被害状況についての情報はまったく届いていなかった。

前進指揮所は、〝想定〟を前提としなければならなかった。爆発後の〝大きな穴〟と言われても、最悪の場合、十メートル四方くらいしかないことを前提とすべきだと。その前提のもと、「ホウ酸投下作戦」の検討を急いだ。

ただ、明確な任務は、十六日になってもまだ伝えられていない。ターゲットが4号機なのか、3号機なのかさえ依然としてわからなかった。また、「ホウ酸投下作戦」にしても、誰が、どこからホウ酸を持ってくるのかも不明である。

前進指揮所が苦悩したことがあった。

海水やホウ酸を運ぶ〝入れ物〟の選定だ。

海水の〝入れ物〟の候補は二種類あった。一つは、傘をひっくり返したような型の、通称バンビ・バケットと呼ばれる野火消火器材。山火事消火活動で主に使うものだ。もう一つは、大きな円筒のバケツをイメージするビッグディッパー。どちらも七トン弱の巨大な容量である。七トン弱というのはＣＨ－47の〝荷物〟の中でもかなり重い。だが、それぞれ一長一短があった。バンビ・バケットは使い勝手がいいが、円錐型なので陸上に置いておけない。ビッグディッパーは大きすぎて使い勝手が悪いが、陸上に保存しておける。状況によって使い分けるだけの選択肢があった。

ところが、ホウ酸投下の具体的なイメージ作りが難しかった。前進指揮所は考えた。ロープで吊《つ》り下げるスリングネットの網目に大量のホウ酸の袋を詰め、ＣＨ－47からピンポイントで建屋に降ろして切り離すべきか。4号機ならば、建屋の上が吹っ飛んでいるので、その隙間に降ろすのか。それとも、ひび割れた天井壁に置いておき、自然崩壊したときに自然に原子炉に降りかかるようにするのか――様々な作戦を想定した。

　だが、「ホウ酸投下作戦」の検討を具体的に進めれば進めるほど、前進指揮所はさらに苦悩することになった。ＣＨ－47の隊員たちが被曝する放射線量のことを考えれば、原子炉建屋から高い位置を取る必要がある。だが高ければ高いほどCH－47を操縦しにくくピンポイントの位置を確保しにくい。スリングネットを吊るベルトも長くなって揺れて安定しない。揺れれば揺れるほど時間がかかる。長ければ長いほど、吊り下げるロープは揺れる。一旦《いったん》揺れると、揺れを止めるにも時間がかかる――。

「105飛行隊」は、霞目飛行場の中で、地上にターゲットの原子炉を模した線を引き、演練《エンレン》（演習）を繰り返した。

前へ！

作戦立案を進めていた前進指揮所に、さらに重大な問題が浮かび上がった。

それまでも幾つかの問題点が前進指揮所で指摘されていた。放射性物質のチリを吸引して内部被曝の危険性を排除するための方法だ。原子炉建屋へのCH－47のアプローチの選定には時間がかけられた。

だがそれよりも危険だと前進指揮所が考えたことがあった。

唯一《ゆいいつ》、東京電力から届けられていた福島第1原発の、大まかな配置図を広げた前進指揮所の幕僚たちは唸《うな》った。原子炉建屋の回りに、高い煙突が幾つかあるではないか――。

1号機と3号機の西側にへばりつくように一本ずつ高い煙突があり、4号機の脇にも高い煙突が近接している。死地へ飛び込むことを覚悟しているCH－47の搭乗員《クルー》にしても、ローターを巻き込んでしまう危険性が高い、余りにもリスクの多いこんなエリアは飛ばないのだ。

だがもはや躊躇《ちゅうちょ》している余裕はなかった。煙突の位置関係を綿密に計算し、クルーたちに伝えた。

任務実施が命じられたのは、十五日の夜だった。

翌十六日の午前、予想通り、福島第１原発の４号機へ出撃せよ、という命令だった。

出撃部隊は、１０５飛行隊と命じられた。だが、任務は、ホウ酸の投下ではなく、「海水放水冷却作戦」と決まった。さらに命令には、十七日に、加藤が率いる１０４飛行隊が続けて出撃することとあった。そして引き続き、ローテーションで「海水放水冷却作戦」を継続する。ただ、連続すれば隊員たちの蓄積《ちくせき》被曝量が増えるので、その管理も含めて、ローテーションを継続すると。いつ終了するのかは決められていなかった。第１ヘリコプター団を指揮するＣＲＦ幹部幕僚には、地獄へと向かう終わりのない過酷な任務に思えた。

陸幕指揮所で放水冷却作戦の細かい調整が最終段階を迎えていた、その前日の、十四日の夜――。

火箱は、陸上自衛隊の装備部という部門が、大がかりな作戦を検討している、その詳細を聞かされた。

火箱が耳にしたのは、防衛省A棟の二階、陸上自衛隊の運用中枢《ちゅうすう》である陸上幕僚監部の装備部長室、その緊迫に包まれている状況だった。

作戦そのものを作成して指揮する陸幕指揮所とは違い、装備部は、補給や軍需品の調達を行う、簡単に言えば縁の下の力持ち的な、軍事用語で言う後方支援の〝心臓部〟である。

しかし、後方支援とはいえども、集まった幹部たちの表情は悲愴《ひそう》だった。

航空機課長の服部《はっとり》正《ただし》1等陸佐が、驚くべき情報を披露したのだ。

「統幕は、陸上自衛隊のCH－47を使って、福島第1原発へ、上空からの放水活動をさせる検討に入った模様――」

誰もがその情報に接するのは初めてだった。

装備部長の田邉《たなべ》揮司良《きしろう》陸将補を始めとする幹部たちから、重苦しい言葉が連続した。

「もし、本当にやるのなら、CH－47の隊員たちは被曝する」

「命懸けの作戦だ」

「内部被曝の危険性もある」

「死亡者が出るかもしれない――」

そして田邉が言った。

「死地へ飛び込む隊員を〝丸腰〟で行かせてはダメだ！　彼らのために、我々は、今こそ装備部のすべての力を結集し、あらゆることをすべてやらなければならない。万全の態勢で出動させてやりたい」

田邉の思いを幹部たちは受け止めていた。

――命懸けの現場へ、黙ってゆかせるわけにはいかない。最高の装備をもって行かせたい。そして何より、被曝をさせないために、その装備を全力を挙げて揃えたい。

装備行政に極めて精通する田邉は、人命救助活動終了後の、復旧活動――ロジスティックオペレーションを指揮できる、自衛隊では数少ないスペシャリストだった。

幹部たちの発言が相次いだ。

「被曝対策として、最大限、何が何でも支えてやる！」

「鉛を床に敷き詰める！」

「メーカーを至急、捜す必要がある」

「無線を使うと、放射性物質のほこりを吸い込む危険性があり、それはすなわち最も危険な体内被曝をすることになる。何とかならないか」

「あれはどうだ。化学室が検討していた、マスクの中でスムーズな会話ができる無線機があるはずだ」

「すぐ調達させよう」

しかし、ある幹部のその言葉で、部長室の空気はさらに緊張した。

「放水は、十六日にも開始する予定らしい。あと一日しか時間がない!」

そのとき、航空機課長の服部正1等陸佐が身を乗り出した。

「もし、CH－47がやるなら、航空機に係る装備行政の責任者である自分が、現場へ行かないではおれません。この作戦で隊員は被曝するでしょう。命懸けの任務です。ヘリコプター部隊は、第1ヘリコプター団長の指揮で活動するにしても、装備行政の要たる自分が現場にいてやりたい。あらゆる不測事態にも対応するためにも、航空機ロジの責任者の私が現場にいなければならないんです」

熱く語る服部の姿に、誰もが力強く頷いた。

服部は、陸幕きっての情報通として知られる一方、統合幕僚監部で、防衛班長も務めるなど政策通でもあった。しかし何と言っても、服部の心を熱く動かしたのは、パイロットであるからだった。この任務がどれほど過酷で、命懸けのものとなるかを一番よく知っていたのだ。

服部は、装備部で全般を統制する装備計画課長の前田忠男《まえだただお》1等陸佐へ視線を送った。

「その時は、お前が幹部の了解をとってくれ」

前田は、「了解！」と語気強く答えた。

「やれることはすべてやる！　しかし時間がない、急げ！」

田邉の号令で、幹部たちはそれぞれのデスクへ急いで戻った。

自分のデスクに戻った前田は、装備部の各課長のほか、直属の部下である補給管理班長など各班の長にも一斉に矢継ぎ早に指示を出した。

「隊員を守るために、床に敷き詰められるものを捜してくれ」

陸海空・自衛隊の作戦中枢である統幕・防衛警備班長を務めた前田は、装備部に来るまでは、作戦運用一本の男だった。誰にどんな要請を行えばどう動くかを知り抜いている第1空挺団出身の運用のエキスパートとして知られていた。

前田の前にすぐに駆け込んできたのは、開発課長の権藤三千蔵《ごんどうみちぞう》1等陸佐だった。

「こういうのがあります」

権藤が一冊の分厚いカタログを手渡した。

工学博士である権藤は、そもそも日米オペレーションの中枢にいた男で、親分肌として知られていた。

権藤が見せたのは、鉛を使っている防護シートの商品目録だった。

そのときの様子を聞き及んだ陸幕指揮所の幹部幕僚は驚いた。装備部は昔より、〝装備マフィア〟と呼ばれるほど、軍需品の調達においては、独自の世界があり、しかも空前絶後のパワーを発揮することは知られている。事実、震災発生以後、驚異的な力で、全国から天文学的な量の物品を集めては被災地へ送る作戦を展開している。

しかし、装備部のすごさは、幹部幕僚の想像を遥《はる》かに超えていた。あらゆるニーズに応えるために、膨大な数と種類の商品カタログを保有していたのだ。

だが、CH－47のキャビンと操縦席の床に敷き詰めるには相当な量がいることに前田は気づいていた。

「調達先をすぐに捜せ」

前田の指示のもと、若い装備計画課員たちは寝る間もなく電話をかけまくった。

そして、放射線防護の効果がある「タングステンシート」を大量に保管しているメーカーを探し出せたのは、十五日の夕方。放水冷却作戦のわずか一日前だった。

装備部の幹部たちは、再び、装備部長室に緊急に集まった。

「タングステンシート」は、東京に本社を置く、住友電工グループの「アライドマテリアル」の子会社「アライドテック」の工場で大量に保管されているという。ただ、その場所は、兵庫県の伊丹市だった。

いかにして迅速にリレー輸送するのか、統幕との調整などを検討する必要があった。

だが、集った幹部たちの目は、真っ先に服部へ注がれた。

服部は間もなく、ここを離れ、現場へと向かう。服部が覚悟の目をしていることを幹部たちは悟った。

ところが、神妙な口調で、田邉が口を開いた。

「服部、現場へは行けないこととなった」

驚きの表情で見つめる服部に、田邉が続けた。

「もし、CH－47による放水冷却作戦が失敗に終わったり、事故などの不測事態が発生した場合、統合幕僚長や陸上幕僚長が、政治やマスコミへの説明を求められる。そのとき、担当者として、しっかりと説明ができるのは、航空機課長のお前しかいない。陸上幕僚監部に残り、統合幕僚長や陸上幕僚長を支えろ」

幹部たちの視線が一斉に服部へ向けられた。

「了解」

服部が答えたのは短い言葉だけだった。

服部は顔を伏せた。そこにいた幹部たちは、服部の頬を涙が伝ってゆくのをはっきりと見た。

幹部たちの間からも、服部の気持ちが痛いほど分かったのか、涙ぐんで天井を仰ぎ見る者もいた。死地へ向かう若い隊員たちを、現場で見送ってやりたい、現場で支えてやりたい、その思いが果たせなかったことに、幹部たちが服部と気持ちを同じくした瞬間だった。


兵庫県伊丹市に本部を構える第3後方支援連隊の隊員がトラックを飛ばし、アライドテックの工場へ急いだ。深夜に辿《たど》り着いた隊員の前に、アライドテックの社員も勤務外にもかかわらず自宅からやってきてくれていた。

タングステンシートを荷台に収容したトラックは、名神高速道路を疾走し、愛知県名古屋市に近い、航空自衛隊、小牧航空基地に滑り込んだ。エプロンには、すでにC－1ジェット輸送機が待機していた。タングステンシートを搭載したC－1はすぐに離陸し、北を目指した。

福島空港に到着したタングステンシートが、陸路、霞目飛行場に運ばれ、放水冷却作戦を行う二機のCH－47の床に敷き詰められたのは、朝八時半のことだった。ぎりぎり間に合ったのだ。

三月十六日　午後四時

宮城県仙台市の、陸上自衛隊の「霞目飛行場」から、第１ヘリコプター団の「105飛行隊」である二機のCH－47ヘリコプターが離陸した。

CH－47はまず、北に向かって飛行し、宮城県の中部にある、王城寺原《おうじょうじはら》演習場で、海水をくみ上げて投下し、放水する予行演習を開始した。

そして再び、霞目飛行場へ戻って燃料補給を行い、すぐ沖合で海水をバンビ・バケットで取水し、福島第１原発へと機首を向けた。

それに先んじて、福島第１原発の上空に進入していた、UH－60Jヘリコプターが放射線量をモニタリングしていた。

その結果に、105飛行隊長は驚いた。撤収を決めていた放射線量を遥かに超えていた。

105飛行隊長は、その日の空中放水冷却作戦の延期を決心せざるを得なかった。作戦の総指揮を執っていた統合幕僚長の折木からも、余りにも高い放射線量であれば、一旦《いったん》、撤収せよと厳命されていた。

だが、菅直人首相は、すぐに折木に電話し、自衛隊最高指揮官としての命令を語気強く伝えた。

「明日中に、絶対に、空中放水冷却作戦を実施して下さい！」

折木は、総理の言葉を毅然《きぜん》として聞いていた。

だが、部隊に伝えることはしなかった。

折木は、部隊を信じていたからだ。

特科（長距離野戦砲）部隊を出発点とする折木を評するとき、必ず返ってくる言葉がある。〝怒った姿をみたことがない〟

だが、側近で仕えた者なら知っている。折木は常に、様々なことを冷静に見ていることを。だから見た目の温和な雰囲気とは違い、〝凄《すご》みのある男〟――それが折木を知る幹部たちが口をそろえていう言葉だ。嘘《うそ》をつく組織、信用できない組織だと一度判断すると、妥協なく極めて厳しい態度で臨むのが折木の〝凄み〟であるとも言われている。

投下ができず一旦帰還したことに、火箱はがまんならなかった。作戦の総指揮官である統幕長の折木の部屋へ飛び込んだ。

「なぜ、帰ってきたんですか！」

火箱の思いは、もちろん、隊員の安全にある。内部被曝していなかったことは喜んだ。しかしそれ以上に、ぜったいに放水を実施しないと、福島第１原発はもたない、という思いが強烈にあった。

何らかの打開策を実施しなければ、もし火災が起こったり、燃料棒が露出し放射性物質が拡散したときは、より原子炉建屋に近づけなくなる。東京電力も復旧工事ができない。状況のさらなる悪化で、最悪の事態となることを恐れていたのだ。

最悪の事態とは、さらなる爆発による東日本全域の放射能汚染だった。

火箱の本音としてあったのは、強烈な自負と責任感だった。上空からの放水を、ほかにできる組織があるのなら、やればいいじゃねえか。それは自衛隊しかできねえじゃねえか。確かに情報は十分とは言えない。しかしもう待てない。なんでもいいから水を入れる。それは陸上自衛隊でしかできない。この国の最後の砦《とりで》だ——火箱にはその思いが強かった。

火箱は、折木に詰め寄った。

「明日、絶対、やりましょう！　やらないともちませんよ！」

陸幕指揮所に戻った火箱に伝えられた報告は、初めてと言っていいほどの朗報だった。

ＣＨ−47の帰還は無駄ではなかった。思わぬ成果があった。

ＣＨ−47のクルーたちが、4号機の燃料プールを視認できたことで、そこに水が入っていることがわかったのである。

また隊員も内部被曝《ひばく》していなかった。

作戦の練り直しが決まった。

幹部幕僚が火箱に言った。

「3号機と4号機が危ないですが、4号機の燃料プールに水がありました。大丈夫です。ですから切り替えて、明日は、3号機をやるべきです」

「１０４飛行隊」の隊長である加藤は、複雑な感情に襲われていた。「１０５飛行隊」が引き返してきたことで、「このミッションは不可能なのだ」と思った。原子炉建屋の真上は、やはり放射線量が高すぎるのだ。

加藤の飛行隊は、翌十七日に、行うことが決められていた。だが、現地の放射線量が高い。だから加藤は思った――明日、予定されているウチもできないな。

実際、105飛行隊が引き返してきた約二時間後、直々の上司である大西群長は「明日、行くかどうかはわからない」と加藤に語っていた。

加藤は、このミッションの危険なイメージがずっと脳裏から離れなかった。それは二つのイメージだ。「海水放水冷却作戦」で放射線を浴びること。そして放水によって、さらなる爆発事象を誘発してしまうこと、その二つだった。

だが、十六日の夜のことだった。

大西は、前進指揮所の天幕に加藤を呼んだ。

大西は余計な言葉は使わなかった。

「明日、行ってくれ」

群長の大西がいつになく厳しい顔であったことを加藤は覚えている。

ターゲットは3号機。「海水放水冷却作戦」だと命じられた。

前進指揮所を後にした加藤は、CH－47に搭乗する部下たちや整備員を集めた。

答えは分かってはいた。自衛官たるもの、弱気を口にするわけがない。

だが、このミッションは余りにも特殊であり、命懸けだ、と加藤は確信していた。

しかも、それまでも隊員たちをそれとなく観察していると、不安な気持ちを表している者がいることにも気づいていた。そこには、まさか、本当に行くのか——と思っていることが窺《うかが》えた。

だから、敢《あ》えて聞かざるを得なかった。

「明日、我々が行く。大丈夫か？」

是非、行かせてください、という声が幾つも打ち返された。

整備員たちからも、同じ言葉が繰り返された。

加藤は、最悪のケースを想定し、それぞれのスキルを考えた。

もし、明日の部隊が、爆発で破壊されてしまったときのことだ。任務はそこで終わってしまうのではない。悲劇に打ち震えている暇はない。自衛隊は直ちに、第二波を出撃させ、何としてでも、原子力発電所の暴走を止めなければならないのだ。

ゆえに、明日の部隊に、スキルの高い者を集中させるわけにはいかない。オールマイティーに任務ができるベテランを温存する必要があった。

そして、加藤は、一人一人の家族の状況も聞いた。それは絶対に必要だと確信があったからだ。

その夜、加藤はほとんど寝られなかった。

命懸けのミッションに緊張したからではない。作戦準備に忙殺され、睡眠をとる時間がなかったのだ。

加藤は、最後まで、群長の大西とのギリギリの検討を続けていた。群長の大西は熱血漢で知られていた。だから、隊員の安全に最後まで拘《こだわ》った。

――放水活動による原子炉建屋の通過に何秒ほど時間がかかったなら、どれくらいの放射線量を浴びるんだ？　高度がどれくらいなら？　通過する時間は何秒なら安全なのか？

飛行前打ち合わせ《プリフライトブリーフィング》は、午前四時という早朝に始まった。加藤は結局、ほとんど睡眠をとることはできなかった。

午前八時五十八分のことだった。

「ディスイズ、ＣＨ、キャリア、ナイナーゼロナイン！」

操縦室から霞目飛行場の管制塔へ最初の無線が届けられた。

加藤が乗った一番機のＣＨ－47「909号機」と、二番機の「921号機」の二機が霞目飛行場をゆっくりと離陸した。

加藤は、木更津から来たときとは違い、機長と副操縦士との間にあるジャンプシートには座らず、その床にしゃがみこむような格好で風防ガラスの先へ視線を送った。

操縦席の背後のキャビンでは、中央部の多用途ハッチ（以下、ハッチ）の回りに二名の整備員が待機した。

全員が異様な格好をしていた。航空ヘルメットの下に、フード付きの防護マスクを被り、全身には化学防護衣を着込み、さらにその上から、放射線を通さない鉛の板が入ったベスト型の偵察用防護衣を装着した。偵察用防護衣を着込むのは、特殊武器防護隊が、核・化学攻撃を受けたエリアに突入するための決死の姿だ。

二機のCH－47は、まず、仙台沖へと向かった。

せっかく海水を積んでいったのにバンビ・バケットが開かないということもあるので、リハーサルとして海水を取水し、放水するという一連の機能点検を行った。

取水の技能は、山火事消火活動で何度も出動しているので、特別な訓練は必要ない。また海上からの取水なので広い。狭いダムからの取水のような心配はなかった。

リハーサルの結果に満足した加藤は、任務を開始させた。

一路、南に向かった二機のCH－47は、福島第1原発の遥か上空を通過し、福島県の小名浜沖まで一気に南下。その海上で、バンビ・バケットに放水用の約七トン弱の海水をくみ上げ、海岸線に沿って再び北上した。

あとはその無線が入ることを待つだけだった。福島第1原発に近い上空で、放射線量を計測しているＵＨ－60Ｊヘリコプターから、線量を報告する無線が飛び込んだ。

加藤は、自分の立場と責任を覚悟していた。

計測された放射線量を聞いて、任務を実施するか、止めて引き上げるか――その決断はすべて加藤に任されていた。

大西群長や上級司令部からは、線量が高ければ引き上げろ、と言われていたが、その判断をする責任は、自分にある――加藤は覚悟を決めざるを得なかった。

――この決断をするために、自分はここにいる！

北上して間もなく、無線が飛び込んだ。それは数値を読み上げただけだった。自分が指揮する隊員たちは自分の声を待っているのだ。

――線量が高い！　無線で告げられた線量は、昨日、引き返した飛行隊と同じだった。

加藤は、突然、昨夜のことを思い出した。

自分自身、不安はまったくなかった、とするのは嘘があるとはわかっていた。最悪の事態が襲ってくることを脳裏で想像していたからだ。

放射線量が多ければ離脱すればいい。もっとも恐れたのは、やはり何らかの爆発事象が起きて、この一番機が破壊されることだ。

そのため、加藤は覚悟した。明日は、二機で出撃し、真っ先に自分が乗る一番機が突っ込むが、もし爆発事象に遭遇し、任務遂行が不可能となった場合、二番機が近くにいたならば巻き込み、このミッションを遂行できる者が誰もいなくなる。ゆえに、不測事態で一番機が破壊されてしまったとき、二番機を温存するため、離れた場所でホバリング待機させておく——。

しかし、今朝まで任務の準備が進むにつれ、その思いは頭の中から消えて行った。全身を身震いさせるような気負いがあったわけではない。任務を遂行するための目の前の準備が淡々と進み、あれこれ考えを巡らす余裕はなかった。

その瞬間、加藤は、迷わず決心した。高度を九十メートルに上げ、速度も三十キロで飛行するよう、機長に命じた。

「放水を実施する！」

〝大声の叫び声〟となったのは興奮したからではなかった。

何重もの放射線防護装備に身を包んでいるので、普通の声では、ヘルメットの無線であっても、互いに聞こえない。離陸するときからして、怒鳴り上げるような声を発して、聞こえるかどうかの状態だった。

だが、予想もしていなかった不安が加藤を襲った。

福島第１原発へ、最終針路をとったときのことだ。

ＣＨ－47が激しく揺れ始めたのだ。

――南西の風が強すぎる！

もし現場でも同じく強風が吹いているならば、ロープやバンビ・バケットが大きく揺れ、効果的な放水ができなくなる――。

約五十分の飛行の後だった。

時計の針の一時の方向に、福島第１原発を肉眼で認めた。だが、特別な感情はわき起こらなかった。あそこか、と確認する気持ちくらいだった。頭の中は、ミッションを成功させること、それだけに占領されていた。

一番機のＣＨ－47は、一旦、東の沖合に出た。そして大きく旋回したあと、福島第１原発へとまっすぐのアプローチを開始した。

加藤の目に、原子炉建屋３号機の西側すぐにある、高さ二百メートルほどの煙突が飛び込んだ。徹夜の検討でも大きな障害だと受け止めていた煙突だ。

３号機へは、飛行しづらいと思っていた。だから東の海側からのアプローチに拘り、そのルートを昨夜のうちに決めていたのだ。

福島第１原発を真正面に見据えた。時速三十キロのゆっくりとした速度で接近する。

加藤の手の中にある線量計のデジタル数値が上がってゆく。

徐々に大きくなる目の前の光景に、加藤は驚かざるを得なかった。

爆発した後の福島第1原発の映像を見つめるのは初めてだった。テレビでも伝えられていない。

目の前に広がってゆく光景は、想像もしていない惨状だった。1号機は上部の半分が吹っ飛び、3号機は、融けた飴《あめ》細工のようにメチャメチャに破壊されていた。4号機も壊滅と言っていい状態だった。

原子炉建屋に近づいてゆく。時速三十キロを維持。離発着時のゆっくりとした速度だった。整備員から細かい誘導の声はない。通過しての海水の放水なので停まる必要はないからだ。

ただ、加藤は、風がかなり強いことがやはり気になった。

左右に大きく揺れるCH-47。機体もギシギシという音が大きく鳴り響く。

――効果的に放水できるか！

百メートルほど手前で機長は、エンジン出力を抑え気味にし、操縦桿《かん》も微妙に引き具合にして速度を落とした。

3号機が目の前に見えた。

破壊されたコンクリートが散乱し、鉄骨がいたるところで剝き出しとなっている。その無残な光景が徐々に大きくなる。

機長は、ホバリング状態から、左手でエンジン出力レバーを少し前に押し込み、右手で操縦桿をほんの少し前へ抑えぎみに傾ける。微妙なベテランのさばきだ。両足も微妙にラダーペダルを操作する。

――南西風がやはり強い！　タイミングが難しい！

加藤は、機長を見つめた。彼の腕ひとつにかかっている。

加藤は機長を信じた。数千時間の飛行時間を誇るスペシャリストなのだ。

操縦室の後方のキャビンで、整備員が準備を開始した。

キャビンのほぼ真ん中にある、家庭の床下収納ドアのようなハッチは大きく開け放たれて固定され、そこから真下の地上が見える。そこには透明のアクリル板が張られている。整備員たちは、放射線の外部被曝は覚悟の上だった。ただ、内部被曝だけは避けるため放射性物質のチリが入ってこないようにアクリル板を用意したのだ。

タングステンが敷かれた床に腹ばいとなった整備員は、ハッチの方へ、上半身をぐっと突き出して覗《のぞ》き込んでいる。ハッチの端にあるフックにベルトの輪っかが架けられ、そこに吊り下げられているベルトの先にバンビ・バケットが揺れていた。

真上にさしかかってから放水したのでは間に合わない。手前から放水しなければならない。そのタイミングが難しい。

「放水用意!」

機長が張り裂けるように怒鳴った。そうしなければ聞こえないのだ。

「放水!」

機長が続ける。

「了解!」

整備員が怒鳴り声で応《こた》えた。

短くごく簡単な、怒鳴り声のやりとりだけだった。

実際は、整備員が微妙な調整を行う。だが、その余裕はなかった。怒声では、タイミング良く会話を行うのが難しいのだ。

最後のタイミングは整備員が決心した。

右手に握ったバンビ・バケットの底の弁を開くスイッチを押した。

七トン弱の海水が3号機に降り注ぐ——。

加藤は、整備員と機長とを見比べていた。放水が上手《うま》く実施できたか、そのことに集中していた。だから、ふと、顔を上げたときだった。

加藤は、声にならない声を上げた。

目の前に、煙突が迫っている！

機長や副操縦士たちも放水に集中して、そのことに気づかなかった。

機長は、急いで操縦桿を操作した。大きく機体を傾けたＣＨ－47は、３号機のすぐ西側に伸びる煙突をギリギリにすり抜けていった。

霞目飛行場に帰還した加藤は、緊張感が解けずにいた。任務を成功したことには高揚感がある。しかし、任務がこれに終わらないと思っていた。ローテーションでまだ続くのだと。終わりのないミッションかもしれない――。

九時四十八分、加藤が乗った一番機のＣＨ－47「９０９号」が放水を敢行。引き続き、九時五十三分、二番機の「９２１号」が進出し、放水。さらに再び海水をくみ上げた「９０９号」が九時五十六分に投下、そして最後に、十時、「９２１号」が二回目の空中放水を行った。計四回、三十トンの海水が３号機の燃料プール目掛けて投下されたのだ。隊員たちは、高いレベルの放射線を全身に浴びながら実施したのだった。

近くで旋回飛行するＵＨ－60Ｊへリコプターに乗った中特防隊員が、上空の放射線量を素早くモニターしていた。万が一、第１原発で異常事態が発生すれば、ＣＨ－47の退避を素早く指示する計画だった。そして、南へ百キロ以上離れた、航空自衛隊百里基地へ避難させる手筈《てはず》になっていた。

放射線量はやはり高いレベルである。到底、作戦を行える状態ではなかった。しかし、ＣＨ－47の乗員たちは戻ろうとはしない。中特防隊員たちは、彼らが覚悟を決めていることを悟った。

もし原子炉で爆発などが起き、乗員が大量被曝したなら、即座に、千葉県の放射線医学総合研究所へ向かうことを命じ、軽傷の場合は、霞目飛行場へ戻らせることが決められていた。


火箱は、その瞬間を陸幕指揮所で見つめていた。

巨大なスクリーンに映る、ＮＨＫニュースが流すライブ映像をまんじりと凝視していた。

──成功してくれよ！

まさに祈るような思いだった。

陸幕指揮所は、幕僚やスタッフでごった返し、熱気に包まれていた。

だが、誰もが黙ったまま、壁一面のスクリーンを見上げていた。

放水が始まった。

巨大なシャワーのように、白い水が3号機の上に降り注ぐ。

「よしよしよし！」

「いいぞ！」

「入った！　入った！」

陸幕指揮所のあちこちで歓声があがった。

火箱が心配したのは隊員の被曝だった。

だが、その数時間後、内部被曝がないことが報告されて初めて、火箱は束《つか》の間、緊張から解放された。

しかし、それは、まさしく〝束の間〟だった。

CH－47の作戦が終了した直後、火箱は、安堵の気持ちに浸る間もなく、防衛大臣室に呼ばれた。

北澤大臣は、待ちわびていたように急いで語りかけた。

「内閣危機管理監の伊藤哲朗《いとうてつろう》から今、電話があった。自衛隊が、警察、消防、東電を指揮して地上から原発へ放水をやって欲しいと。中野《なかの》大臣（寛成《かんせい》・国家公安委員長）からも同じ要望が届いている」

火箱は明確に応えた。

「指揮はできません。指揮系統がまったく別だからです。しかし協力はできます。放射線を計り、線量が高ければ、下がれなどと指示する、その協力ならできます」

それは踏み越えてはならない線だ、というのが火箱の確信だった。しかし、もうひとつの思いは心の中に仕舞い込んだ。

――現場の自衛官たちに、これ以上、重い負担をかけたくない。

自衛隊による決死の空中放水冷却作戦の後、今度は、警視庁機動隊の高圧《こうあつ》放水車が第1原発の3号機へ、地上から接近し、放水を開始した。

高圧放水車を操作する機動隊員たちは、まず第2原発で、中特防隊員から放射線防護についての指導を受け、第1原発へ出撃。約十分間の放水で、四トンの海水を3号機の燃料プールを目標に放水した。その放水活動のすべてを支えたのは、中特防だった。機動隊の活動の前に、中特防隊員は化学防護車に乗って最前線の原子炉建屋の直近を走り回り、放射線量を細かく計測。危険エリアを把握し、近接ルートを確保し、射場の位置を探し出して、警察のみならず消防部隊へも伝えたのである。

高圧放水車が放水を開始しようとしていた頃、すでに第１原発では見慣れぬ車両群が集結していた。

戦車のような二台の化学防護車と、真っ赤なボディの航空基地消防隊の消防車五台が、縦列でズラッと並び、エンジンをアイドリングしていた。

化学防護車を操作していたのは、中特防隊員たちだった。

中特防が最前線にいるとの報告を聞いた陸幕指揮所の幹部は、約一年前のことを脳裏に蘇らせた。

新しい人事内定表を見て、思わず声をあげたことを。

――まさか！　こいつが現場に？

岩熊が指揮官として着任することが内定していた中特防、その上級部隊のＣＲＦとは、国際ＰＫＯ部隊のほか、特殊作戦群、中央特殊武器防護隊、第１空挺団、第１ヘリコプター団など、即戦力の精鋭の集団である。その一角を担《にな》う指揮官に、〝研究者〟であった岩熊が就くことは、イメージと合わなかった。しかも中特防とは、ＣＢＲＮＥ戦という、人類史上、もっとも苛烈《かれつ》な戦場に飛び込んでゆく部隊なのだ。

――現場を知らない、一度も経験のない、あの男に務まるのか。

だがＣＲＦ司令官の宮島はこともなげに言い放った。

「人材を育成していかなければならない。一生、研究者はあり得ない。われわれは軍隊なのだ」

それでも陸幕指揮所の幹部は納得できずにいた。

中特防は、生半可な部隊じゃない。日本の〝最後の切り札〟〝最後の砦〟とも言ってもいい、国家戦略部隊である。

しかし、今、福島第1原発で、全電源喪失、緊急事態、という流れの中で、岩熊が、前進配備についた、と聞いて、大いなる不安を抱くが、微かな安心感もあった。中特防は、統合任務部隊の隷下に組み込まれていた。つまり、単独での行動は要求されないはずだと。

しかし、予想もしなかった事態となった。

命令は切り替わったのだ。

〈中特防は、統合任務部隊の指揮下から外れ、そもそものＣＲＦ隷下に戻れ〉

福島第1原発の危機的状況が高まったので、被災地支援を行う統合任務部隊とは剝がし、原発対処だけの専門部隊としてＣＲＦがあたり、さらにその主力として、中央特殊武器防護隊が前線に出ることを要求された瞬間でもあった。

しかも、岩熊は、東電や経済産業副大臣からの緊急要請に、自らの決断で、福島第1原発へ突っ込むことを決断したのだ。

だが、その命令が切り替わった、わずか一分後、3号機の爆発に岩熊たちは巻き込まれたのだ。

その直後、全国の師団に属する化学科部隊に大動員がかかった。膨大な化学科部隊が、岩熊の指揮下に組み込まれた。その日から、中特防は、三百名以上にふくれあがり、「増強・中特防」と呼ばれるようになった。

だが、陸幕指揮所の多くの幹部たちの不安はピークに達していた。

爆発をまともにうけて、岩熊はもはや――。

その不安は、CRF司令官の宮島も同じだった。

現場に戻ります、と意気軒昂《けんこう》に主張する岩熊を、宮島は、敢えて現場には戻さず、CRF司令部に呼んだ。

そして、宮島は、自らの目で、岩熊を見つめた。

宮島は、驚いた。

その目は彷徨《さまよ》っていない。それどころか、表情は指揮官のそれだった。

報告内容も、まったく無駄がない。滑舌のいい言葉で、これからの作戦、配置、編成について、力強い言葉で報告を続けたのだ。それでいて、冗舌すぎることもない――。

宮島は、確信した。

――こいつは、初めて、指揮官となった！

後日の報告にも、陸幕指揮所の幹部たちは驚いた。

3号機へ突撃する直前、岩熊は、敢えて、化学防護車に乗らず、ジープに乗り、爆発にあったこと。給水車の部下たちが、無防備だったためだ。

その結果、隊長の岩熊が自ら現場に突っ込んで負傷したことから、不安を口にする隊員たちはいなくなった。つまり、不安を口にする大義名分がなくなった。不安視する陸幕指揮所に、「逆に士気が上がっています！」との報告があがったほどだった。

しかし、逆を言えば――と思うと、陸幕指揮所のある幹部は戦慄《せんりつ》した。

――もしあのとき、隊長が自ら突っ込んでいなかったら、中特防の士気は崩壊していただろう。

中特防の士気の崩壊は、もはや原発に対処するものがいなくなることを意味していた。警察も消防も、中特防の化学防護車が先導し、その指示によって行われたからだ。

そのときの岩熊の決断は、この国にとっても重要だった――陸幕指揮所の多くの幹部たちはそう口を揃《そろ》える。

　陸幕指揮所の幹部幕僚が、それを実感したのは、現場から、化学科部隊の隊員たちの「目が異常ではない」という報告を受けたときだった。化学科部隊の隊員たちが、話をする隊長の顔をちゃんと見ているか、目を彷徨わせていないか、きちんと頷《うなず》いているか――。

　カウンセリングの結果は、いずれのチェック項目もクリアーされた。そして、岩熊という男が、部下たちの信頼を得ていることを、陸幕指揮所幹部は届けられた報告書で実感した。

　ＣＲＦ司令官の宮島は、岩熊を、やはり大宮に戻すことはしなかった。郡山駐屯地へ中特防の本部を移動させ、そこで、原発対処部隊の指揮をとることを継続させた。

　明るく陽気な男――普通科職種の宮島と会った者は、誰でもそんな印象を語る。

　だが、その明るさには、ある揺るぎない信念が隠されていると、陸幕指揮所の幹部幕僚たちは口をそろえる。

　情報こそが作戦の命である。そして情報を集めるには、常に明るく、誰とでも接し、来る者は拒まず——それによって達成されると信じて疑わない。

部下たちからの評価が高いのは、決断の早さだ。一度、示した方針を変えないし、責任も取る。仕えやすい指揮官というのがもっぱらの評価だ。

だが、そんな宮島でも岩熊に聴けないことがあった。水素爆発時に何を思ったのか——。押し込めているはずの思いを引きずり出すことはすなわち、激しい精神的ストレスを覚醒《かくせい》させてしまうからだ。

陸幕指揮所は、岩熊率いる部隊に、名前を付けた。

原発に立ち向かう部隊を、

「放水冷却《ほうすいれいきゃく》作戦部隊」

第1原発周辺に設置した、八カ所の除染所を運営する部隊を、

「除染作戦部隊」

エキサイティングな作戦名を付けることを、CRF司令官の宮島は良しとはしなかった。

当初、付けられていた、〝美し浜を守る作戦〟という名称は、すでに、誰の頭からも完全に消え去っていた。

緊迫の続く中特防に、初めてとも言える朗報が入った。

３号機の爆発で負傷した、中特防１０３隊のＩ２等陸曹は、裂傷の治療に成功。腰《よう》椎《つい》の二カ所で突起骨折が見つかったが入院も長くないと診断された。Ｈ陸曹長は右足打撲、Ｓ陸士長は左肩打撲で同じく軽傷。入院の必要もなかった。被曝もなかった。

Ｉ１等陸曹だけは、福島県立医科大学へヘリコプターで搬送。頸椎《けいつい》損傷の疑いがあったからだ。しかし彼もまた翌日には退院することができた。

十七日　午後四時前

「Ｊヴィレッジ」と呼ばれるスポーツ＆レクリエーション施設。

第１原発からは、南へ約二十キロの地点にある。

そもそもは、サッカーのＪリーグのナショナルトレーニングセンターとして作られたが、広大な敷地内には、サッカースタジアムのほか、多目的グラウンド、テニスコート、フットサルコート、雨天練習場、プールやフィットネスクラブもあり、一般人も利用可能だ。

「Jヴィレッジ」が最も誇るのは、ホテル施設だ。四階建ての、煉瓦色《れんがいろ》の洒落《しゃれ》たホテル棟には、全九十室、収容人数二百六十四名の客室がある。

また、東電など企業の保養・研修、会議などを行う施設でもある。何しろ、運営会社の代表は、福島県知事と名前があるが、出資は、ほとんどを東京電力がまかなった。はっきり言えば、原発設置の見返りである、地元対策費が投入されて造られたのだ。

ホテル棟の玄関。車寄せを過ぎ、五十メートルほどいったところにある十字路。敷地内を周回する道路とぶつかる、最初の十字路だ。

その、十字路の脇《わき》にある駐車場。

そこが、放水冷却作戦部隊の最前線拠点だった。

化学防護車と航空基地消防隊の五台の消防車は、出撃前ミーティングを開始していた。

航空基地消防隊も、CRF司令官の指揮下に組み込まれ、「増強・中特防」の編成のもとにあった。

ミーティングと言っても、シチュエーション・ルームや会議室があるわけではない。

Jヴィレッジの宿泊施設や会議室は、東京電力は自衛隊に開放しなかったのだ。

十字路のアスファルトの上に、第1原発を撮影した簡素な航空写真一枚を広げ、その周りを中特防隊員と消防隊員が取り囲んだ。それが、Jヴィレッジに詰める東京電力の連絡担当者が渡してくれた、唯一《ゆいいつ》の、第1原発の現場に関する情報だった。

早くも夕闇《ゆうやみ》が迫っていた。辺りは停電したままで、人工的な灯りはまったくない。駐車場の近くに信号機があるが消灯し、月明かりだけがぼんやりと隊員たちの姿を浮かび上がらせていた。

さすがにそれでは、写真を見られなかった。誰かが、懐中電灯を持って来て、口にくわえた。放水冷却作戦部隊は、その〝口にくわえた懐中電灯〟だけを頼りに作戦を練り上げた。

このときはまだ、自衛隊、東電、警察は、簡単な調整のみで、別々の行動をとっていた。

放水冷却作戦部隊に、CRF司令官から与えられていた命令は、たった一言だった。

「燃料プール、満水！」

3号機の燃料プールは、三日前の水素爆発によって外壁が吹き飛んだことで剝《む》き出《だ》しになっている。そこを目標に、放水ノズルの角度を調整し、放水すること——それが任務とされた。

ところが、問題が発生した。根本的な重大な問題だった。

3号機のどこに、目標の燃料プールはあるのか、その情報がまったく東京電力から与えられないのだ。

放水冷却作戦部隊に与えられた情報は、出撃前ミーティングでアスファルトの上に広げた第1原発の簡単な写真のみ。しかもその写真は、震災前の、〝正常な〟原子力発電所の姿だった。

配置図も設計図も東京電力は出さない。3号機の壊れ方を含め、現場の情報は何も与えられなかった。肝心のターゲットとなる使用済み燃料プールの位置にしても情報はゼロだったのである。

CRF司令部も、東京電力本店二階の会議室に立ち上がっていた、政府と東京電力の対策統合本部に何度も問い合わせた。

しかしその度に繰り返されるのは、

「原発を冷やせ！　3号機を冷やせ！」

という言葉だけである。

燃料プールの位置について問いただしても、まったく回答がなかった。

いったいどこを撃てば（放水すれば）いいのか——。

当然のことが当然のように分からない——重大問題となっていった。

出撃前ミーティングの前、中特防の幹部が何度もそれを問いただした相手は、Ｊヴィレッジに詰めていた東京電力の社員だった。

十七日はまだ、Ｊヴィレッジの施設は自衛隊に開放されていなかった。ゆえに、Ｊヴィレッジ駐車場の十字路を出撃前ミーティング場所とし、そこで寝泊まりしていた放水冷却作戦部隊の中特防隊員は、Ｊヴィレッジに詰めていた、その東京電力社員としか連絡を取れなかった。

その東京電力社員に、中特防の幹部が何度尋ねても明確な言葉が返ってこないのだ。

「３号機の、どこを目掛ければ、燃料プールに水を掛けることができるのか？」

東京電力社員は軽く言ってのけた。

「調べます」

中特防幹部にはそのとき、微《かす》かな不安がよぎった。この男は、いったいどういう立場にいるんだ……。

しかし、窓口は、とにかくその東京電力社員しかいなかった。

だから中特防幹部は要請した。

「とにかく至急、情報が欲しい！　免震重要棟に要請して下さい！」

中特防幹部がその言葉を口にしたのは、一度や二度ではなかった。何度も連絡担当者に問いかけた。免震重要棟にいる約二百名の東京電力社員たちこそ、原発のエキスパートである。燃料プールの位置は当然、詳しく知っているはずだからである。

ところが、連絡役となった東京電力社員は、その度に、「聞いてきます」と言ってはみるものの、しばらくして、

「わかりません」

としか言わないのだ。

しかし、黙って聞き流すわけにはゆかない。第1原発へ向けて出撃する時間が迫っているのだ。

中特防隊員は立て続けに質問した。放水冷却作戦部隊では絶対に必要な、しかも基本的な情報だった。

「3号機の高さは?」

「このポイントから、3号機までの距離は?」

「もっと情報があるはずでしょ? 情報をもっているんでしょ!」

しかし、連絡役の東京電力社員は、のらりくらりするばかりである。

そして、「設計図や平面図はありますよね?」と中特防隊員が聞いたときには、連絡役の東京電力社員は、「は?」という驚きの声をあげたきり、呆然《ぼうぜん》とし、黙り込ん

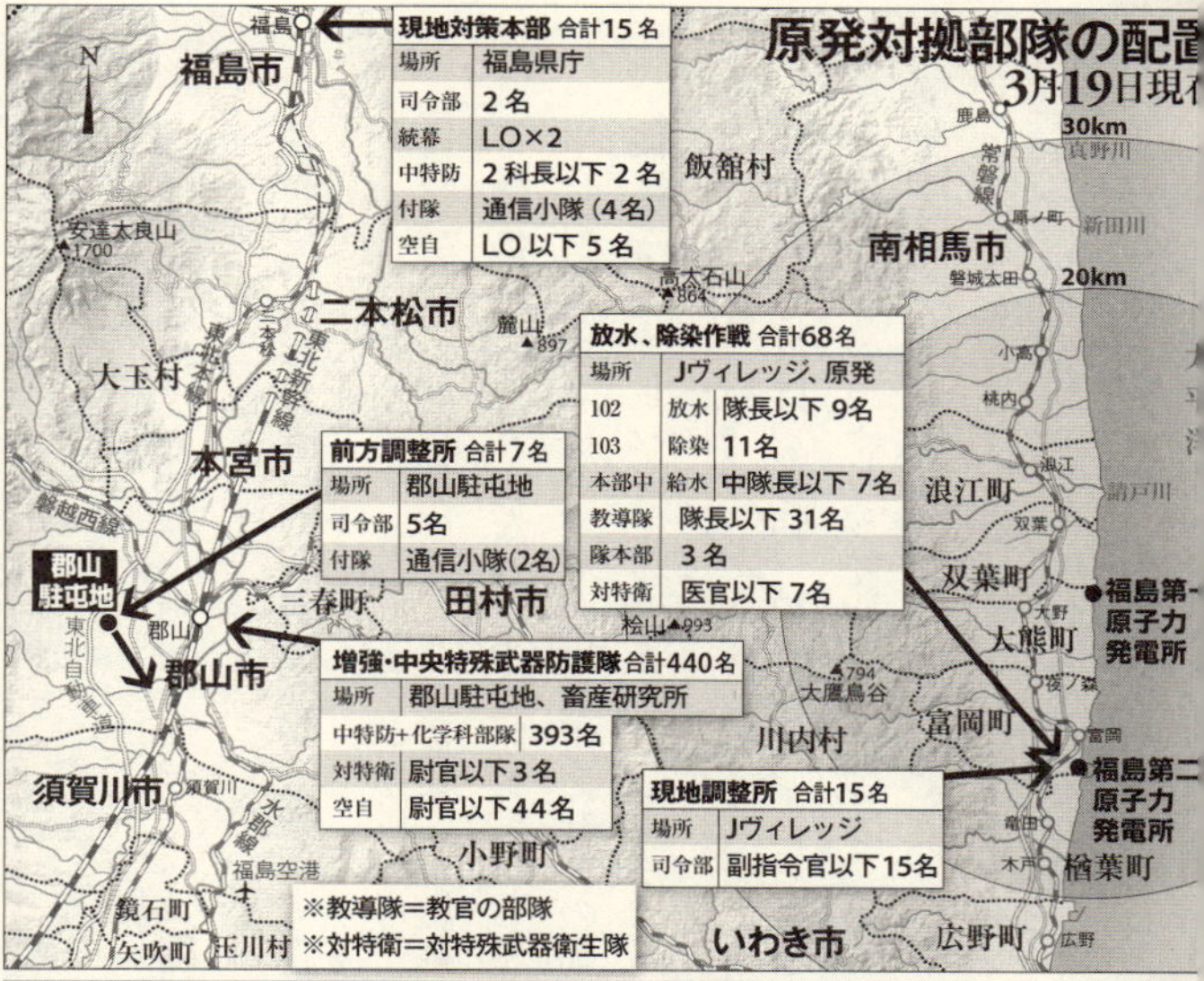

放水・給水冷却・除染作戦部隊編成　3月20日現在

中央特殊武器防護隊長

隊本部	22名				
本部中隊	24名	大型車×3	小型車×4	水タンク車×4	
第1特殊武器防護隊	30名	化防車×2	除染車×4	除染装置×2	水タンク車×2
第6特殊武器防護隊	39名	化防車×3	除染車×5	除染装置×3	
第102特殊武器防護隊(中特防)	61名	化防車×3	除染車×6	除染装置×3	
第103特殊武器防護隊(中特防)	50名	化防車×2	除染車×6	除染装置×3	
第9化学防護隊	51名	化防車×3	除染車×6	除染装置×2	水タンク車×2
第12旅団司令部付隊化学防護小隊	12名	化防車×1	除染車×2	除染装置×1	
化学学校化学教導隊	31名	化防車×1	除染車×5	除染装置×3	水タンク車×1
第7化学防護隊	54名	化防車×3	除染車×8	除染装置×4	水タンク車×1
第8化学防護隊	31名	化防車×1	除染車×4	除染装置×2	水タンク車×1
第11化学防護隊	29名	化防車×1	除染車×4	除染装置×2	
航空基地消防隊	全国から参集	消防車			

※化防車＝化学防護車

でしまったのである。

その東京電力社員がやっと、「回答」を口にしたのだが、中特防幹部は愕然《がくぜん》とするしかなかった。

連絡担当者は、唯一の資料であるカラー写真に写る、3号機の、ある部分を指さした。

「この『南側の東より』の、この辺り、が燃料プールです」

不満が爆発しそうになった中特防幹部は、ハッとして、ある重大なことに気づいた。

中特防のある隊員が、その東京電力社員の動きを観察していたときのことだ。

彼は、Jヴィレッジに寝泊まりしている、協力企業の社員たちの面倒を見ることがそもそもの仕事だった。

協力企業社員は、毎朝、起きると、握り飯などの簡単な食事をした後、Jヴィレッジ一階のメインラウンジで、縦列に並ぶ。そこに用意された、ヨウ素対応全面マスク、タイベックスーツ、手袋などを順番に受け取り、完全な放射線防護をした上で、Jヴィレッジの玄関前に集結。そこで、今日やるべき作業に関するブリーフィングを受けたあと、東京電力が用意した巡回バスに乗って、第1原発での作業へ向かっている。

その東京電力社員は、作業員の面倒を見ることだけが仕事だった。つまり、技術者でもなんでもない。原子力発電所の技術的なことはほとんど知らなかった。

ＣＲＦの幹部幕僚は悟った。

東京電力で、第１原発の状態を最もよく知っているのは、免震重要棟に居る技術者たちなのだ。その次が、東京の東京電力本店にある対策統合本部だ。

しかも、Ｊヴィレッジに居た東京電力社員はいずれも、協力企業の技術者を管理、手配する〝捌《さば》き屋〟でしかなかった。Ｊヴィレッジの実態は、協力企業の手配事務所でしかないのだ。

ゆえに、くだんの東京電力社員は、免震重要棟のスタッフから見れば、はっきり言えば、〝格下〟なのである。だからこそ、スーパー技術者集団で構成された免震重要棟からまったく情報を与えられていないのである。

放水冷却作戦部隊は、〝情報が何もない協力企業の捌き屋〟とだけ話し、オペレーションをさせられていた。しかも、与えられた資料は、解像度の悪い、震災前のカラー写真一枚――。

陸上幕僚監部のある幹部は、その事態こそ、今回の最大の悲劇である、と語っている。

まして、中特防幹部にとっては絶望的な事実だった。自分たちは、こんな者を相手にして、決死の作戦を行おうとしているのか――。

中特防幹部はついに不満を爆発させた。

「目標が分からなければ（水を）撃てない！　しかし、このまま、あなたと話していても埒《らち》があかない。免震重要棟へ今から行って、聞いてきてください！」

連絡担当者は、ようやく動き出した。ワゴン車でJヴィレッジを出発したのだ。

ところが、さらに、中特防幹部の怒りが爆発することになる。

出かけていった連絡担当者が、半日以上待っても帰って来ないのだ。Jヴィレッジから、第1原発までは、悪路が続き、何度も迂回《うかい》する必要があるにせよ、片道、せいぜい一時間、と中特防幹部はすでに知っていた。にもかかわらず、いったい連絡担当者はどうしたんだ……。

中特防幹部は怒りをぶちまけ、部下を呼びつけた。

「アイツ、逃げやがった。今から探して来い！　で、見つけたら、しょっぴいてこい！」

それからしばらくしてからのことである。

免震重要棟からの「回答」が、放水冷却作戦部隊に初めて寄せられた。

だがそれも、余りにもそっけないものだった。

「来て頂ければ、現場で案内します」

その直前、中特防のある幹部が、免震重要棟の、ある東京電力社員から、ある言葉を聞かされていた。

中特防幹部が、「放射線量の高い3号機での放水は、我々にとって、決死隊そのものです。よって、燃料プールの正確な位置が知りたい」と詰め寄ると、東京電力社員は、軽く言ってのけた。

「なら、代わりに、××工業に、放水、やらせますかぁ」

中特防のある幹部は、今でもこう語る。

そのときの言葉、一生、忘れない――。

午後四時十四分

放水冷却作戦部隊は、ついに出撃を開始した。

Jヴィレッジの駐車場に、整然と縦列に並ぶ、五台の航空基地消防隊の消防車。先導は、中特防隊員が乗る「指揮官車」の化学防護車が務め、最後尾には、緊急退避時に誘導を行うため、「サブ」の化学防護車がついた。隊員たちは、ヨウ素対応全面マスクとタイベックスーツを始めとする放射線防護の措置をとっていた。

駐車場を出発した放水冷却作戦部隊は、Ｊヴィレッジの外周に出る交差点にたどり着いた。信号機はあるがやはり停電していた。

そこに、ＣＲＦ司令部から派遣された幹部幕僚が立っていた。

幹部は、無言のまま、直立不動の姿勢で敬礼。放水冷却作戦部隊の出撃を見送った。

航空基地消防隊の隊員たちは、異例の行動をとった。あらかじめ打ち合わせをしていたわけではない。だが、誰もが、同じ行動をとった。

見送る幹部幕僚に向かって、口を固く結び、目を見開き、拳《こぶし》を突き出し、力強くガッツポーズをしたのだ。

自衛隊規則においては、上官の敬礼に対し、ガッツポーズを返すなど言語道断である。本来なら処分も相応な行為だった。

だが幹部は、何も言わなかったし、後から問題にすることもなかった。そのガッツポーズを見せられ、彼らがどのような気持ちでここへやってきたのか、その気持ちが痛いほどわかったからだ。

決死の放水冷却作戦部隊の主力は、実は、核兵器や化学兵器に立ち向かう化学科部隊ではなかった。

全国の自衛隊飛行場を管理する、陸海空の航空基地消防隊だった。Ｊヴィレッジを出撃した、消防車に乗った隊員がまさに彼らだった。

陸幕指揮所では、多くの幹部たちが、航空基地消防隊が出撃することに胸が張り裂ける思いだった。だから、幹部たちは、今でもこう口を揃《そろ》える。

「彼らこそ、忘れられている真のヒーローである」

彼らは、航空機の離着陸のときに待機し、飛行場での火災へ対処するのが任務である。

もちろん放射線防護の訓練などやったことがない。それどころか、本来任務であるところの消火活動さえ一度も行ったことがない隊員たちがほとんどだった。

にもかかわらず、吹っ飛んだ原発、放射線量がべらぼうに高い現場へと突っ込み、放水を行う決心をしたのだ。

自衛隊には、飛行場を持っている駐屯地と、そうではないノーマルな駐屯地がある。ノーマルな駐屯地では、本来の職種が戦車乗りであるにもかかわらず、「お前、半年、消防へ行け」と命じられて、航空基地のある部隊で、ある一定期間、勤務することがある。しかし、今回、決心してやって来た航空自衛隊の消防隊は、そうではなかった。

本職が消防――その男たちだった。彼らは、退官するまで、ほとんどを消防隊員として勤務につく。だからと言って、パイロットになれない隊員が配属されるのではない。

航空自衛隊では、新隊員を各職種に分配して部隊に配属するが、そこでは整地分布という理論が適用されている。パイロット、航空整備、消防などの各部隊において、力量の差が出ないよう、優秀な者からそうでない者まで均等に配分されるのだ。ゆえに、航空基地消防隊に配属された者の中で、戦闘機のパイロット隊員と肩を並べるほど優秀な消防隊員は実に多いのだ。つまり、航空基地消防隊には強烈なプライドが存在するのである。

第1原発クライシスを受け、統幕長の指示により、関東圏の航空基地消防隊が呼び集められたのは、十五日のことだった。

厚木、北宇都宮、入間、百里の各航空基地や駐屯地から消防隊員が集まった。しかし彼らはいずれも、いわば個人参加だった。当直明けにいきなり指名されたり、また募集をかけたことに個人的に手を挙げたり——。部隊として派遣されたわけではなかったのである。

だから、防衛大臣に報告された「放水冷却作戦部隊」の編成図に、彼ら、航空基地消防隊員の名も組織名もない。「航空総隊」——と大ざっぱに記入されているだけである。各航空基地消防隊から、一～二名ずつ投入され、部隊として参集したわけではなかった。編成図なるものは、部隊名しか書き込まれないことから書き込みようがなかった。彼らは、まさに〝無名の戦士〟となったのである。陸海空の曹、士長や士という一般隊員であった。

しかも彼らは、防衛大学出身の幹部ではない。陸海空の曹、士長や士という一般隊員であった。

だからこそ、中特防幹部は、不安だった。彼らの、これまでの任務と余りにも違うからだ。動揺があっても不思議ではない――。だから中特防幹部は、事前ミーティングの場で、心理カウンセリングを行った。

全国から参集した自衛隊消防隊員たちが、事前ミーティングで語った本音は、それぞれ帰隊していった隊員たちの口からすぐに全国の駐屯地内の他の隊員へと伝わっていった。

なぜ、決死隊となることを自ら決意したのか――。

一人の三十代の下士官は、思いがけない話を語っていた。

「自分は、高校時代から、世の中の、何の役に立っているのかとずっと自問自答していました」

下士官は、さらに続けた。

「決死隊を募る駐屯地の会合で、真っ先に手を挙げたのは、駐屯地でもっとも勇猛果敢で知られる先輩や、優秀とされている後輩たちでした。もし、自分がここで手を挙げたら、そんな輝かしい者たちの仲間入りができ、初めて世の中の何かの役に立つかもしれない、そう思ったんです」

中特防幹部は、家族はどう言ったんだ、と尋ねた。

下士官の言葉はよどみなかった。

「小学生の息子は反対しました。何で父ちゃんが行かないといけないのかと。子供ながらに分かっていたんです。だから言ったんです。お父ちゃんはな、今まで、役に立つ男かどうか悩んでいた。だから、今回、行けば、誰かの役に立てる、男になることができる。だから、お父ちゃんを行かせてくれないか？　息子は何と？　がんばってね！　そう笑って言ってくれました――」

一方で、二十代の若い下士官は、あっさりとこう言い放った。

「どうせ誰かが死なないといけないのなら、妻も彼女もいない、自分のような者が死ぬべきだ、そう思っただけです」

中特防幹部や他の誰からも、格好つけんなよ、という言葉は上がらなかった。そのイケメンの雰囲気に、まったく気負いがなく、淡々としていたからだ。

しかし中には、カウンセリングで目を逸《そ》らせる隊員もいた。

決心したものの不安を隠せない者もいたのだ。

しかし、中特防幹部は、そういった者を作戦から外すことはしなかった。もしそのような処遇を受ければ、その男は、すべてに自信を失い、社会復帰できないのではないかという危険性を感じていたからだ。中特防幹部が行ったことは、ＰＴＳＤ（心的外傷後ストレス障害）に対すると同じ心理学的アプローチだった。不安や不満を、自らの口で吐露させることである。弱音を吐くことを恥ずかしいと決して思わせず、本音をすべて放出させた。

それでも、中特防と航空基地消防隊の合同作戦は、最初から、すべてがうまくいったわけではなかった。部隊のカルチャーの違い、また陸上自衛隊と航空自衛隊という組織の違いから、意思の疎通《そつう》に最初は違和感があった、防衛省の省対策会議室に詰めていた幹部はそう吐露する。

寄せ集めの自衛隊消防隊を指導する中特防隊員たちが、最初に必ず行うことがあった。

彼らと目と目をじっと合わせることだった。それがどれほど、異質な組織の者たちがいち早くコミュニケーションを取るために重要なことだったか――防衛省にはその報告が上がっている。

フェイスツーフェイスで向き合うことこそ、命を分かち合う者どうしには絶対に必要だった。

Ｊヴィレッジの外周を一周した放水冷却作戦部隊は、国道６号線に入り、そのまま北上を続けた。道路状態は依然として悪く、迂回を続けながら、化学防護車を先頭にひたすら前進した。

途中、第１原発の数十キロ南にある広野町の防災施設に真水の栓があり、そこへ立ち寄って消防車のタンクを満杯にした。

国道に戻った放水冷却作戦部隊は、十カ所の段差を速度を緩め、ガクンと乗り越え、陥没しているところは迂回し、約一時間かけ、第１原発の「正門」に到着した。

放水冷却作戦部隊を待っていたのは、東京電力社員ではなかった。

地震発生以来、警備会社アルソックの警備員は、正門を守り続けていたのである。

正門から直進した放水冷却作戦部隊は、「ふれあい交差点」で右折し、「テニスコート」を左に見る角から、「野鳥の森」の中を、斜め右の海側、南東へと伸びる道路を突き進んだ。

約五百メートル進んだときだった。

先導の化学防護車が停車し、後続の航空基地消防隊の車列も停まった。化学防護車の中特防隊員から、ハンディトーキーで航空基地消防隊に指示が飛んだ。

「停止、ここで待機せよ」

先導の化学防護車だけが前進を続けた。

「××ミリシーベルト」

化学防護車の後部座席に座る中特防の検知要員が、デジタルで表示される、放射線検知器の数値の読み上げをライブで開始した。いずれも線量は高い。だが、あらかじめ決めていた退避すべき被曝《ひばく》線量は、十ミリシーベルトである。車内のそれはまだそのレベルには達していなかった。

「××ミリシーベルト。××ミリシーベルト――」

そして、その先にある下り坂のすぐ手前にきたときだった。

化学防護車の、幅の狭いフロントガラス一杯にその光景が広がった。

真っ先に目に飛び込んだのは、ガレキの海だった。

三十メートルの丘から見下ろす広大な敷地が、どこもかしこもガレキに覆《おお》われているのだ。

中特防隊員の目は、二基並んだ、3号機と4号機の原子炉建屋に吸い寄せられた。

3号機は、原型を留めないほど破壊され、上部には黒いガレキの山が不気味に見える。

4号機も上部が壊れているだけでなく、外壁も破裂寸前で至るところにヒビが入っていた。

化学防護車側から見える西側の外壁には、大きく縦に裂け目が開いているのが分かった。

化学防護車は、緩やかなカーブとなった丘を下った。

そこから先の道路は一車線だった。もし消防車に丘を下らせれば、緊急時の退避ができない。そのため、化学防護車が放射線量を計測し、安全を確認する必要があったのだ。

南へと流れる、カーブした道路を進んだ化学防護車は、SPT建屋の先で左折し、高放射性固体廃棄物貯蔵設備建屋の手前でさらに左に曲がると、高温焼却炉と主排気ファン施設の間の細い道に入った。

五十メートルほど前進したときだった。

突然、視界が開けた。

目の前に、巨大な建物が出現した。

4号機だった。

目の前で、ほぼ垂直に見上げる格好となった中特防幹部は驚いた。想像していた4号機のスケールとは、余りにも違いすぎるのだ。

「でけえ！」

中特防隊員は思わずそう叫んだ。

4号機の高さは地上五十メートル。十二階建てのマンションと同じ高さの4号機は、まさに、そびえ立つ、という表現がふさわしかった。しかも、丘の上からみた、西側外壁の縦の裂け目は間近で見ると、想像よりも大きい。二メートルはありそうだった。

化学防護車は、4号機の裏、西側をゆっくりと進んだ。いや、進んだのではない。散乱するガレキの山の間をハンドルを何度も切って縫い進み、あるいはガレキを踏みしだいた。

その先、3号機の南西の位置に辿《たど》り着いたときだった。

東京電力の連絡担当者から、唯一《ゆいいつ》、聞かされていた「3号機の南側の東より」という燃料プールの位置を考えれば、そこがベストポジションだ、と中特防隊員はすでにブリーフィングの時に決めていた。

ところが、検知要員の声が、突然、緊張したものになった。車外の放射線量をモニターしていた検知器が、数百ミリシーベルトを表示したからである。途轍《とてつ》もない数値だった。

化学防護車は急いでそこを離れた。

3号機の北西に来ると、放射線量は下がった。

中特防隊員は緊張した。さっきの場所には、高レベルの放射性物質がへばりついたガレキがある可能性が高い。水素爆発で飛び散ったガレキかもしれない——。

このガレキには、ある符号が付けられた。

「3号西《サンゴウニシ》」

その符号は、自衛隊、警察、また官邸の内閣危機管理センターでも共通して呼ばれるようになった。

第1原発の敷地内に存在する最も高レベルの放射線を放つガレキ——それが「3号西」だった（単に「ガラ」と称する政府関係者もいた）。

この「3号西」（もしくは「ガラ」）という言葉は、警察でも、内閣危機管理センターでも、〝最大の脅威〟として重要視されるようになる。

その後、Jヴィレッジに立ち上がる「現地調整所」での毎朝のミーティング——メンバーは、陸上自衛隊、警察、消防と東京電力――では、誰もが真っ先に気にした。

「今日の、『3号西』のレベルはどうだ？」

自衛隊が設置したモニタリングポストで自動計測され、報告され続ける「3号西」の放射線量は、高いときで、一千ミリシーベルトを超えるときもあった。その数値は、もし防護措置を取っていない人間が被曝すれば、急性放射線症状を発症し、生命にかかわるほどのレベルだった。

だが、そのガレキがどのガレキかは分からなかった。特定できないのだ。だから、中特防隊員たちの間では、不安が広がっていた。3号機周辺の高レベルの放射線は、ガレキが発生源ではないかもしれない。もしかすると、水素爆発で原子炉に亀裂《きれつ》が入り、そこから大量の放射性物質が洩《も》れているのではないか――。

3号機の北西、2号機との間に伸びる道路の先に化学防護車が入った。三日前、中特防の隊長車と水タンク車がタービン建屋の向こう側に辿り着いた直後、水素爆発に見舞われた、そこへつながる道だった。

そこからは、燃料プールの位置が確実には把握できない――。

そのときだった。一台の車がゆっくりとやってきて、化学防護車の近くで停まった。中から、防護服に身を包んだ男が姿を見せた。

中特防隊員は理解した。案内する、と言っていた東京電力社員だ。約束どおり免震重要棟からやってきてくれたのだ。

東京電力社員の手には、投光器があった。急いで地面に設置した東京電力社員は、投光器の光を3号機の上、〝南側の東より〟に向けた。

光の筋の先、そこに燃料プールがある、そう示したのだ。

中特防隊員は、もはや呆《あき》れる余裕もなかった。とにかく、東京電力社員もまた命懸けでやってきてくれたことに感謝した。

「化学防護車《カボウシャ》、ヒトハチ×××、現地到着！」

指揮官車に乗る中特防隊員が、車載の自衛隊無線機で、Ｊヴィレッジの十字路で待機する中特防幹部に報告した。

「線量、計測開始！」

「××ミリシーベルト、問題なし！　放水開始します！」

「放水開始せよ！」

中特防幹部が命じた。

「1号車、前へ！」

丘の上で、縦列に並んで停車していた、先頭の航空基地消防隊の消防車が発進した。丘の上から曲がりくねった坂道を下った。先導の化学防護車と同じコースで、3号機へ向かった。

「1号車、到着！」

報告を受けた化学防護車から、中特防隊員が放水ポイントを何度か変更させた。

「そこは線量、高い」

「いや、こっちだ」

「そこで停まれ！」

最終的に決まったのは、3号機の北西（海側とは反対側）の、小さな広場となった地点だった。3号機までの距離、約五十メートル──。

消防車のサイレンが鳴り響いた。赤色回転灯が激しくラピッドフラッシュをまき散らす。重いエンジン音が地面を震わした。

間近で見守る化学防護車の車内では、警報音が鳴り止《や》まない。ピーピーピー。一秒間隔で電子音が、陽圧となって空気が入ってこない狭い車内に響き渡る。中特防隊員の体に装着したデジタル式放射線検知器が、高い放射線量を感知しているのだ。

「1号車、ヒトキュウサンゴー（十九時三十五分）、放水開始！」

消防車が、ゆっくりと3号機に前進して、停止した。運転席の上に設置された放水ノズルから勢いよく水が放たれた。放物線を描き、大量の水が3号機の上に降りかかる。

だが、水は、3号機の最上部では霧状となった。

「ちょっと、届かないっすね！」

「勢いがなくなってきた――」

放水を見守る化学防護車の二名の中特防隊員たちが唸《うな》った。

「車両！　聞こえますか！　車両、聞こえるか！」

中特防隊員が声を上げた。だがハンディトーキーに答えはない。

1号車の放水は結局、届かないままに終わった。

中特防隊員はすぐに分析した。ノズルが開きすぎて霧状になったのである。しかも、消防車と3号機の距離が開きすぎ、水が燃料プールへ届かない。効果的な放水とはならなかった。

「終わり！　後退する！　2号車、前へ！」

中特防隊員はさらに消防車を呼び寄せた。

二台目の消防車が到着したとき、化学防護車の中特防隊員は、五十メートルほど手前でまず停車させた。

「2号車、さらに、前へ！」

消防車が意を決したように、グッグッと前進する。エンジンが重く唸った。原子炉の間近まで接近してみせた。

「オッケー、オッケ、オッケ！」

中特防隊員が思わず興奮の声を上げた。

「行って！　行ってぇ！」

中特防隊員の声に押されるように消防車はさらに前へ、進んだ。

3号機の数メートル直前に達した。

停止した消防車はすぐに放水を開始。しかし、短いシャワーが二メートルほど先までしか届かない。

「圧力《アツ》上げ！　アツ上げろ！」

水は勢いを増した。太い水の束となって一直線に3号機の上部へ降り注いだ。

「煙、狙《ねら》え！　煙、狙え！」

中特防隊員が声を張り上げる。白く水蒸気が上がっている。そこがターゲット――

燃料プールだ。
ノズルが何度も上下する。エンジン音が重く高鳴る。

3号機の上から、大きく白い煙が上がった。

「オッケ、オッケ！　その調子！　その調子！」
届いた！　ポイントは間違っていない！　中特防隊員は確信した。燃料プールの中で一部が剝《む》き出《だ》しとなった、高温の核燃料棒に水が当たって水蒸気が発生したのだ。ほとんど情報がない中での、それが唯一の確認方法だった。

次々と入れ替わって放水する消防車。化学防護車だけは、ずっと3号機の前で、放水冷却作戦を指揮し、また消防隊員たちの安全のため放射線検知を続けた。だから、中特防隊員は、3号機の前に二時間もいなければならなかった。ヨウ素対応全面マスクにタイベックスーツ、さらにその上から内臓の被曝を避けるために、ずっしりと重い鉛のベストを巻いている。それでも、帰還線量の寸前の五ミリシーベルト以上を浴びることとなった。

数台目に到着した消防車の運転席の中では、想像もしなかった事態が起き始めていた。
激しい緊張からなのか、タイベックスーツの内側の温度が急上昇。大量の汗が噴き出し始めたのだ。後から分かったことだが、放水によって水蒸気が発生し、そのことも周囲の気温を上げることとなったのである。

汗はがまんできた。問題は、ゴーグルが曇り始めたことだった。放水ノズルの操作盤さえ見えなくなったのだ。しかし、一旦《いったん》、発射すれば、水は数分で撃ち尽くしてしまう。

消防隊員は決心した。

ヨウ素対応全面マスクを顔から外した。

放射性物質が忍び込んでいるはずの運転席で呼吸した。

素顔のまま、ノズルを操作し、３号機の燃料プール目掛けて発射した。

放水冷却作戦部隊の活動の数時間後、十七日の夜――。

第１原発の放射線量が確実に下がり始めていた。自衛隊の放水冷却作戦によって、燃料プールに水が入った証拠である、と政府は発表した。

だが、政府の中で緊張状態は続いたままだった。燃料プールの核燃料棒は、常に熱（崩壊熱）を発している。ゆえに、放水を続けなければすぐに干上がり、核燃料棒が剝き出しになり、メルトダウンの危険性が高まる。

官邸地下にある内閣危機管理センターでは、東京消防庁を始めとする全国都道府県自治体の消防隊も、燃料プールの放水冷却に、ローテーションで投入するための調整を始めていた。

その情報は、内閣危機管理センターへ派遣していた、陸上自衛隊の連絡官から、CRF司令官の宮島の耳に入った。

宮島は、強い危惧《きぐ》をもった。これまで、自衛隊も警察もバラバラの指揮系統で動いてきた。そこへ新たに消防が加わることになれば、混乱を来《きた》すことは必至である。ただ、問題は現場ではない。東京の政府の中での権限争いが最も心配だった。

宮島は、福島市の「政府現地対策本部」に到着したばかりの、海外担当のCRF副司令官、田浦正人《たうらまさと》陸将補に指示を送った。田浦は、ハイチ大地震の復興活動のための部隊を率いていたが、震災発生直後、緊急帰国命令を受けた。そして、三日前、成田空港に着いたばかりだった。

宮島からの指示を受けた田浦は、現地対策本部長を務めていた、経済産業副大臣の松下忠洋《まつしたただひろ》に詰め寄った。省庁間協力の体制を構築しなければ大変なことになる、と説得したのだ。

十八日　午前七時二十五分

Jヴィレッジの拠点に繋《つな》がる外周道路が真っ赤に埋まった。

東京消防庁ハイパーレスキュー隊を乗せた指揮官車《コマンドカー》、高層マンションの消火などで活躍する屈折放水塔車、さらにスーパーポンパーの名で知られる遠距離大量送水装置など三十両が連なっていた。

十字路の脇《わき》の駐車場で、自衛隊の放水冷却作戦部隊と合流。コマンドカーに乗っていたハイパーレスキュー隊幹部たちとさっそく協議が始まった。

ハイパーレスキュー隊の指揮班幹部が気にしたのは、やはり、3号機の燃料プールの位置だった。東京電力からは依然として情報が来ない。「南側の東より」——相変わらず、それだけだった。

しかし、中特防は、前日の放水冷却作戦で、だいたいの位置を把握していた。第1原発の写真に書き込み、ハイパーレスキュー隊の指揮班に提示した。

指揮班は、放水するためのベストポジションを決定した。ハイパーレスキュー隊が3号機の直前で降車し、スーパーポンパーで海から海水を引き込むためのホースを伸ばす作業を実施。屈折放水塔車から、ほぼピンポイントで燃料プールを狙って水を撃ち込むためには、超高圧開閉所の前で、鉄塔の北側の、3号機の南側の東より——がベストポジションであり、そこに屈折放水塔車を停車することを決めたのだ。そのポイントが燃料プールに最も近かったのである。

三月十九日の正午、放水冷却活動についての政府命令が下った。経済産業大臣の海江田万里からと、原子力災害担当の総理補佐官である細野《ほその》豪志《ごうし》からそれぞれ、警察庁長官、消防庁長官、防衛大臣、福島県知事、そして東京電力社長に対する指示が文書で発令された。

細野から文書が送られてきた。

〈本日、および、今後の放水活動の基本方針は、以下のとおりとする。

1　本日、1400頃から、1500頃をめどに、自衛隊、消防部隊が、3号機に向けて放水し、これに続いて、米軍の高圧放水車が放水する。

2　上記の放水活動の撤収後（1530頃）、東京消防庁救助機動隊（ハイパーレスキュー隊）が3号機に向けて放水する。

3　以上、1および2の活動を含め、今後の放水除染等の活動については自衛隊が全体の指揮を執る〉

これは現地自衛隊部隊からの切実な要望に応じたものだった。現地に集合した、警察、消防、自衛隊の各放水冷却部隊の意思疎通《そつう》に混乱が生じ始めたからだ。

しかし、この文書に、陸幕長の火箱を始めとする陸上自衛隊の幹部たちは納得できなかった。

〝自衛隊が全体の指揮を執る〟とあるが、現場にやっかいな責任を押し付けるだけのことだ。こんな事態は戦後初めてのことである。ゆえに反発もあるはずだ。統制的な表現にすべきだ。そもそもこれほどの事態における自衛隊への命令は、総理補佐官からでは余りにも軽すぎる――。

官邸にいる民主党の長島昭久《ながしまあきひさ》代議士に要請が届けられた。菅首相からの命令がないとできないと。

翌三月二十日、ようやく菅首相から、文書による命令が発令されることとなった。

ＣＲＦの幹部たちは慎重だった。〈一元的に管理〉という言葉を尊重し、調整役に徹しよう。しかし、統制指揮が必要ならば毅然《きぜん》とした態度は絶対に貫く――。

自衛隊が、警察、消防、東京電力を従えて統制を行う——それが決定した。史上初めてのことである。

Ｊヴィレッジはやっと自衛隊に開放され、一階奥にあるレストラン「アルパインローズ」に、警察、消防と東電を統制する〝司令部〟——「現地調整所」が設置された。ＣＲＦ司令部から送り込まれた二十名ほどの幕僚たちがパソコン、ファックス、野戦電話機を所狭しと並べた。入り口には、日の丸に世界地図が描かれたＣＲＦの部隊マークの下に、〈現地調整所〉と達筆な墨文字が書かれた、高さ一メートルほどの白木の板が置かれた。

事実上の統制を行う「現地調整所」の〝指揮官〟として抜擢《ばってき》されたのは、ＣＲＦ副司令官の田浦だった。

その命令を聞いた陸上幕僚監部のある幹部は、

「あいつ、運がいいのか、悪いのか」

と苦笑した。

陸上幕僚監部の幹部がそう言ったのも、当然かもしれない。

何しろ、田浦が責任者の一人として就任する先々で、歴史に残るような危機管理上の〝重大〟事件が発生しているのだ。

指　示

平成23年3月20日

警察庁長官　殿
消防庁長官　殿
防衛大臣　殿
福島県知事　殿
東京電力株式会社取締役社長　殿

原子力災害対策本部長
（内閣総理大臣）

東京電力福島第一原子力発電所で発生した事故に関し、原子力災害特別措置法第２０条第３項の規定に基づき下記のとおり指示する。

記

1　福島第一原子力発電所施設に対する放水、観測、及びそれらの作業に必要な業務に関する現場における具体的な実施要領については、現地調整所において、自衛隊が中心となり、関係行政機関及び東京電力株式会社の間で調整の上、決定すること。

2　当該要領に従った作業の実施については、現地に派遣されている自衛隊が現地調整所において一元的に管理すること。

機甲科出身——戦車《タンク》乗りの田浦もまた、かつてイラクに派遣され、指揮官を務めていた。

支援部隊指揮官としてイラクに乗り込んだとき、宿営地にもっとも多くミサイルを撃ち込まれたのが田浦だった。また、北朝鮮のテポドン発射でも修羅場を経験。そして、今回の原発対処の現地統制官——。

陸上幕僚監部の幹部は、密《ひそ》かにあだ名をつけた。

〝自衛隊の修羅場担当〟

命令が出されたのを受け、田浦は、福島市の現地対策本部を出発。Jヴィレッジへとパジェロで急いだ。そこが放水冷却作戦の最前線司令部と決められたからだ。

田浦が、Jヴィレッジへ向かっている頃、東京電力に置かれた対策統合本部は、〈本日・十八日の放水冷却活動基本方針〉なる放水冷却計画を作り上げ、自衛隊の連絡官を通じて要請していた。

要請情報は、連絡官を通じて、統合幕僚監部に報告され、そこからさらにCRF司令部に伝えられた。

〈午後二時から三時をメドに、3号機の燃料プールへ、自衛隊による放水冷却を実施。自衛隊撤収後、午後四時、東京消防庁の消防救助機動部隊（ハイパーレスキュー隊）が

放水〉

統幕長の折木からＣＲＦ司令官の宮島へ、新たな命令が下されたのは、午後一時前のことだった。

前日に続き、第二回の、３号機への放水冷却作戦の実施命令だった。

命令内容は前日と同じだった。

「プール、満水！」それだけが重要だった。

だが、そのときになってもまだ、放水目標の３号機燃料プールの位置について、免震重要棟からは詳しい情報がまったく届かないという事態が続いていた。

Ｊヴィレッジに詰める東京電力の連絡役の社員たちは相変わらず原発に素人《しろうと》な上、免震重要棟から情報を取ることができない。彼らは、免震重要棟から軽んじられている、との印象を中特防隊員たちはさらに強くしていた。

ゆえに、消防車の放水ノズルは、

〝３号機の南側の東より〟

〝放水すれば水蒸気が上がる場所〟

という情報だけで再び狙うしかなかったのである。

午後一時五十五分。自衛隊の航空基地消防隊による、第二回の放水冷却作戦が開始された。部隊は、第一回と同じく、放水指揮と安全確認のために化学防護車が先導し、最後尾にも、退避誘導を行う、もう一台の化学防護車がついた。消防車は、航空自衛隊の航空基地消防隊が主力となり、約二倍の九車両が連なった。

第1原発の正門をくぐり抜けた九両の消防車は、3号機と4号機を見下ろす丘の上で縦列停車。先行した化学防護車からのゴーサインを受け、続々と3号機の前へ突っ込んだ。午後二時十分に、1号車の消防車が放水したのに続き、同三十八分までの約三十分間、計九両の消防車が四十九・五トンの真水を撃ち込んだ。

自衛隊の航空基地消防隊が第1原発から撤収した後の午後五時、ハイパーレスキュー隊と消防車群がJヴィレッジから前進を開始した。

第1原発の正門前に到着したのが五時五十分。待ちわびていた中特防の化学防護車の先導を受け、3号機へ出撃した。

作成した計画通り、ハイパーレスキュー隊を乗せた屈折放水塔車とスーパーポンパーが、3号機の南東側に辿《たど》り着いた。

ハイパーレスキュー隊の覚悟は壮絶だった。自衛隊の航空基地消防隊は、降車せず、車内からの操作である。しかし、屈折放水塔車から放水するには、スーパーポンパーを使い、海からホースを伸ばす必要がある。そのために、ハイパーレスキュー隊は車

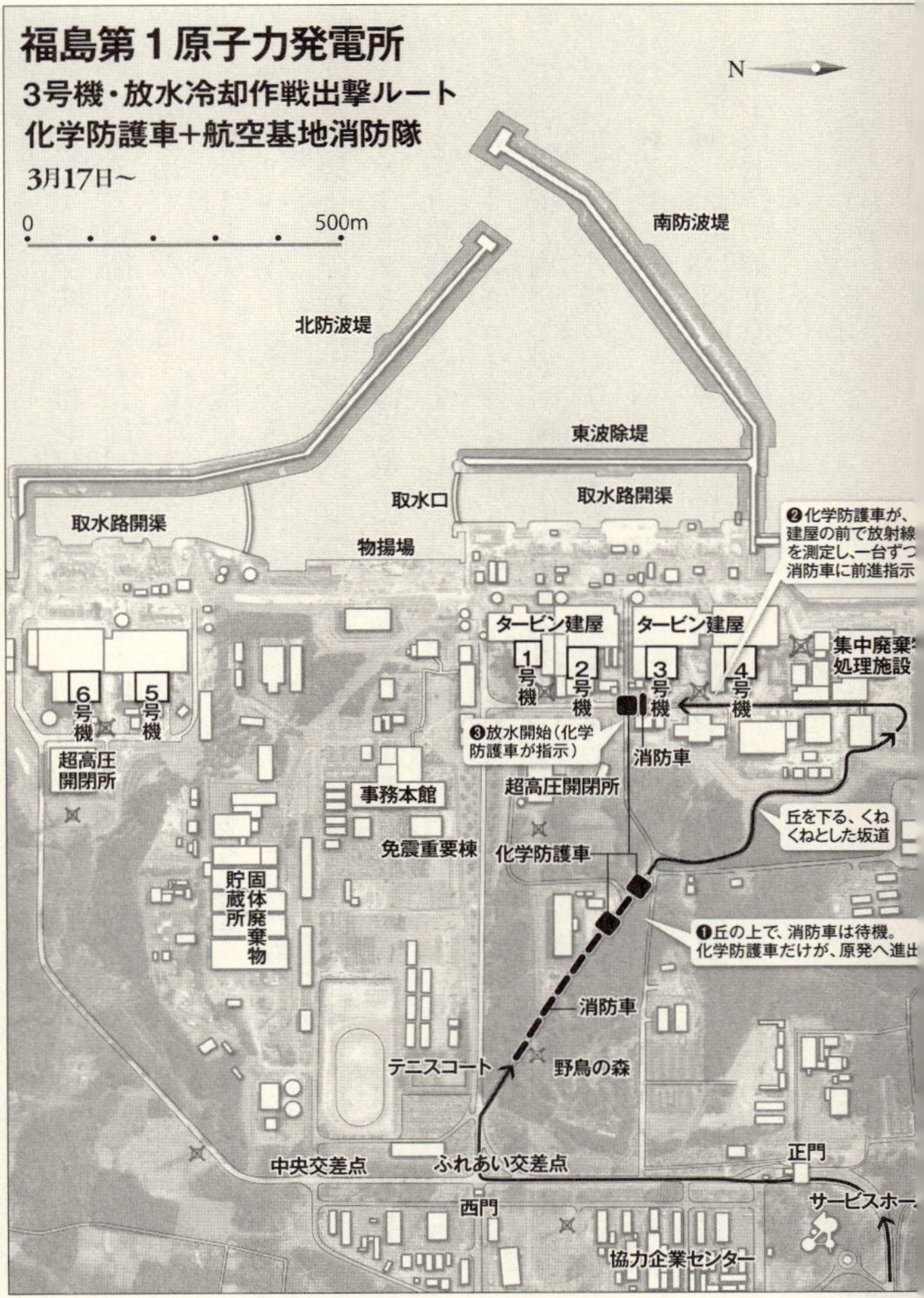
福島第１原子力発電所
3号機・放水冷却作戦出撃ルート
化学防護車＋航空基地消防隊
3月17日～
0
500m
N
南防波堤
北防波堤
東波除堤
取水口
取水路開渠
取水路開渠
物揚場
❷化学防護車が、建屋の前で放射線を測定し、一台ずつ消防車に前進指示
タービン建屋
タービン建屋
集中廃棄物処理施設
1号機
2号機
3号機
4号機
6号機
5号機
❸放水開始（化学防護車が指示）
消防車
超高圧開閉所
超高圧開閉所
事務本館
免震重要棟
化学防護車
丘を下る、くねくねとした坂道
固体廃棄物貯蔵所
❶丘の上で、消防車は待機。化学防護車だけが、原発へ進出
消防車
テニスコート
野鳥の森
中央交差点
ふれあい交差点
正門
西門
サービスホー
協力企業センター
© Iku AS

から降りて作業をしなければならない。

しかも、自衛隊によれば、3号機の原子炉の一部が裂け、そこから大量の放射線が放出されている可能性もあるという。

ハイパーレスキュー隊員たちは、恐怖とも必死に戦うことを決意していた。

だが、ハイパーレスキュー隊の無線に悲痛な声が飛び交い始めた。

「これ以上、無理！」「危ない！」「下車できない！」

ハイパーレスキュー隊が放水ポイントとした場所の放射線量が、約三百ミリシーベルトという驚異的な値を示したのだ。

ハイパーレスキュー隊は、屈折放水塔車を停車する当初のポイントを諦《あきら》めた。そして、3号機の周辺で放射線量が下がる場所を、今度は、3号機の北側で探し求めた。

しかし、3号機の周りはどこも、数百ミリシーベルト前後と、強烈な放射線が放たれている。

結局、ハイパーレスキュー隊は、放水ポイントを見つけることができず放水を断念。午後七時。第1原発の正門へと後退した。

ハイパーレスキュー隊が後退——その報告が届いた東京電力本店二階の対策統合本部では、海江田大臣が声を荒げた。

「そんな臆病《おくびょう》な指揮官、代えろ！」

消防庁幹部を怒鳴り上げた海江田大臣は、ハイパーレスキュー隊の隊長の解任を迫ったのである。その異様な光景は、対策統合本部に集まった多くの関係省庁や東京電力の幹部たちがはっきりと目にしていた。

そして、海江田大臣の口から、ついにその言葉が放たれた。

「ハイパー隊は下がれ！ 自衛隊と代われ！ 自衛隊をもう一度入れろ！」

怒鳴りつけられた消防庁と自衛隊の幹部は困惑するしかなかった。いつの間にか、海江田大臣が、自衛隊や消防の〝指揮官〟となっている——。

対策統合本部は、本来、連絡調整の場である。しかし、海江田大臣の言葉は、指揮官そのものだ——そこに詰めていた関係省庁の多くの幹部は、そう感じていた。

だから、経産大臣から命令を受けたことに強い違和感を感じたのだ。

その視線を感じたのか、海江田大臣はその言葉を使い始めた。

「これは総理の命令だ！」

消防庁と防衛省の幹部たちは分かっていた。経産大臣の言葉は、官庁間協力や連絡調整のレベルを遥《はる》かに逸脱し、命令を出すこと自体がおかしいことはわかってはいた。

また、いつの間にか指揮系統が曖昧《あいまい》となっていることにも気づいていた。

しかし、対策統合本部が立ち上がって以来、海江田大臣が、権限外の省庁に指示を出す、という流れは、気づいたときには、何となく続いていた。しかし、やはり、その何となくやっている、という状態はおかしい。しかも各省庁のいわばリエゾンへの指示だけで、決死の活動をさせられることに、大きな違和感と不満があった。

しかし、「これは総理の命令だ！」――そう言われてしまえば、抗議する大義名分もなく、不満や違和感を呑《の》み込まざるを得なかった。総理――菅首相は、対策統合本部の本部長であり、全省庁に対して指揮権があるのだ。

消防庁と自衛隊の幹部は、そのままの言葉を現場部隊に伝えるしかなかった。

十八日　午後六時過ぎ

第１原発からＪヴィレッジへ引き上げてきたばかりの自衛隊・航空基地消防隊は、中特防が設置した除染所で放射性物質を洗い流していた。

ジャングルジムを幾つも重ねたような除染所では、車両も隊員も徹底的に、除染剤《シロコ》で洗浄されてゆく。しかし、車両の除染には時間がかかった。角や窪《くぼ》みがある部分で、放射性物質がなかなか洗い落とせない。こびりついたままだった。

除染を受けた消防隊員たちは、装着していた二センチ×五センチほどの小さな線量計を計測器械に入れ、被曝《ひばく》した放射線量を計る準備を行っていた。被曝した放射線量は、出撃の度に計り、積算《せきさん》が五十ミリシーベルトとなれば、活動から外すことが決まっていたからだ。

消防隊員を始め、中特防隊員やCRF前方指揮所要員の幕僚たち――放水冷却作戦部隊は、Jヴィレッジにはまだ入れなかった。正確に言えば、Jヴィレッジの敷地内にはいたが、ホテルや会議室がある建物に入れなかったのである。

放水冷却作戦部隊が休息を取り、ミーティングを行っていたのは、相変わらず、Jヴィレッジのホテル施設玄関の車寄せから少し下った、最初の十字路、その傍らにある駐車場だった。

寝泊まりは、Jヴィレッジから約十五キロ離れた、常磐《じょうばん》自動車道の四倉《よつくら》パーキングエリアで、テントを張って野営している。

真っ暗なJヴィレッジ前の駐車場。そこに停車していた東京消防庁のコマンドカーの中で、怒声が飛び交った。

消防庁の官僚と、ハイパーレスキュー隊長がもめていたのだ。

コマンドカーの官僚の携帯電話には、東京の対策統合本部に陣取る海江田大臣からの矢の催促が、そこに詰める消防庁の連絡担当官を通じて繰り返し届いていた。

海江田大臣は、消防庁や自衛隊を所管しない。指揮権がないのだ。にもかかわらず、怒声でもって、事実上、消防や自衛隊を指揮した。

消防や自衛隊の幹部たちの間では、違和感が広がっていた。

なぜ所管大臣でもないのに命令するのか？　それも、なぜ連絡担当官という幹部でもないスタッフを通してなのか？

だが、異を唱える者はいなかった。「対策本部長の総理の命令」――その言葉を繰り返す海江田大臣の言葉に、対策統合本部やコマンドカーにいた誰もが呪縛《じゅばく》されていたのである。

だから、官僚も、隊長に何度となく、出撃の再開を指示していた。

だが、隊長は、部下の命を預かる責任がある、として譲らなかった。

「だから、（3号機の前は）線量が高いんだ！」

隊長の声は自然と怒声となった。

しかし、消防官僚の携帯電話に、決定的な指示が下った。

それは海江田大臣からの指示を、消防庁の連絡担当官が伝えるものだった。

「ハイパーレスキュー隊長を解任する。よって放水は、自衛隊と代われ。今、海江田大臣がそう決定されました」

官僚は重々しい口調で、隊長に〝宣告〟した。

顔色を変えた隊長は、そこに同席していた、統制指揮官に任じられているCRF副司令官の田浦を慌《あわ》てて振り返った。

「わかった！　この作業は、今晩、絶対に我々が行う！　我々に突っ込ませて欲しい！」

東京消防庁幹部は、隊長の気持ちが痛いほど分かったという。新潟県中越地震で、土砂に埋もれた車から子供を救出したことは有名だ。世界最高の技能と勇気を持った男たち――今までそう賞賛されてきたプライドが、そのとき、ズタズタにされようとしていたのだ。

東京消防庁幹部によれば、彼らは、全国の消防隊の中でも、最初に創設され、現在でも最精鋭と自負する特殊部隊だ。もし積算限度まで大量の放射線を浴び続けたら、ハイパーレスキュー隊からは外される。ノーマルレスキューになってしまうのだ。しかしその覚悟ももってやってきたのだった。

また、隊長にはもう一つの覚悟があったはずだ、と東京消防庁幹部は話す。ここで、もし自分たちが引いたら、ハイパーレスキュー隊の士気は二度と上がらない。いや、もはやハイパーレスキュー隊はない！　全国の消防部隊の士気にさえ重大な影響を与える――。

東京消防庁幹部の脳裏には、隊長の背中に、全国約十五万名の消防士のプライドが乗っかっている姿が浮かんだという。

ちょうどそのとき、田浦の携帯電話にも、対策統合本部で連絡担当官を務める、後輩の隊員からの悲痛で、困惑した声が飛び込んだ。

「放水冷却は自衛隊と交替、それが海江田大臣の指示です」

だが田浦はその命令を受けなかった。

連絡担当官に田浦が語気強く言い放った。

「本来任務の消防が駆けつけ、必死の思いで活動しようとしている今、ただ手間取っているからという理由だけで、下がれ、とは、現地指揮官である私としては、心情的に言えない！」

その言葉で、隊長の目が潤《うる》んできたことに消防庁官僚は気づいた。

東京消防庁幹部によれば、田浦はさらにこう続けた。

「大臣には、こう伝えろ。現地の指揮官は、私です。その私が判断するに、自衛隊を投入しようにも、準備に時間がかかるほか、消防の車両が道をふさいでいて、交替には時間がかかります。しかも何より、このまま消防が実施することによって、多量の放水ができ、より効果的です――。分かったな」

最後に、田浦はこう言い切った。

「ハイパーレスキュー隊に行かせます！　そう言うんだ」

田浦が通話を終えた瞬間、隊長が両手を握ってきた。

隊長は感極まったかのように言った。

「ありがとう！」

隊長の目からは大粒の涙が溢《あふ》れた。

十九日　午前零時半

東京消防庁のコマンドカーでの、涙の握手の数時間後、ハイパーレスキュー隊を主力とした、東京消防庁の放水冷却作戦部隊が３号機へ出撃した。

放射線検知器の警報が鳴り止《や》まぬ中、ハイパーレスキュー隊は、消防車から堂々と降り立った。隊員が総掛かりでホースを繋《つな》ぎ、３号機の燃料プールを目標に、二十分間で約六十トンを放水したのだ。

ハイパーレスキュー隊がＪヴィレッジの駐車場へ引き上げてきたとき、隊長は再び感極まっていた。ＣＲＦ幹部幕僚へ歩み寄ると、再び、両手で握手を求めた。強者《つわもの》の涙腺《るいせん》は緩みっぱなしだった。

ハイパーレスキュー隊が、中特防が設営した巨大な檻《おり》のような除染所で除染を受けている頃、Ｊヴィレッジの施設が、自衛隊と消防にようやく開放された。自衛隊の部隊が、現場に入ってから七日目のことだった。

だが、管理する東京電力は、ホテル棟のすべての部屋にカギをかけ、会議室にしても、立入禁止としたのだった。Ｊヴィレッジには、ホテル棟以外にも、広い研修室が四室もあり、約百二十名を収容できる。また、百六十名用の大会議室もある。しかし、東京電力は、これらにもカギをかけ、自衛隊と消防隊員を排除したのである。

ＣＲＦ幹部幕僚たちが、現地統制指揮の心臓部として、「現地調整所」を立ち上げたのは、Ｊヴィレッジのホテル棟に隣接した、レストランだった。

午前十時。会議は始まった。

実質的な、統制作戦会議が開始されたのである。メンバーは、現地統制指揮官で、

ＣＲＦ副司令官の田浦を始め、東京消防庁、東京電力、消防庁などの幹部が参集した。

ところが、会議が始まって間もなくのことだった。

Ｊヴィレッジに詰めている協力企業の、〝捌《さば》き屋〟である東電社員が、突然、その会議に飛び込んできた。

そのとき、すでに、ハイパーレスキュー隊による二回目の放水冷却作戦は、正午から再開することが決まっていた。

そのため、ハイパーレスキュー隊は、満足に休息を取ることもせず、急ぎ、準備を始めていた。

ところがである。東京電力社員は、信じがたい言葉を口にした。

「免震重要棟が今、伝えてきたところによれば、正午から、第１原発で、外部電源復旧工事を行う模様です。よって、ハイパーレスキュー隊の活動は、午後一時三十分に変更してください」

東京電力は、東北電力の送電塔から新しい送電線を引っ張り、それを、第１原発のすべての原子炉建屋に繋ぎ、受電させようとしていたのである。安定した冷却を図るためであった。爆発や火災に追われ続けてきた東京電力だったが、復旧へ向かうための第一歩を目指していたのだ。

　だが、突然の計画変更にはさすがに、会議に参加していたＣＲＦ幹部幕僚が怒鳴った。

「ハイパーレスキュー隊は、出発、寸前なんですよ！　一時間半前になって変更するとはいったいどういうことなんです！」

　東電社員は困惑顔を見せるだけだった。しかも、工事を行うことを免震重要棟が決めたのは、一時間半以上も前の、午前九時のことだ、と東電社員は吐露した。

　ＣＲＦ幹部幕僚は、あらためて理解した。免震重要棟の東京電力チームは、この〝捌き屋の東電社員〟を完全に相手にしていないのだ。それはすなわち、自衛隊と消防の放水冷却作戦部隊をも、まるで、協力企業と同程度にしか見ていないんじゃないか、という疑念も抱くこととなった。恐らく、免震重要棟から「工事、遅れるからな」と簡単に言われただろう光景がすぐに想像できた。

　東京消防庁の対策室では困惑が広がっていた。

対策室は、消防庁を通じ、東電本店内の対策統合本部に何度も同じことを要請していた。

「燃料プールに、いったい何トンの水を入れれば、危険は回避できるのか？　それを絶対、教えて欲しい。ただ七時間継続しろと言われても、消防車のエンジンは焼き切れる。緊急事態というならば、焼き切れても仕方がないが、そうでないのなら、七時間行うことの意味がない」

しかし、東京消防庁にも、その回答が寄せられることはなかった。

それどころか、その間でさえ、対策統合本部からの矢継ぎ早の指示が飛び続けた。

「四十トンから五十トンだ！」

「いや、百二十トン、入れろ！」

それでも、ハイパーレスキュー隊は、再び、３号機の前へ突っ込んだ。今度は、さらなる覚悟をもっていた。

無人にした屈折放水塔車から継続的に、長時間に渡る放水を実施したのだ。

午後二時五分から開始された放水は、約十四時間に及んだ。そして計二千四百三十トンもの水を燃料プールへ撃ち込んだのだった。

しかし、さらなる連続放水とはならなかった。ハイパーレスキュー隊が恐れていたとおり、消防車のエンジンが焼き切れた。

電力の供給を失った1号機、2号機、4号機の原子炉は、消火系ラインなどを使って、海水による給水を継続中だった。安全とまでは言えないにしろ、原子炉の温度は危険レベルではなかった。免震重要棟の東京電力スタッフたちは薄氷を踏む思いでなんとか均衡を保っている状態だった。

一方、最優先の対策は、３号機の燃料プールを冷やし続けることだった。

しかし、十九日になると、対策統合本部では、４号機の燃料プールの燃料棒の状態に大きな危惧《きぐ》をもち始めた。

対策統合本部が、Ｊヴィレッジの現地調整所に、４号機燃料プールへの放水を打診してきたのは、前述した一回目の現地統制会議が行われた直後のことだった。

現地調整所のＣＲＦ幹部幕僚たちはすぐにゴーサインを出すことに逡巡《しゅんじゅん》した。

とにかく、４号機の燃料プールの位置がわからないのだ。３号機と同じなのかどうかさえ情報がなかった。しかも４号機の周辺の状況もまるで分からない。免震重要棟からは、依然として情報は寄せられなかったのである。

現地調整所は、Ｊヴィレッジにいる〝捌き屋〟の東京電力社員を今日も急《せ》き立て、情報を提供するよう、免震重要棟に要求した。

その結果、ようやく、情報が届いた。

それは一枚のファックスだった。

ファックスの転送を受けたＣＲＦ司令部では、多くの幹部幕僚が愕然《がくぜん》として見つめた。

まるで小学生の文字だった。〈4号機使用済み核燃料プールの位置〉という、小学生が書いたような幼稚な文字が、太いマジックで右上に書き込まれている。そして、〝位置〟とするのもまた、手書きで、4号機建屋が描かれていた。そこに太い矢印が書き加えられ、上部の隅を指していた。矢印は、外壁の一部を通過している。

4号機の詳細を知らなければ、その〝通過〟の意味はわからない。統合幕僚監部では、すでに報告を受けていたが、そこは、二メートルの裂け目がある箇所である。しかし、〝手書き図〟には何の説明もなかった。

ＣＲＦ副司令官の田浦が指揮する現地調整所では、愕然としている余裕はなかった。もはや、東京電力は、まったく当てにはできない——それを確信した。

4号機を偵察するため、中特防隊員を乗せた化学防護車がＪヴィレッジを出発したのは、午後二時四十五分のことである。

午後三時四十六分、偵察を終えた化学防護車は、第1原発の正門に引き上げて停車した。そこで免震重要棟の東京電力社員と合流する予定となっていた。4号機の燃料プールの情報を入手するためだった。

だが、いくら待っても東京電力社員は来ない。化学防護車は引き上げるしかなかった。

その二時間後、Ｊヴィレッジに戻ってきた中特防隊員から、偵察結果を基にした、作戦会議が現地調整所で開催された。

「４号機の周辺には、大量のガレキがあります。しかし、除去することは物理的に可能。除去さえすれば、放水は可能です」

しかし、問題がひとつ浮かび上がった。

これからの作戦となると、夜間に行わなければならない。だが、４号機周辺のガレキの中でそれが可能であるか、それが大きな問題となったのである。

中特防幹部は、「夜間、突入も辞さず」と言い放った。

ただ、ＣＲＦ幹部幕僚たちは、やる気だけでは任務は達成できないと判断していた。現場は、降るほどの星と月明かりがあるが、やはり真っ暗であることには変わりがない。ヘッドライトが唯一《ゆいいつ》の〝照明〟だった。確実に放水冷却作戦を実施するためには、夜間の偵察が絶対に必要だった。

ＣＲＦ幹部幕僚は、休息中だった一人の航空自衛隊員を呼び出した。航空基地消防隊のベテラン曹長だった。

その男に、CRF幹部幕僚たちは前々から目をつけていた。彼こそ、航空基地消防隊の中で、一番のプロフェッショナルだと見抜いていたからだ。

だから現地調整所のCRF幹部幕僚たちは確信した。

――この男が決断するなら、こいつが突っ込む、とするなら、航空基地消防隊の全員が黙って従うはずだ。

空曹長は、CRF幹部幕僚の指示に迷うことなく頷《うなず》いた。そして、午後七時過ぎ、化学防護車に乗って、4号機の夜間の偵察を行うため、突っ込んでいった。

約三時間後、Jヴィレッジに戻ってきた空曹長は、的確に偵察結果を報告した。

「4号機へ接近するための道路は、ガレキと鉄筋が散乱していることから、消防車のタイヤが破裂《バースト》する危険性があります。また、4号機の前は、地積に乏しく、緊急時、反転退避を行う場所がありません。さらに放射線レベルも、あまりにも高い」

統幕オペレーションルームには、夜間の作戦は不可能、という報告が上がることになる。

だが、その直後、またしても、対策統合本部からの怒声が、現地調整所に聞こえ始めた。

声の主は、海江田大臣だった。

海江田大臣からの指示は、対策本部に詰める陸上自衛隊の連絡担当官《LO》が聞き取り、防衛マイクロ回線に繋がる専用の固定電話で、現地調整所に何度も伝達されてきた。

海江田大臣からの〝指揮〟は、細部に渡った。

どの原子炉建屋を優先するのか、具体的な水量に至るまで、海江田大臣自ら、自衛隊の現場部隊に、罵声《ばせい》で命令を下し続けることとなったのだ。

「遅い！　早くしろ！」「（放水を）いつ始めるんだ！」「今夜中に、４号機の燃料プールへ、二十トン入れろ！」「いや、五十トンを二回だ！」

海江田大臣は、対策本部で、自衛隊の連絡担当官に怒鳴り続けた。

その報告を現地から受けた、防衛省・省対策会議室に詰める防衛官僚は、ずっと抱き続けてきた、あるわだかまりが、現実のものとなりつつあることに気づいた。同時に、言葉にできない恐怖感が心の奥底で立ち上がるのをはっきりと自覚した。

――オーダーを繰り出す経産省の対策本部は、その根拠を本当に持っているのだろうか。第１原発の状態をはっきり把握した上で、科学的な根拠に基づいて言っているのだろうか。

しかも、現地調整所から、東京の対策統合本部へ、そのことを何度も照会しているのに、回答がまったく寄せられないでいるとの報告が上がっていた。

報告を受けた防衛省幹部は、ゾッとした。もしかして、1号機から4号機までの状態について、対策統合本部は、なにも分かっていないのではないか……。

その危惧を現実のものとするかのような情報が、今、現地調整所から送られてきた。

放水冷却作戦部隊は、免震重要棟からほとんど情報を与えられていない状態が依然として続いている。

免震重要棟との連絡役の東京電力社員は、休む間もなく、協力企業の手配を行い、また現地調整所からのオーダーにも対応している。だから、彼らは、ほとんど睡眠をとっていないらしい。メモには、休憩時、彼らは、目を開けたまま椅子《いす》に座って失神している、という記述もあった。

それでも、中特防隊員は訊《き》かざるを得なかった。放水の優先順位、時間の期限、そして撃ち込む水量——それらの根拠はいったいなんだ？

だが、揺り起こして尋ねた中特防隊員に、東京電力社員は呆然《ぼうぜん》として口を開いた。

「さあ……わかりません」

統幕長の折木からとする新たな命令が、ＣＲＦ司令部から現地調整所へ届いた。

今夜、航空基地消防隊は再び出撃し、3号機に引き続き4号機の燃料プールへ必ず、明日朝一番で放水せよ、という過酷な命令だった。

航空基地消防隊の隊員たちが、出撃拠点――十字路脇《わき》の駐車場に集められた。

駐車場は真っ暗である。星と月の輝きだけの中で、出撃前ミーティングが始まった。

中特防隊員が懐中電灯を口にくわえ、地図をアスファルトの上に広げた。

だが、航空基地消防隊員たちの顔に、明らかな疲労と困惑が浮かんでいることに中特防幹部は気づいた。

口に出すヤツはいない。だが、尊敬するベテラン空曹長が〝夜間は無理〟と報告していたことを彼らは知っていたのだ。

しかも、その時もまだ、4号機の周辺の状況や燃料プールの位置についての情報が東京電力からまったく届かない。その不安も疲労感を増長しているはずだ、と中特防幹部は思った。

中特防幹部は、全員を見渡した。突然の出撃命令に、勢いづく隊員の傍らで、疲労をあらわにしている隊員が見えた。

中特防幹部は、ふと、〝心の線量〟を計る必要がある、と思った。隊員たちの思いは、それぞれで違うのだ――。

ところが、別のある血気盛んな隊員が、予想もしなかった行動に出た。

「出撃だぁ！　行くんだ！」

怒声でもって、士気を高めようとしたのである。

航空基地消防隊員である一人の下士官が、さすがに、その隊員に詰め寄った。

「まだ、積算放射線量も計っていない」

だが、その隊員は聞く耳を持たない雰囲気だった。

「いいんだよ！　行くんだぁ！」

下士官は納得いかなかった。

「どうしてだ！」

ちょうどそのとき、作戦会議に駆け込んできた田浦は、ただならぬ雰囲気に、急いで二人の間に入った。

その時の光景は、五日後、陸上幕僚監部のオペレーションルームに伝わることとなった。

すでにその頃、被災地へ送り込んでいる部隊の中で、戦闘ストレス症候群と酷似した症状が何例も出現していた。陸上幕僚監部の幹部は、隊員たちの「心のケア」をいかにすべきか、深刻に考えていた。特に、放水冷却作戦部隊での「心のケア」には注意を払っていたことから、そのときの様子をＣＲＦ司令部から取り寄せ、分析することになったのである。

分析にあたった陸上幕僚監部のある一人の幹部は、そのときの、十字路での様子をこう再現した。

――隊員と下士官の間に入ったＣＲＦ副司令官の田浦は、すぐには、是否の判断をくださなかったという。軍隊では、副司令官は常に、下士官に対する指揮官である。しばらく冷静に様子を見ていた。

だが、二人の険しい雰囲気が、他の隊員に影響を与えそうになったタイミングを見計らって、二人の話に割って入った。

「お前の言うとおりだ。ちゃんと計ろう」

その後で、田浦は、キッパリとこう口にしたという。

「無謀なことは命令しない。しかし、そうでないなら、どうあろうと任務は果たしてもらう」

そう言うなり、田浦は、自ら防護服を着込み、線量計を身につけ、パジェロに乗り込んだ。Ｊヴィレッジの敷地を離れ、暗闇《くらやみ》の中をヘッドライトの光だけを頼りに、一路、第１原発へ向かったのである。

約一時間後、田浦は、4号機の前に自ら立った。そして、放射線量を計り、Jヴィレッジへと舞い戻ったという。放射線レベルは、作戦可能であると、命懸けで証明したことに、中特防幹部は声を失った。

もはや疲労感を露《あら》わにする航空基地消防隊の隊員はいなくなった。

その直後、海江田大臣からの指示が変更された。

「放水冷却作戦部隊は、翌、二十日、午前五時より、4号機の燃料プールへ五十トンを入れろ」

なぜ五十トンなのか？　現地調整所は、対策統合本部に問いかけた。だがその答えが返ってくることはなかった。

大震災から九日後　三月二十日　未明

深夜になって届いた現地調整所からの報告に、統合幕僚監部のオペレーションルームの幹部たちは啞然《あぜん》としていた。

対策統合本部が、昨夜、午前五時からの放水を指示したにもかかわらず、混乱する指示が届けられたのである。

「午前五時から、東京電力が工事を行う予定。放水冷却は待て」

統合幕僚監部は、その理由を、現地調整所から対策統合本部へ確認せよ、と指示した。併せて、4号機の燃料プールの危険性、優先順位の根拠を示させろ、とも指示を送った。

しかし、それもまた、徒労に終わることとなった。

だが、中特防隊員たちは、その間も、淡々と任務を続けていた。その内容は、限定《クローズド》された作戦会議の冒頭、ウエザーブリーフィング（天候情報）の後に、報告された。

〈本日の脅威見積もり〉

と題する情報は、限られた幹部のみに伝えられた。緊急事態が発生した場合の、退避、撤収のルートについて、第1原発での風向き、風の強さなどを解析したシミュレーションの結果が披露されたのである。

もし、原子炉建屋で爆発が再び発生した場合、高濃度の放射線は、このように流れるので、部隊はこう離脱し、こう撤収する――それが報告され、現地調整所で幹部たちの調整を受けた。

また、雨が降った場合の対応についても詳細を極めた。

自衛隊では本来あり得ないが、傘を差してください、と中特防幹部が警告を発した。

雨で落下する高レベルの放射性物質による被曝《ひばく》を避けるためだ。また、使った傘は、外に廃棄すること、Jヴィレッジでも深刻に受け止められていた。例えば、施設内のトイレは水が来ていないので使えない。ゆえに、大便をするときは、傘を差しながら、仮設トイレまで歩いて行くことが厳命された。だがそれでも、昨日までの状態と比べれば楽なことだった。仮設トイレが設置されるまでは、傘を差しながら野糞《のぐそ》をしなければならなかった。

雨の問題はJヴィレッジの現地調整所には持って入ってはいけない——。

〈本日の脅威見積もり〉の報告を聞き、了承した陸上幕僚監部では、ある幹部が、わき起こる感情を必死に抑えていた。

出撃部隊は、原発の目の前に行くのである。

だから、風向きも風の強さもへったくれもないのだ……。

作戦開始が二時間後に変更になっても、Jヴィレッジの下を走る道路は、縦列に整列する航空基地消防隊の消防車で埋め尽くされていた。

その数、実に十一車両。壮観だった。

その直前に行われた出撃前ミーティングでは、福島第1原発対処の現地調整所の幹部幕僚は、安全策をより重視し、帰還線量について、何度も繰り返した。

「イチ出撃で、外部被曝は一ミリシーベルト、それを絶対に超えないこと！」

放水冷却作戦部隊が、4号機の前へ突っ込んだのは、午前八時二十二分。消防車十一台で、約八十一トンの水を、裂け目から撃ち込んだ。

その間、現地調整所のある幕僚は、現地統制指揮官である田浦の姿をよく覚えている。

田浦は、無言のまま携帯電話を握りしめ、放水冷却作戦部隊からの報告を待っていた。通信システムはまだ完備していなかったからだ。

しかも、現地調整所には、テレビさえなかったのである。だから、その情報は、福島県全域に大部隊を派遣している、陸上自衛隊・第12旅団司令部から聞かされるまで、現地調整所は何も知らなかった。

その時の記録が、仙台の統合任務部隊司令部に残っている。

午後二時四十五分、現地調整所の電話が鳴った。第12旅団司令部の幕僚からだった。

「たった今、テレビで流れたんですが、原子力安全・保安院の会見があり、間もなく、3号機で原子炉の圧力を下げるために、ベント（放射性物質を含んだ空気の排出）を行う可能性あり、としています。本当ですか？」

電話に出た現地調整所の幕僚は困惑した。もちろん、そんな情報は入っていなかった。

「もし実施されれば、うち（第12旅団）は、退避しますが――」

第12旅団の幕僚がそこまで言ったときだった。

電話を受けていた現地調整所の幕僚が突然、絶叫した。

「退避！　全員、退避！」

そして幕僚は、指揮所を飛び出して行ったのである。

別の幕僚の一人がすぐに追いかけた。

「待て！　止まれ！　確認するんだ！」

すぐに幕僚は、連れ戻されたが、その目は彷徨《さまよ》っていた。

緊張からのストレスで病んでいるのだと、現地調整所の幹部たちは悟った。

終わりのない戦い――それこそもっとも手強《てごわ》い敵であることを、統合任務部隊司令部の幕僚たちも感じ始めていた。

だが、東京電力は、ベント開始予報を現地調整所になぜ伝えないのか、統合任務部隊司令部では、さすがに怒りが漂っていた。

しかも、現地調整所によれば、東京消防庁ハイパーレスキュー隊と交替した、大阪消防局の部隊がすでに、第1原発の正門に辿《たど》り着いているという。

ベントを検討していたのは、東京の対策統合本部だった。だが、大阪消防局の存在は、免震重要棟に情報は入っているはずである。ゆえに、対策統合本部を止めることこそが免震重要棟の役目であるはずなのだ。

――東京電力はむちゃくちゃだ！

統合任務部隊の幕僚は、すぐに現地調整所を呼び出し、免震重要棟に事態を伝えるように命じた。

二十日の夕刻、Jヴィレッジの下の道路に、再び、二台の化学防護車に挟まれた消防車十一台が勢揃《せいぞろ》いした。その日、二度目の出撃をするためだった。

スケジュールが大幅に遅れていた。午前の一回目の放水冷却作戦で浴びた放射性物質を除染するのに時間がかかったからだった。

作戦開始当初、除染はスムーズに行われていた。だが、出撃が重なるにつれ、放射線の塵《ちり》が積もり、簡単には、ガイガー検査で合格しなくなってしまったのである。

一回目の出撃から約十時間後、午後六時二十二分。

放水冷却作戦部隊は、その日、二度目の出撃を行った。同じく消防車十一台で、約八十一トンの水を燃料プールへ目掛けて発射した。

自衛隊・放水冷却作戦部隊は、翌二十一日午前六時三十七分にも、消防車十三台を投入し、約九十一トンの放水を敢行した。

その後、放水冷却のニーズは終了した。民間会社から、コンクリートポンプ車が到着。よりピンポイントで燃料プールに放水することが可能となったからだ。

また、第1原発では、外部電源の復旧工事が進んだ。1号機から4号機までの原子炉建屋に、外部電源が受電。それぞれの中央制御室に照明が戻った。

それから約一カ月後、自衛隊・放水冷却作戦部隊の「編成改組《かいそ》式」と呼ばれる、任務終了の儀式が、常磐自動車道の四倉パーキングエリアで行われた。航空基地消防隊もまたすべて引き上げたのだった。

現地調整所も縮小することとなった。

ある幹部幕僚は、整理していた書類の中で、一枚の紙を手に取った。

〈美し浜を守る作戦〉

そう書かれていた。

幹部幕僚は思い出した。

CRF司令部がここへ前進してくる直前、CRFのある幹部が、福島第1原発に対処する活動に、この〝作戦名〟を名付けたことを。

だが、幹部幕僚のみならず、原発対処部隊のどの隊員も、この言葉を口にしたこともなかったし、頭にもなかったはずだ、と思った。

いや、それより、最前線の部隊は拒絶したのだ。誰もが、この作戦名を口にすることを良しとはしなかったのである。

それには明白な理由があったと幹部幕僚は思った。

自分たちが行っているのは、決死の作戦である。そんな柔《やわ》な作戦名はふさわしくない——原発の最前線に突っ込んだ男たちの強い思いがあったはずだ、と幹部幕僚は確信した。

中特防隊員は大宮の本部へ帰隊できなかった。また、現地調整所も畳まれることもなく、幹部幕僚の数名が居残った。

また、もう一つ、大きな部隊が、撤収せず、第１原発の南、五十四キロの地点にある小名浜で待機を続けたことは伏せられた。ＣＲＦ指揮下にある中央即応連隊、約二百名の部隊は、密《ひそ》かに温存されたのである。

ＣＲＦ隷下《れいか》部隊が残っている理由について、広報されたのは、モニタリングポストの管理、また除染活動がまだ残っていること。さらに、不測事態への対処がある──それだけだった。

避難指示の圏内にはまだ、政府の避難指示にもかかわらず、数百名の住民が残っていた。それら住民への除染が必要な場合があったからだ。

しかし、もう一つの〝不測事態〟については詳しく説明されることはなかった。余りにもあっさりと広報されたに過ぎなかった。

陸幕指揮所に詰めていたある幹部幕僚によれば、それは、陸上自衛隊でよく使われる〝不測事態〟という言葉で表現されはしなかった。

〈最悪事態対処〉もしくは〈最悪ケース対処〉とだけ呼ばれた。

その言葉を知るのは、自衛隊でもごく限られた者だけだった。

統幕長の折木、陸幕長の火箱、ＣＲＦ司令官の宮島の三人の最高幹部と、中特防、中央即応連隊と第1ヘリコプター団の幹部数名だけだった。

〈最悪事態対処〉の計画は、第1原発のいずれかの原子炉が爆発した場合を想定したものだった。

大量の被曝者が発生した際の緊急搬送と除染――それがCRF隷下部隊の残留の最大の理由だった。

中特防隊員たちも、決死の覚悟をもち、第1原発近くで居残った。

中央即応連隊、中特防、また第1ヘリコプター団を待ち受けていた任務は、最後の砦《とりで》である原子炉が爆発した時、東京電力や協力企業社員の、決死の緊急救出作戦を行うことだ。いかなる高濃度の放射線があろうが、原発に突っ込む。そして、東京電力や協力企業の社員たちを救出、搬送を行うことである。

さらに、陸幕長の火箱は、霞目飛行場に、一機のCH－47を待機させ、二十四時間出動可能な状態とすることを第1ヘリコプター団長に命じた。

そのCH－47の機内は大幅に改造された。床と壁にビニールシートを敷き詰め、左側には十五名分の軽傷の被曝者用の座席、右側には、重傷被曝者のための三段×三台の担架を、上からぶら下げたのである。

原子炉が吹っ飛んだ場合、その〝特攻CH－47〟は、いかに放射線レベルが高かろうが、一時間で霞目飛行場から第1原発の原子炉建屋の近くに着陸する。

同じく中特防隊員たちは、装甲車の前部を改造し、ショベルを増設。原子炉爆発で、逃げ遅れた東京電力や協力企業の社員たちをそのショベルで次々と拾い上げ、決死の着陸を試みたＣＨ－47へと運び、機内に緊急収容させる――それが〈最悪事態対処〉の作戦概要だった。

そして、除染にしても、第1原発周辺に、八カ所の除染所が残存した。そこには、中特防はもちろん、全国の師団からも交替で、化学科部隊がローテーションで張り付いた。居残っている住民の緊急避難誘導と除染を行うためだ。

彼らは、自らのことを、ロシアンルーレット、と呼んだ。

自分のローテーションのときに、原子炉爆発が起きれば、恐らく、命の危険と向き合うことになるだろうことを覚悟したからだ。

その覚悟を与えたのは、ＣＲＦ司令官・宮島の決断だった。

八カ所の中で、たったひとつ、避難指示が出ている圏内に位置する除染所がある。

その除染所には、宮島から、苛烈《かれつ》な命令が下された。

「三十キロ圏内にある除染所の化学科部隊が撤退するのは、圏内のすべての住民が避難を行ってからだ。それまでは絶対に引かない。何があろうが絶対に撤退してはならない。それが、自衛隊の意志であり、誇りなのだ」

中特防や中央即応連隊が極秘に待機する中、火箱の思いはさらに壮絶だった。〈最悪事態〉よりさらに最悪事態となったとき――火箱の思いはそこへ導かれていた。すべての原子炉建屋の暴走を止められなくなったとき、火箱は最後の切り札を用意していた。

火箱の思いは誰にも気づかれなかった。密かな目的が込められていることを知る者は火箱と数名の幕僚だけだった。

火箱は、第1空挺《くうてい》団を徐々に福島第1原発へと近づけていた。

震災発生時こそ、警備隊区（管轄《かんかつ》）の千葉県の被災地での災害派遣活動をさせていたが、福島第1原発のクライシスが高まると、そこから引きはがして、福島県内に展開させた。そして徐々に、福島第1原発の近くに配置したのだった。〈最悪事態〉ならば投入するのは、最精鋭の第1空挺団しかない、と確信していたからだ。

しかし余り近づけすぎると、被曝線量が積み重なり、現場へ出せなくなる――そんなジレンマを感じながらも、火箱の脳裏には、Y先任陸曹を始めとする第1空挺団を、まずホウ酸投下作戦に投入する計画があった。

だが、もう一つの作戦が火箱の胸の内にあった。

官邸が、密かに、福島第1原発の全体を「石棺《せっかん》」とするプランを覚悟していることを火箱は薄々知っていた。チェルノブイリと同じことをするのだ。

ゆえに、それに対処するための作戦を命じられた時のことを、火箱を始め、統幕長とCRF司令官の間だけで覚悟していた。官邸は、自衛隊に対し、何も伝えてきたわけではない。そこはグレーゾーンとなっていた。

しかし、三人の最高幹部たちは、コンクリートポンプ車で乗り込み、セメントで原子炉建屋を覆《おお》い尽くし「石棺」とする作業が自衛隊に命じられる可能性がある、と確信していたのである。

福島第1原発近くの除染ポスト（臨時の除染所）から引き上げる途中、中央特殊武器防護隊のある陸曹は、私物の携帯電話でメールを書いた。

小学校六年生の娘へのメールだった。彼は娘にはほとんど何も話さずに、中特防本部がある大宮を離れ、そのまま十数日ずっと福島第1原発の近くで任務に就いていた。メールで、直接、娘へ連絡するのは、それが初めてだった。

そもそも福島第1原発近くでは、中継地の電源が失われ、携帯電話が使えない日々が続いていた。それがやっと、自衛隊の部隊が、中継地の発電機に軽油を供給することで架電が可能となったのである。

陸曹は、娘の顔を思い出しながらキーボタンの操作を繰り返した。

〈卒業式に出られなくてごめんね。中学の入学式には、ちゃんと出るからね〉

それは、中特防隊員の父親が、娘についた初めての嘘《うそ》だった。

第二章

救命への道路を啓《ひら》け！
ガレキを排除し橋を守った、男と女

黄色い虎《とら》が舞った。

誰もの気分を鼓舞《こぶ》する、軽快な踊りだった。

約八百年前から続く、岩手県釜石《かまいし》市の郷土芸能である。

市民なら誰でも知っている「虎舞《とらまい》」だ。

八百三十年ほど前の鎌倉時代のことである。陸奥《むつ》の国《くに》の領主が、配下の武士たちを鼓舞するために戦いの前の宴席で、虎の縫いぐるみを着せて踊らせた、それが由来だと伝えられている。

現在は、釜石市内にある尾崎神社の御祭神《ごさいじん》として奉《まつ》られ、毎年十月の「釜石まつり」で奉納されている。虎舞の伝統も若い男たちに受け継がれていた。

今日も、また、この喜ばしい日に、近くの両石《りょういし》集落の若者たちが演じたのだ。

続けて行われたテープカットでハサミを入れた、東北地方整備局長、徳山日出男《とくやまひでお》は感慨深かった。

釜石市内の両石地区と鵜住居《うのすまい》地区を貫く、四・六キロの新しい高速道路が今日、開通する。国土交通省が建設を進めている三陸縦貫《じゅうかん》自動車道は壮大な計画だが、この日でそのうち五割が完成したのだ。

まったく喜ばしい日だった。

局長に着任してまだ一カ月余りの徳山にとっても、初めての晴れ舞台だったのである。

地元の人々にとってこそ、喜ばしいことひとしおである。この道路の完成で、大災害時には素早い救援も可能となり、地域の安全性は格段に向上したのだ。

式典が終わると、徳山は官用車に戻って山を下り、「鵜住居」の集落に入った。

ＪＲ山田線の鵜住居駅から、道を一本隔てたところにある「地区防災センター」。

その二階のホールで行われる祝賀会に徳山は出席した。

ホールに足を踏み入れると、まだ新しい塗料の香りがした。地区防災センターは、釜石市指定の避難所として昨年、二〇一〇年に新築されたばかりだった。

徳山は、思ってもみない、地元、鵜住居の住民たちからの大歓待を受けることとなった。

お年寄りから小さな子供まで、住民たちは親しげに、「局長さん」と言って集まり、こぞって手作りの料理を並べてくれたのである。特に奥さん達は、入れ代わり立ち代わり、自慢の料理の説明にやって来る。舞台では、老人会や子供たちによる歌や踊りがいつまでも続いた。

仙台市青葉区に本局を置く東北地方整備局は、国土交通省の出先機関といえども、東北全域の国道、港湾、河川をすべて管轄《かんかつ》する巨大組織だ。

その指揮下にある「国道事務所」と「国道維持《いじ》出張所」は、東北全域に展開しており、東北の人々の生活の身近にある。

だからであろう。その〝親玉〟である東北地方整備局の名前がよく知られていることに、徳山はあらためて驚いた。

祝賀会も終わると、残った料理をどっさり持たされた徳山は、住民たちの見送りを受けて迎えの車に乗った。

車は、まだ暖かさはないにしろ、さわやかに感じる風を切って、鵜住居地区の真ん中を走る「国道45号」を南下した。

「国道45号」は、仙台から青森までを太平洋沿岸部に沿って貫く、東北では余りにも有名な大動脈である。

「国道45号」をひたすら進む官用車が、曲がりくねった山間部に入り、ＪＲ両石駅の単線高架が見えてきた、その直後のことだった。

右の窓に、ふと、徳山の目にとまるものがあった。

道路から十メートルほど奥に、三基の記念碑《ひ》らしきものがあった。

リアウインドウを振り返って尋ねる徳山に、案内役の三陸国道事務所長、齊藤廣見《さいとうひろみ》が言った。

「確か、百十五年ほど前のことでしょうか。明治の頃の話です。三陸沖で大地震があり、この辺りを大津波が襲いましてね。村人が八百人も亡《な》くなったとか。ですから、あれは、ここまで津波が来たという警告を後世へ伝えるための碑《いしぶみ》だと伝わってます。え〜と、名前は……。そう、確か、両石津波記念碑《りょういしつなみきねんひ》だったかと――」

昔の惨事を知らなかった徳山も、宮城沖の大地震と、それに伴う大津波が、今後三十年のうちに九十九パーセントの確率で発生すると警鐘が鳴らされていることは理解していた。

だからこそ、今日開通した道路は、通常より予算を増額して困難な工事を続けてまで、敢《あ》えて山側に造ったのだ。

東北地方整備局に戻ってから、徳山は、ふと、記念碑のことが妙に気になって、釜石市役所のホームページを覗《のぞ》いた。

リンクの先に両石津波記念碑を解説するページがあった。

三基の石碑《せきひ》はそれぞれ、はるか昔に起きた三度の大津波の記念碑だという。

一番左側の碑は、昭和八年の大津波の記念碑だった。そこには、当時の県知事の筆により刻まれている言葉があった。

〈大地震の後には津波が来る〉

しかも、その碑が置かれている場所は、二度にわたる両石大津波の到達地点だったとしていた。

ホームページの解説文は、こう結んでいる。

〈津浪《つなみ》の恐ろしい体験を教訓とし、後世に語り継ぎ生かすものとして未来に残さなくてはならない資料である〉

ふと思いつきで、徳山は現代地図を取り出した。

記念碑の位置を確認した徳山は戦慄《せんりつ》を覚えた。

両石漁港から、一キロ近くも内陸に位置する、両石町の国道45号沿いに、その両石津波記念碑はある。

漁港からその碑までには集落が広がり、全体では約七百人が住んでいるのだ。

かつてここまで津波が来たことを知りながら住んでいるのだろうか――。

徳山は腹にぐっと力が入るような気分になった。

東北地方整備局長に着任して、まだ二カ月も経《た》っていない。これからやることは山ほどある。

その一つは、津波の到達が予想される区域と知りながら住んでいる彼らを守ることだ――。

そのとき、徳山の脳裏に、鵜住居で歓待してくれた、人なつっこい子供たちの笑顔が幾つも浮かんだ。

三月五日。土曜日。

東日本大震災発生の、六日前のことである。

東北地方整備局の本局ビルは、仙台市の中心街にある。炭火焼きの牛タン屋が軒を並べる、仙台随一の飲食街、国分町《こくぶんちょう》からは歩いても十分の距離だ。

防災課長の熊谷順子《くまがいじゅんこ》は、その日、その時、東北地方整備局二階の、自分のデスクの前に座っていた。

! へ 前

約二十二年前、事務系から技術系に敢えて志願した熊谷。かつて、最前線の国道事務所で、副所長に抜擢《ばってき》されたのは、土木や建築に関する高度な専門知識を買われただけではなかった。

災害などの緊急事態を始め、何事にも動じない強い精神力が高い評価を受けた。だから、本局では初となる女性課長に抜擢されたのだった。

三月十一日。午後二時四十六分。

突然、オフィスに、甲高い声のアナウンスが鳴り響いた。

〈緊急地震速報です。強い揺れに警戒してください。緊急地震速報です。強い揺れに

――〉

熊谷は咄嗟に立ち上がった。

最初は、少し強い横揺れかな、という印象しかなかった。ただ長い横揺れだった。

そして、突然だった。

激しい横揺れがオフィスを襲った。

猛烈な横揺れだった。

熊谷の目の前で、資料が詰まった書棚やロッカーが床に次々と倒れてゆく。想像を超えた激しい揺れだった。

自分がおもちゃ箱の中で激しく揺さぶられているような錯覚に陥った。何かに摑《つか》まらなければ立っていられないほどの激震となった。

突然、電灯が消えた。

停電だ！

だが、すぐに再び灯った。非常用の自家発電が立ち上がったのだ。

その重大な意味を熊谷はもちろん理解した。

短時間に停電になるほどの壮絶な地震――。

宮城沖の大地震の発生だ！

熊谷は咄嗟にそう思った。

防災のプロである熊谷が、宮城沖地震の脅威を知らないはずもなかった。備えるための啓蒙《けいもう》活動も行ったことがある。三十年以内に発生する可能性が九十九パーセントある、宮城沖の大地震――。

熊谷に迷いはなかった。それが今、ついに起こったのだ！

「災害対策室《サイタイシツ》へ行って！」

熊谷が部下の男性職員に言った。だが、まだ揺れは収まっていない。それでも熊谷は大声で指示を繰り返した。

俳優の坂口良子似のイメージとはアンバランスな怒声だった。

災害対策室(災対室《さいたいしつ》)の前には、すでに、局長の徳山日出男も駆け込んでいた。

だが、災対室の入り口は普段、カギがかかっている。それを預かるのは、熊谷が指揮する防災課だった。

一緒に走ってきた熊谷の部下がカギを持って来ていた。ドアが開くと、熊谷が真っ先に飛び込んだ。

まず、入ってすぐにある照明パネルへ飛びつき、乱暴にスイッチを叩《たた》いて部屋を明るくしたあと、広大な空間の奥へと走った。

情報通信班のデスクへと駆け込んだ熊谷は、急いでパソコンを操作した。

部屋の正面に設置されている、情報表示用の巨大なDLPディスプレイの種類が〈宮城県沖地震〉モードとなった。

東北地方整備局では、あらゆる災害を予測し、その発生場所に応じて、どの国道に設置されたカメラが撮影中の映像をDLPディスプレイに表示するのか、いかなるテレビ局の放映中の映像を流すのか、それらがあらかじめ、プログラムされていたのである。

ディスプレイ中央の、五十インチの巨大なDLPディスプレイは、そのまま一面として巨大な映像を表示できるほか、八面に分割して、様々な映像をマルチに見ることができる。

そのときは、まず、NHKの臨時ニュースが全面に流れ始めた。

DLPディスプレイの左右にはめ込まれた、四十八面の二十インチのディスプレイでは、宮城県の民間テレビ局のチャンネルと、東北一帯に設置している約千八百カ所もの国道のライブカメラからプログラムが選んだ映像が一斉に映った。

それから三日間、熊谷は、これまで経験したことのない激務の真《ま》っ直中《ただなか》に放り込まれた。

睡眠も忘れ、何を食べたかも憶《おぼ》えていない。

自分はいかなる任務を果たしたのか、それさえはっきりと思い出せない。

三日間が一日に感じた――その記憶だけがあった。

膨大な数のディスプレイを正面から見つめる局長席に座った徳山は、まず、自分を落ち着かせることから始めた。

東北地方整備局は、国土交通省の外局である。しかし、その管轄下にある、職員、装備品、そして数千億に及ぶ驚異的な予算の指揮権と執行権は実質上、すべて東北地方整備局長にあるのだ。

約三千名もの職員の総司令官である局長として、何が最優先なのか、何を指示すべきか、それを冷静に考えるため、徳山は、白紙の紙にペンを走らせ、必要な項目を書き出した。

途中、ＮＨＫのアナウンサーの声が聞こえた。

〈午後二時四十六分頃、東北地方で発生した強い地震の各地の震度をお伝えします。震度七が宮城県北部――〉

徳山は、急いで顔を上げた。

――震度が七だって⁉

ＮＨＫの総合チャンネル。画面には、東京の西新宿の高層ビル群が映っている。

アナウンサーはずっとしゃべりっぱなしだった。

〈――震度六強が宮城県中部、福島県中通り、福島県浜通り――〉

画面は、仙台駅に変わった。徳山が、身を乗り出そうとしたときだった。

突然、画面は、日本列島の地図になった。不調和音の警報音だけが続いた。押し殺すようなアナウンサーの声が聞こえた。

〈大津波警報が出ているのは、宮城県、岩手県、福島県――〉

そして――東北地方の太平洋側はすべて、〈大津波警報〉とする、赤と白のラインが忙しく点滅していた。

徳山はあらためて確信する。

大地震だ！

それも途轍《とてつ》もない広範囲に――。

災害対策室に続々と幹部や職員が集まり始める中、徳山の脳裏には、十六年前の光景が蘇《よみがえ》った。

阪神淡路大震災が発生したとき、徳山は、国土交通省（当時は建設省）の道路局で、若き官僚として道路課の課長補佐を務めていた。

徳山が思い出したのは、あのとき、ヘリコプターから現地を撮《うつ》したライブ映像が、道路課に設置されたディスプレイに初めて映し出された時のことだ。

徳山は自分の目を疑った。

阪神高速道路が横倒しになっている――。

徳山は驚愕《きょうがく》したまま呟《つぶや》いた。

――まさか……あり得ない……。

だから、今回も恐らく、多くの家屋が倒壊し、国道などインフラ被害が膨大に出ているはずだ。いったいどれだけのことをこれからしなければならないのか――頭がいっぱいとなった。

しかし徳山は思った。自分には経験がある――。

頼もしいのは、道路部長に川瀧弘之《かわたきひろゆき》がいてくれることだった。阪神淡路大震災のそのとき、自分の部下として道路局で一緒になって立ち向かった〝戦友〟だった。

この「運命」にも徳山は意を強くした。

ところが災対室を見渡した徳山は焦《あせ》った。職員たちは混乱を極めている――。

徳山はマイクを握った。

「ちょっと聞いてくれ！」

まずそう言い放った。全員が黙り込み、徳山へ一斉に視線を向けた。

「恐らく、経験したことがないような地震がきた。今こそ落ちついて、各自の役割を果たして欲しい！」

職員の多くが静かに頷《うなず》いた。落ち着きを取り戻せた。

席に戻った徳山は、自分で白紙の紙に書き出した箇条書きに目を落とした。そして決断すると、周りに座る各担当部局の責任者に〝大震災モード〟の指示を幾つも繰り出した。

まず指示したことは、東北全域に展開する前線部隊、四十二カ所の事務所と百カ所の出張所の職員の安否確認だった。

そして同時に、通信が生きているか、それを手分けして調べさせた。

徳山を始めとする東北地方整備局の幹部たちは、とにかく道路の状態を知りたかった。

なぜなら大地震発生直後、その急性期では、最優先とするのは人命救助である。東京など首都圏からはヘリコプターも各機関から飛ぶだろうが、陸路からの進出も絶対に欠かせない。そのためには、被災地へ繋《つな》がる道路が極めて重要であることを、幹部たちは知り抜いていたからだ。

「局長、ヘリを上げます！」

その声で振り向くと熊谷が立っていた。

「無人で上げます！」

熊谷が語気強く言った。

「無人で？」

徳山が訝《いぶか》った。

「乗員だけで、緊急に上げます！」

熊谷の威勢に、徳山は思わず頷いた。

東北地方整備局は、仙台空港に専用ヘリコプター〈みちのく号〉を保有していた。運航とその乗員は民間航空会社に任せているが、いざ災害となると、東北地方整備局の職員を同乗させることとなっている。

だが、熊谷は、その時間がもったいない、と主張したのだ。

徳山は、彼女の機転の早さに感動した。

彼女の機転がどれだけ重要であったか、しばらくして徳山は思い知らされることとなる。

熊谷から指示を受けた〈みちのく号〉のパイロットたちは困惑していた。地震で格納庫が被害を受け、ヘリコプターを出すためのシャッターが開かないのだ。

職員は、事務所に戻り、ハシゴと大きなカッターを持ってきた。ハシゴで天井まで

東北地方整備局の災害対策室。大震災当日、３月11日夜
(東北地方整備局提供)

登り、裂け目に引っかかっていた太いワイヤーを切断。やっとヘリコプターをエプロンへと誘導できた。

それでも、〈みちのく号〉の離陸は、午後三時二十三分。地震発生からたった三十七分後というすばやさだった。

広大な仙台空港を飛び立った〈みちのく号〉は、まず、仙台市内に向かった。マンションでの火災を報告したあと、太平洋沿岸部を南下した。震度七は宮城県北部だったが、そこは激しい雪で、ヘリコプターの進入は不可能だったのだ。

離陸から十分後、パイロットたちは、信じがたい光景を目にすることとなった。

仙台の南、名取《なとり》市の海岸線に出たときのことだった。

「ああ……すごい……ひどい……」

副操縦士のうめき声にも似た言葉が、災対室に響き渡った。騒がしい災対室が静かになった。誰もが、ディスプレイを見つめた。

災対室のDLPディスプレイには、ヘリコプターの防振カメラが撮影したライブ映像を映し出せる。

だが、画像は極めて悪く、ほとんど見られない状態だった。後から判明したのだが、仙台市の中心部に位置する青葉山の中継アンテナが地震で壊れてしまったのだ。

パイロットの悲痛な声は、名取川の河口を見下ろした時のものだった。河口周辺が広大に水没していることをパイロットは知った。海と陸の境さえ分からない。パイロットは手短に状況を東北地方整備局へと報告した。

海と見えたところは、実は、海ではなかった。いたるところで民家の屋根が覗《のぞ》いている。つまり、集落全体が水没し、押し流されてしまっている。大津波が襲ったのだ。

パイロットたちの目に、さらに、衝撃的な光景が飛び込んだ。

大津波はまさに今、街全体を襲っている真っ最中であることを知ったのだ。

津波の先端は、アメーバーが獲物を食《の》らうように、次々と、民家や畑のビニールハウス、またトラックや乗用車を呑み込みながら、三キロ先の仙台東部道路へと突き進んでいる。

農道を逃げ惑う車や住民たちの姿が目に入った。パイロットたちは言葉を失った。

ヘリコプターは東へ旋回した。海の状態を見るためだった。

その直後、パイロットたちは、声を失った。災対室への報告も忘れた。

遥《はる》か沖を見たときのことだ。

巨大な津波の白い山が、次々と大地へと襲いかかろうとしているのだ。それが、幾重にも、幾重にも、果てしなく――。

パイロットたちは、ハッとして、あることに気づいた。災対室に強引に言った。

〈南へ向かいます〉

目指したのは、自分たちが離陸してきたばかりの場所だった。

約十分後、副操縦士の声が聞こえた。

その声は震えていた。

〈仙台空港……完全に……全域……冠水《かんすい》状態！　使用不可です！〉

空港の滑走路はすべて津波に被《おお》われ、空港ビルや、さっきまで駐機していた格納庫も〝海の中〟にあった。膨大なガレキとともに数機の航空機が流されてゆく。空港ビルの屋上に何人もの人たちが避難していた。

パイロットはゾッとした。もし、あの格納庫から出るのが、少しでも遅れれば、自分たちはここにはいない――。

音声だけしか入らない災対室で、熊谷は絶句した。

「あり得ない……」

やっと口から洩《も》れたのはその呟きだけだった。

仙台空港が津波の被害に遭うなどまったく想定していなかったからだ。

災対室を埋め尽くす職員たち。ほとんどが電話にかかりっきりとなり騒然としたままだった。

国道事務所や国道維持出張所からの情報が、災対室に断片的ながらも入り始めた。その度に、大声での報告が徳山の元に届く。

「道路関係、計十二事務所、マイクロ回線オッケー！　直ちに道路パトロール開始中！」

「太平洋側の事務所、青森、岩手、三陸、仙台、福島、郡山、磐城《いわき》、以上は、非常体制移行！　秋田、湯沢、能代、山形、酒田は警戒体制移行中！」

午後三時二十五分、地震発生から約四十分後、最初の被害情報が飛び込んだ。

三陸道《さんりくどう》の被害が大きく、全面通行止めとした、と報告されたのである。

災対室に緊張が走った。三陸道は、太平洋沿岸部の大きな都市間を南北に貫く大動脈だからだ。

徳山の隣で情報収集に追われていた、道路調査官の林崎吉克《はやしざきよしかつ》は、直ちに、小型衛星通信装置《ケーユーサット》を現地に設置する手配を行った。携帯電話がまったく通じないからだ。徳山が軍隊の指揮官とすれば、林崎は、最先任陸曹である。数十年のキャリアが素早い対応で、現場の総指揮を開始していた。

時間が経過するごとに、橋や路面の段差などの被災情報が災対室に続々と入ってきた。

だが、徳山は、喧噪渦巻《けんそううずま》く災対室の中で、一人、無気味な感覚に襲われていた。

得体の知れない恐怖感が体の奥底から立ち上がってくることに気づいたからだ。

さっきから、内陸部にある事務所や出張所だけからしか報告が届かないのである。

一方、三陸の湾岸エリアにある事務所からは、報告はない。それどころか、通信さえできない、との報告が続いていた。

おかしい、と徳山は思った。

固定電話や携帯電話は東北地域ですべて不通となっていた。それは理解できる。

しかし、国道事務所や出張所とは、災害では強さを発揮するマイクロ波無線によって連絡が取れるシステムとなっているはずだった。日本政府の関係機関の中で、国道事務所と本局とを結ぶ通信システムは、どこにも負けない最高のものだと、国土交通省の〝防災チーム〟の誰もが自負しているシロモノだ。

なのに、それが不通だというのはいったい……。

それから間もなくして、釜石の港湾事務所とはやっと連絡が取れた。

しかし、その報告に、徳山は言葉を失った。

「ここの事務所は、津波で二階まで浸水しました！」

さらに、気仙沼《けせんぬま》の国道維持出張所から緊迫した報告が入った。

「車庫が水没！」

だが、その報告を最後に、まったく連絡が取れなくなってしまったのだ。

次々と飛び込んでくる被害の報告を聞きながら、徳山は、身震いする思いに襲われた。

もしかすると、我々にはまだ分からない、壮絶な災害に襲われた地域があるんじゃないか。それも広大に——。

徳山は、ハッとしてそのことに気づいた。

〈みちのく号〉から次々と入ってくる報告——。

いたる所で集落が広範囲に水没していると、パイロットは緊張した声で報告を続けている。

しかも仙台空港まで——。

頭を切り替えるべきかもしれない——。

徳山は咄嗟《とっさ》に思った。今回の震災被害は、多くの家屋が押しつぶされるという、阪神淡路大震災や新潟県中越地震のような〝従来型〟の震災被害とは違う気がする。もしかすると、大津波が湾岸エリアの全域を襲い、大きな被害をもたらしたんじゃないか――。

　誰かに聞かれたら、勘だ、としか言えない、と徳山は思った。しかし、その一方で、その勘は、確信へと向かった。

　もし、自分の勘が当たっているとすれば、大津波被害で救助を待つ住民が湾岸エリアの街に膨大にいるはずだ！

　ならば、真っ先にすべきは、それら住民を助けるために、救助・救援チームがそこまで入るための道路、それを確保することだ！

　徳山は、災対室で走り回る熊谷を見つめた。

　彼女が、ヘリの離陸を素早く進言してくれなかったら、我々は完全に目を奪われた状態で丸一日、事態を把握できず、方針も立てられずにいた。従来型の震災被害ばかりを想定し、最大の被災地へ目を向けられないでいたかもしれなかったのだ。

　道路調査官の林崎も同じ思いに襲われていた。

三陸海岸沿いは、大津波警報が出て、事務所や出張所の職員はパトロールも待機状態であるとの報告が続々と届いていた。

災対室のディスプレイに流れる大津波の報道を横目に見ながら、情報収集活動を継続していた林崎は、思わず、そのアナウンサーの言葉に、ディスプレイを慌《あわ》てて見上げた。

三陸海岸は壊滅的な被害を受け、市役所や役場そのものが流失したところもあり――。

絶句した林崎は、その直後、陸前高田《りくぜんたかた》市と南三陸《みなみさんりく》町が壊滅的というアナウンサーの言葉を聞いてから、ある人々の姿が頭からしばらく離れなくなった。

かつて三陸道路の計画に携わったとき、お世話になった地元の人達の顔だった。

いたたまれなくなった林崎は、三陸国道事務所の所長と、仙台河川国道事務所の所長に自ら電話した。

しかし、二人とも詳細は不明、と繰り返すばかりである。しかも、首長（町長）さんの行方も分からない――と。

林崎は、自分の耳を疑った。

まさに未曾有《みぞう》の災害だ……しかし、こんな事が、現実にあっていいのか……。

その林崎の不安は、すぐに現実化した。

災対室に飛び込んだその報告は、徳山を含めた幹部たちを緊迫させた。

「『国道283号』、仙人峠《せんにんとうげ》道路の、甲子《かっし》跨線橋《こせんきょう》、落橋《らっきょう》！　通行不能！」

つまり岩手県花巻《はなまき》市と釜石市を結ぶ国道が一部で通れないことを意味していた。

その国道は、被害が大きいとみられた三陸太平洋沿岸部へ向かうための大動脈である。そこが通れないと、三陸エリアの人命救助は決定的に遅くなるのだ。

深刻な事態だった。それも極めて深刻な――。


休日にはきまって小学六年生の長男が所属する少年野球チームの手伝いに没頭する佐々木《ささき》一茂《かずしげ》は、震災が起きて一週間のうち家族にメールができたのは、たった一回だけだった。

〈この一週間、決壊した道路を復旧しています。電気と水道を復旧するため、みんな日々がんばっています！〉

大地震発生直後にまず佐々木が行ったことは、猛烈な揺れで事務所の棚から次々と落下するチューブファイルを拾い集めることだった。

釜石警察署からの電話がけたたましく鳴ったのは、その直後のことだった。それも、揺れがまだ収まりきらない二時五十分頃という早い時間だった――佐々木はそう記憶している。

「仙人峠道路、甲子跨線橋、落橋の情報！　なんとか対応、願いたい！」

東北地方整備局の釜石国道維持出張所で、建設監督官を務める佐々木は、自分が何をやるべきかを、瞬時に脳裏に浮かべた。

――道路利用者の二次災害を防止するための現地状況の把握、そして必要に応じた交通規制が急務だ！

技術係長を引きつれて車庫に飛び込んだ佐々木は、黄色のパトロールカーを発進させた。震災発生から約九分後、午後二時五十五分という早さだった。

パトロールカーが山側の道を駆け上ったときだった。

「後ろ、見てください！」

ハンドルを握る係長が声を上げた。

助手席からすぐに振り返った。

呆然《ぼうぜん》とし、声を失った。

釜石港へ流れ込む大きな津波。簡単に防波堤を乗り越え、湾内を満たし始めていた。

佐々木たちが出発して間もなくのことだった。

釜石から三陸地方の各都市へ繋《つな》がる「国道45号」に入ったパトロールカーが、釜石港の南側に位置する、白山《しろやま》にくりぬかれた嬉石《うれいし》トンネルを抜けたときだった。

突然、視界が開けた。

眼下に釜石港が見えた。

「エッ！」

佐々木はそう声を上げて、言葉を失った。

工事車両や資材が置いてある平場《ひらば》（平らな土地）が、完全に浸水していた。車両や資材がぷかぷか浮かんでいるのだ。

だが惨状はそれだけではなかった。

その先へ視線を送ったときだ。

佐々木は、事実を受け止めることができなかった。

そこには、釜石市街があるはずだった。

しかし、なにもなかった。

家屋がほとんどなかった。

そこは海だった。

佐々木は、動揺を抑えることに必死だった。

出張所を出発するときにリアウィンドウ越しに見えた津波――。そして今、目にした、津波に襲われる釜石の街――。

この大地震の被害は、大津波によるものなのだ。それも想像を絶する大津波の被害がほかにも――。

恐怖心を押し込めた佐々木の視線の先で、点灯していない信号が見えた。おそらく停電で電力が供給されなくなって機能していないのだ。

その先は大渋滞していた。最後尾でパトロールカーは停車した。

佐々木は緊迫した。そうか！　停電のエリアは相当な広範囲に及んでいるんだ。信号機の被害はここだけではない！

このままでは、大惨事を招きかねない。一刻の猶予《ゆうよ》もなく、復旧に取りかかる必要がある。

それも広範囲の被害に対応しなければならないはずだ。しかし、甲子跨線橋の落橋への対処がまず重要だ――。

決意した佐々木は、パトロールカーの赤色回転灯を点灯させ、サイレンを鳴らした。「国道45号」からそのまま乗り入れる「国道２８３号」の反対車線を急いで走行し、とにかく仙人峠道路へと急いだ。自分たちが行かなければ、仙人峠の状況把握が致命的に遅れてしまう――それしか頭になかった。

だがそこへ行く道路は山間を走る。大きな余震も続いていることから、山崩れが起きることも十分に考えられた。

危険な賭《か》けだった――そう思ったのは、それから数週間も後のことだった。

山道を巡り続けてしばらくしたとき、右手に甲子《かっし》川が目に入った。

だが、いつもの川ではなかった。

黒い濁流がゆっくりと上流へ逆流しているのである。無気味な光景だった。

ただ濁流は、道路の高さまでは上がっていなかった。

しかし、それが津波の第一波だとしばらくして気づくことになる。

パトロールカーは釜石駅を通過したあと、やっと「国道２８３号」の、本来の通行車線に戻り、赤色灯を回しサイレンを鳴らしたまま仙人峠道路を目指した。

しかし、そのとき、佐々木の脳裏に、悪夢が浮かんだ。

もしかして、この先で甲子跨線橋まであの濁流が溢《あふ》れたのなら、相当なエネルギーを受け止めたはずである。もしそのエネルギーが、橋の強度を上回ってしまったら——。

佐々木は胸が詰まった。もし落橋したとすれば、緊急車両が通るだけの応急的復旧にしても、一日ではできっこない。それどころか、工事の部隊が到達できるのかさえわからないのだ。そうなれば、これから東北地方の南北を貫く「国道4号」を駆け上がってくるはずの人命救助、捜索と被災者支援部隊が、あの壊滅的な被害を受けた釜石市へすぐに入れないことになる——。

——とにかく点検することだ！

約十分後、パトロールカーは、甲子跨線橋の起点《きてん》側（釜石市側）の入り口に、やっと到着した。

さらに進んだ先で、白い蛍光ベストをはおり、ＬＥＤライトが光る誘導灯を手にした数名の警察官が立ちふさがった。

「ここから先は行けません」

警察官が緊張した声で告げた。

「この先、橋が落下しているんですね」

助手席から佐々木が尋ねた。

ところが、警察官は、思ってもみなかったことを口にしたのである。

「しばらく先の橋の途中で、段差が生じ、今、通行止めをしているところです」

「その復旧のために来ました！」

佐々木が言い放った。

警察官は、ハッとした表情になり、急いで道を空けた。

橋の手前まで辿《たど》り着いた佐々木は、パトロールカーから飛び下りた。

佐々木は慎重に足を進めた。もし大きな余震が起きれば、橋ごと甲子川に落下する——。

——橋は落ちてはいない！

佐々木は歓喜した。

が、すぐに足を止めて息を呑《の》み込んだ。

甲子跨線橋の橋梁《きょうりょう》（橋そのもの）の、釜石市側の一番端にあたる「A1《エーワン》ポイント」、そこへ伸びる、橋取り付け道路の路面部分——。

警察官が言った通りそこに大きな段差を発見したのだ。

佐々木は、慎重に段差へ近づいた。

元々の路面の高さと比較し、段差がどこから発生しているのかを見つけるためだ。

それはすなわち、被害の酷《ひど》さを知るためであった。

段差の前でそっとしゃがみ込んだ佐々木は、「ウイング」（橋台《きょうだい》に連なる壁）が露出しているのをまず見つけた。

被害は、橋を支える根本にまで達していたのである。

佐々木は、その「ウイング」の内側の沈下跡（沈下している部分）にスケールを翳《かざ》し、その沈下度を計った。

――約四十センチ。

決して、〝軽傷〟とは言えない被害だった。

さらに、視線を先へ伸ばすと、いつも見慣れた風景の中で、幾つもの違和感を感じた。

橋を回り込んで、別の角度から佐々木は計測を行った。

悪い予感はあたった。

被害は、さらにあったのだ。

「ジョイント後打《あとう》ちコンクリート（橋の伸縮に対応するための継ぎ手部に打たれたコンクリート）と、AS《エーエス》舗装（アスファルト舗装）の間に、約十センチの隙間《すきま》が生じている」

連れてきた技術係長に記録を録《と》らせた。「さらに、橋の外側の路肩《ろかた》（橋の構造を守るために設けられている路面の端の部分）にも、空洞《くうどう》が発生――」

　今度は、「A1ポイント」へ戻って、さらにぐるっと回り込んだ佐々木は、橋の外側から覗《のぞ》き込んで、見つけたその空洞の状態を別角度から計測した。

「橋台（橋そのものを支える両端部分）の、あご（橋げたが載る部分）に載っている、踏《ふみ》掛版《かけばん》（橋台の部分に載っている橋げたに連なる部分）の下、約六十センチの空洞――」

　つまり、盛土《もりど》が沈下したことによって、車両の重さを支えるアスファルト路面が宙に浮いているのだ。

　しかも、甲子跨線橋を縦断する勾配《こうばい》（傾き）は、約四％もあった。相当な傾きである。やっかいな作業になりそうだ――。

　佐々木は、結論を出した。すなわち、この橋の路面状態では、まともな運転などできない。

　低速で通行したとしても事故が発生する危険性が高いのだ。とうてい人命救助部隊を乗せたトラックなど利用できる状態ではなかった。

　しかし、ここが通れない、という事態がいかに重大なことか、佐々木が知らないはずはなかった。

　この橋は、三陸太平洋沿岸部へ向かうための大動脈である。ここを通れないとなると、三陸エリアの人命救助は決定的に遅くなるのだ。深刻な事態だった。

さらに、佐々木はその先を考えた。路面のこの被害だけなら、復旧工事を行えば、恐らくそう日数はかからず通行が可能となるはずである。

だが、橋全体に被害があるなら話が違う。復旧まで相当な日数がかかってしまうのだ。

橋台の被害を確認するため、佐々木は橋台の周りの点検を急いで始めた。

だが、不吉な結果が出た。

「橋台のウイングを巻き込んでいる盛土が、約四十センチ、沈下している跡あり」

盛土そのものが全面的に沈下しているのだ。

橋の路面部分の歪《ゆが》みの原因はこれだった。

佐々木は、次に、支承《ししょう》（橋の上部と下部を繋ぐ部分）の周りに目を移した。

被害は橋台にもあった。

「まるで橋梁（橋の構造物）がそっくりそのまま起点側（釜石市側）へ移動したかのように、ゴム支承（ゴム製の支承）の形が、正常の長方形から、平行四辺形に変形している」

被害はそれだけではなかった。

「橋台背面（橋梁の外側）の、埋《う》め戻《もど》し盛土（構造物を安定させるために盛り固めた土）に、橋軸《きょうじく》（車が走行する方向）に対し、直角方向に、幅が約十五センチの亀裂《きれつ》がある――」

しかも、橋台周辺に設置されている集水桝《しゅうすいます》（路面上の水を排水するために集める桝）や、側溝《そっこう》の接続部にも隙間が発生していた。排水のシステムもガタガタなのだ。

ただ、幸運なこともあった。

A1周り（釜石市側の起点の橋台部分）と、A2《エーツー》周り（終点側の橋台部分）を点検したが、地震の被害はほとんどなかったのである。

だがそれでも、ここを車両が通るのは、余りにも危険であることは間違いなかった。

もちろん、復旧作業は行わなければならない。しかし、それが終わるまでの間、人命救助、捜索と被災者支援チームを通すための迂《う》回路《かいろ》を見つける必要があった。

地図を広げると、旧道と繋がっているところを発見した。

そこを通れば、ちょうどこの橋を迂回できる。

パトロールカーを飛ばし、佐々木は、旧道を進んでみた。

しかし、すぐに絶望的な気分に襲われた。

旧道の途中に、トンネルがあった。ただ、素掘のトンネルで幅員が狭く、自衛隊のトラックなど大型車の通行には、どう考えたって難所である。いくら緊急車両のみの通行といえども、これでは無理だ――。

　甲子跨線橋の点検をひと通り終えた佐々木は、釜石国道維持出張所に「国土交通省マイクロ回線電話《K-COS》」を使って報告を入れた。

「落橋は誤報！　しかし被害あり、通行不能！　迂回路も使えず！　よって、復旧作業を行う必要あり！」

　続けて、被災状況を詳しく報告した。

　後は、出張所から事務所へ報告が上がり、復旧工事の手配が大至急で進むはずである。

　佐々木には、自分にさらなる任務があることが分かっていた。

　パトロールカーに戻った佐々木は、仙人峠道路の全線に渡って、被災状況のパトロールを開始した。

　この震災による被害は間違いなく、想像を絶するものだ。ならば、被災した国道の把握こそ、一刻を争う事態なのだ。

　佐々木たちは山間を走り回った。道路台帳を片手に、路面のクラック（ひび割れ）や排水構造物のズレなどの被災状況を個別に記載しながら点検して廻った。

その間、パトロールカーの中で佐々木は想像していた。

今頃、設計コンサルタントと本局（東北地方整備局）が、甲子跨線橋への対応を検討し始めていることだろう。そして、そう時間もかからず、復旧工事が始まるはずである。

ところが午後四時四十四分。東北地方整備局の幹部から、思ってもみない指令が佐々木が持つK－COSに飛び込んだ。

「設計コンサルタントを呼んでいる時間はないんだ。だから、甲子跨線橋の復旧は、現場（釜石国道維持出張所）に頼みたい。とにかく緊急車両が通行可能となればいい。直ちに、応急復旧計画を検討し、本日中に報告願いたい！」

東北地方整備局の幹部は続けて、岩手河川国道事務所からの応援部隊と、岩手県遠《とお》野《の》市にある建設会社「テラ」が現場に向かっている、と付け加えた。

遠野市は、甲子跨線橋とは三十キロも離れている。そこから来てくれるというのだ。

テラの社長、三《み》浦貞一《うらていいち》が東日本大震災に遭遇したのは、会社近くで建設業協会遠野支部の役員会が終わった直後のことだった。屋根の瓦《かわら》が多数落下し、停電にもなったことから事態の深刻さをすぐに理解した。急いで携帯電話を取り出し、レンタル会社に片っ端から電話。発電機や照明器具の確保を図った。三浦の頭には、間もなく日没になることがよぎった。恐らく巨大地震が起こったのだ。徹夜の作業を覚悟しなければならない――。

本社に戻った三浦は、事務室に入って立ち尽くした。幾つもの書棚やパソコンは倒れ、書類は散乱し、床は足の踏み場もなかった。社員の土木作業員や技術者と連絡を取ろうとしたが、通話もメールも届かない。三浦は機転を利《き》かせた。過去の地震での教訓を思い出した。三浦は、携帯電話を握りっぱなしとなった。ショートメールを打ち続けた。メッセージは「公衆電話を使って連絡して欲しい」

午後四時過ぎ、「国道283号線」の仙人峠道路の途中、甲子跨線橋が崩落しているとのラジオニュースを耳にした。岩手河川国道事務所と協議した三浦は、すぐに技術系職員を甲子跨線橋へ急がせた。

現場へ急ぐ技術系職員たちは、全体の被害を確認するため甲子跨線橋を挟んで二手に分かれた。一班は遠野側、もう一班は反対の釜石側から、午後五時半過ぎには早くも到着した。ただちに巡回を開始したところ、東北地方整備局の佐々木の見立てのとおり、ほとんどの箇所で沈下による段差が酷かった。特に、佐々木の調査結果と同じく、甲子跨線橋の釜石側「Ａ１」は、橋台踏掛版が約五十センチも沈下し、車道の三分の二がひび割れていた。車両の通過は極めて危険と判断された。

徐々に情報が入り始めた午後八時過ぎ。三浦の元に、ある情報が入った。

「明日、十二日の早朝から、自衛隊を始めとする救命・救助の膨大な大型の緊急車両が、被災地に繋がる、『国道２８３号線』を始めとする国道に入って来る」

三浦は不思議なほど落ち着いていた。幾多の自然災害を経験してきた、その経験が心を落ち着かせた。

甲子跨線橋がこの状態だと、「国道２８３号線」を多くの大型車両がやってきても立ち往生してしまう。いわば〝命の道〟が詰まったままとなる。救命・救助に直接、影響が出る！

――必ず何とかする！　徹夜でもなんでもぶっ通しで、甲子跨線橋を通れるようにしなければならない！

三浦の元に届く要請は、時間とともに膨大なものとなってゆく。そのほとんどが被災地への〝命の道〟に対する「啓開《けいかい》」の要請だった。

三浦は、本社に残り、飛び込んでくる要請をこなしてゆく。

だが、自分は、ラグビーの監督と同じだったとのちに三浦は言う。ラグビーの試合では、監督はスタンドに陣取り、グラウンドに足を踏み入れることはできない。

三浦の代わりに、現場での指揮官を務めたのは、実弟で専務の菊池《きくち》道明《みちあき》だった。土木技術者でもある道明は、現場経験が豊富なプロ。部下たちからは、〝鬼軍曹〟として恐れられる存在でもあった。またその下に、工務係長で、土木技術スペシャリストである菊池《きくち》美富《よしとみ》がおり、この二人が連携して緊急対応に臨機応変に対応することができた。彼らは普段から、東北地方整備局や土木の作業員や技術者とコミュニケーションがとれていたのだ。

集結して出発しようとする、土木の作業員や技術者を集めた三浦は、初めてあらたまって声をかけた。

だが感動的な言葉は見つからない。

だからその言葉だけを思わず口にした。

「きーつけてな！　頼む！」

その時の土木の作業員や技術者たちの顔が三浦の脳裏に刻まれることとなった。

三浦とて、危険な場所へ行かせることに躊躇《ちゅうちょ》があった。

しかし、その感覚も、男たちの顔に表れた覚悟の表情の前では薄くなった。

緊張感をもって、オレたちがやるんだ、という強い意志を三浦は強く感じた。

いい顔をしていた――当時を思い出す度に、三浦はその記憶が鮮明に蘇ることとなる。

土木の作業員や技術者たちが出発する前、数十個の握り飯が用意された。三浦の妻を始めとする事務スタッフの女性たちが握ったものだった。

三浦もその一つを手にとって食らいついた。

美味《うま》かった。

妻が作った握り飯を口にしたのは、結婚してから初めてのことだった。

新たな指示を受けた佐々木たちが、甲子跨線橋に引き返したのは、午後七時のことだった。

岩手河川国道事務所の応援部隊とテラがすでに到着しており、早くも調査を行っていた。

それぞれへの挨拶《あいさつ》もそこそこに、佐々木は、早速、甲子跨線橋の段差解消の応急復旧方法について、テラの技術系職員と協議に入った。誰もが何をすべきか知っていた。

とにかく、被災地まで緊急車両を通すこと。そのために段差をなくすことである。

段差の原因は、橋台の背面の盛土の沈下が起きたことで、踏掛版の下に空洞ができたことである。つまり、何らかの形でその空洞を埋めることが解決策だった。

佐々木は、テラの技術系職員に解決策を尋ねた。

技術系職員にはすでにアイデアがあった。

「傾いている踏掛版を生かすのであれば、踏掛版下面に、エアモルタルなどの注入剤を充填《じゅうてん》する。表面の段差は合材を擦り付ければいい」

別の技術系職員が言った。

「いや、注入材の充填確認は困難だ。また、このような状況下では、材料及び機材の調達も難しい」

「確かに。合材プラントも停電となって、供給ができないだろう――」

結局、注入剤の充填と、合材の擦り付けは無理との判断となった。

テラの職員たちが結論を下した。

「とにかく時間との勝負だ。緊急車両を通すためだけのことを優先する。最大の問題は空洞部分だ。舗装と踏掛版を取り壊し、空洞部分を埋める。コンクリートミルクでは難しい。砕石《さいせき》（クラッシャーなどで細かく砕いた石）を充填し、その表面には瀝青材《れきせい》料（タールやアスファルトなど粘性のある材料）を散布すれば、暫定的《ざんていてき》に開放可能（車両などの通行を可能にすること）となるはずです！」

　テラに応急復旧の段取りを依頼した佐々木は、午後九時過ぎ、現場をひとまず離れた。応急復旧計画を、釜石国道維持出張所に報告する必要があったからだ。

　しかし、バッテリー切れでＫ－ＣＯＳは使えなかった。パトロールカーを走らすしかなかった。

　だが、パトロールカーは、出張所には辿りつけなかった。

想像もしていなかった事態に遭遇したのである。

　佐々木が乗ったパトロールカーが、ＪＲ釜石駅まで、あと一キロほどのところまで来たときのことである。

　パトロールカーが急停車した。

信じられない光景に愕然《がくぜん》とした。

駅前が完全に浸水していた。大量の車やガレキがその中で散乱していたのである。

車が通行できる状態ではなかった。

出張所と連絡を取ろうと携帯電話を握ったが不通だった。衛星通信Ｋ－ＣＯＳもやはり使えない。

連絡手段が一切なくなり、佐々木たちは途方にくれることとなってしまった。

しかも、市内全域が停電で真っ暗である。

かすかな望みが脳裏に浮かんだ。出張所に向かう途中に、岩手県の沿岸広域振興局がある。そこには、何らかの通信機能があるだろう。

駅前からUターンしたパトロールカーは、沿岸広域振興局に向けて引き返した。

沿岸広域振興局が入るビルにパトロールカーが着くと、佐々木は急いで飛び降りて中へ駆け込んだ。

オフィスはガランとし、人気もない。

物音がして振り返ると、一階ロビーの片隅で、数人の職員が情報収集に努めていた。

彼らも、どことも連絡がとれずにいた。電話やメールなどの通信手段はここでも寸断されていたのである。

佐々木は、腕時計を見つめた。

すでに日が変わっていた。

「車で行けるところまで行って、後は、徒歩で出張所に向かおう！」

佐々木は、ずっと行動を共にしている技術係長に言った。このままでは状況が何も変わらない、と判断したのだ。

しかし、沿岸広域振興局を出発して間もなく、パトロールカーは用をなさなくなった。浸水とガレキの山が至る所で進路を阻《はば》んだのである。

佐々木たちは、浸水していない場所を探し、ＪＲ釜石駅付近でパトロールカーを駐車した。

暗闇《くらやみ》の中、懐中電灯を片手に出張所の方向へ歩き出した。

歩みを進めるうち、佐々木は、妙な感覚に襲われていた。

停電していて、辺りは墨を塗ったように、微《かす》かにシルエットがわかるだけである。

ただそれでも、見慣れた光景があるはずだった。しかし、さっきからそれを感じないのだ。

まるで、初めて足を踏み入れる街だ――佐々木はそんな錯覚に陥った。

そのうち、佐々木は、愕然として立ち止まった。

建物がほとんどないのだ。いつもの景色がないのである。

だから、方向感覚が麻痺《まひ》した。出張所に向かっているのかさえ分からなくなった。

先は真っ暗で何も見えない。足下にはガレキが延々と続いている。それも積もり積もって、歩くのにも必死だった。

それでもなんとか、ここが、国道のど真ん中だ、と分かった。ところがその先では、何戸もの民家が丸ごと流され、道路を埋め尽くしていた。迂回先を、と考えたが暗くてわからない。

佐々木は決心した。

「前へ！　前へ行こう！」

流された民家をよじ登り、必死に前進を続けた。

ようやく出張所に着いたのは、午前二時三十分頃だった。

出張所員は、ほぼ全員が徹夜で作業を続けていた。

佐々木は、集まりつつあった被災状況を撮影した写真や、応急の復旧方法を所員と協議した。その結果を、甲子跨線橋《こせんきょう》の応急復旧を行っている、テラに伝える必要があった。

方針が決まったのに、逆に、佐々木は愕然とした。

通信手段が途絶え、テラに伝えられないのだ。

佐々木は自分がすべきことを悟った。直接、向かうしかないのだ。

佐々木が釜石出張所を出発したのは、午前五時過ぎ。駅近くに置いてきたパトロールカーまで、再び膨大な量のガレキを乗り越え、必死で向かった。

そのうち、空が白んできた。日の出の時間だった。
そして、一歩、角を曲がったときだった。
「ウワァ〜〜」
佐々木は思わず声を上げた。しばらくそこに立ち尽くした。
出張所を目指したときは暗くてわからなかった。明るくなって初めて、街を一望した。
津波で流されたであろう、膨大な数の民家、車、ガレキ——。
それらがすべて国道を埋め尽くしている。
しかも、ガソリンが混ざった悪臭が立ちこめていたのだ。
——まるで地獄の光景の一コマじゃないか。
佐々木はそう呟《つぶや》いた。

地震当夜から始まった、国土交通大臣、大畠章宏《おおはたあきひろ》とのテレビ会議で、東北地方整備局長として徳山は冒頭、訴えた。
「阪神淡路大震災とは違います。津波型大災害を想定すべきです」

大畠は、余計な口を挟まなかった。そして決断が早かった。

「すべて任す。国の代表と思ってあらゆることをやってくれ！」

政治家としてのパフォーマンスはなかった。緊急時における国務大臣の役割を大畠は知り抜いていた。大畠が特に強調したのは、「とにかく人命救助を優先して頂きたい！」という言葉だった。

それからも、大畠は、様々な課題を迷わず、その場で即決した。だから行政組織はフル回転した——多くの国交省の各部門の幹部たちが正直にそう感じた。

テレビ会議の直後、午後十一時三十三分、徳山は再びマイクを握った。

「みんな、聴いてくれ！」

徳山は災対室を見渡しながら続けた。

「無駄な動きは致命傷となる。内陸部の被害にいちいち対応すべきじゃない。重要な被災地を見誤る。目標は、太平洋沿岸部の都市だ。明日から、人命救助と救援のルートを確保するため、そこへ向かう道（国道）を、我々は、『啓開』によって開ける！　今から、その準備を徹夜で行って欲しい！　明日から勝負だ！」

さらに徳山は、夜明けから開始する仕事の、重要項目として三つのポイントを挙げた。

・太平洋沿岸部の大被害を想定し、ヘリで何を見るかポイントを絞る。
・救援ルートをどう開くか。どこから開くか。そして業者の手配を早く。
・判断できるレベルの職員を自治体に派遣する応援体制の確立。
災対室の職員の多くは、一瞬、戸惑った。

――道路の啓開？

教科書的には聞いたことがあった。しかし、実際に、業務で行ったことはなかったからだ。

これまで、災害時の東北地方整備局のマニュアルには、復旧の項目はあっても「啓開」の文字はなかった。

つまり、復旧工事をして元に戻すことはあっても、災害発生の急性期における救援ルートの〝啓《ひら》き方〟は書かれていなかったのである。

徳山が口にした「啓開」とは、とにかく、車両が通ることができる道路を確保することだった。

職員たちはすぐにその重要性に気づいたはずだ、と道路調査官の林崎は思った。

今、東北地方で起きていることは、未曾有《みぞう》の災害であることはもはや間違いない。

多くの場所で、今、この時間、生死の境を彷徨《さまよ》っている人たちがどれほどいるか、想像を絶するほどなのだ。

人命救助部隊や医療チームの主力は、南の東京方面から来るはずである。そのためには、太平洋沿岸部の被災地へ、大量の車両――それもトラックなど大型車が通行できるルートを自分たちが確保すること、しかもいかに早くできるかが問われている。医学的に救命の可能性が高いとされる生存限界期間は七十二時間以内である。つまり一刻を争う事態なのだ。

ゆえに、今までの災害対応モードはもはや当てはまらない――新しい任務をこなすために頭の切り替えが必要だ、と林崎は認識した。

徳山の言葉の後、幹部たちは、一斉に、すぐに動いた。

再びメモにペンを走らせる一方、徳山は、林崎を始めとするスタッフたちと顔をつきあわせて細かい協議を始めた。

「東北の湾岸エリアの都市へは、本来なら、宮城県仙台市から、この『国道45号』で辿《たど》り着ける。しかし、その『国道45号』は、ほとんどが沿岸部の都市を走っていることから、大津波で被害に遭っていると見るべきだ。だから『45号』は使えない――。ただ、東北縦貫道路（東北自動車道）さえ通ることができれば――。そこの状況どうです？」

徳山は、ふと、自分で口にした言葉が引っかかった。

——「国道45号」は使えない。

それが意味することの重大性を徳山は知らないはずもなかった。

脳裏に、六日前の光景が蘇《よみがえ》った。

三陸縦貫自動車道の開通式典。その後、鵜住居地区で行われた祝賀会。そして、「国道45号」を使っての帰り道、両石で見かけた津波の記念碑——。

津波は、記念碑まで到達したのだろうか？　もしそうであるのなら、その下に広がる集落は——。

「東北縦貫道路は依然、点検のため〝ゼンドメ〟（全面通行止め）です」

林崎のその言葉で、徳山は現実に引き戻された。

だが、徳山は返す言葉がなかった。

——最後の頼みのその道もダメか。救命救助部隊を通すための〝動脈〟として期待していたのだ。

そのことに気づいたのは林崎だった。

「あの道があります！　『東北縦貫道路』に並行する『国道4号』です！　そこは通行できます！」

くしの歯作戦図

（東北地方整備局提供）

表情を変えた徳山が立ち上がった。

しばらく道路地図を見つめていた徳山が顔を上げた。

「くしの歯作戦《オペレーション・コーム》、それで行こう！」

徳山は、道路地図を広げた作業台で幹部たちに説明を続けた。

徳山が注目したのは、林崎が指摘したその「国道4号」だった。

「この『国道4号』は、東の太平洋沿岸部へと伸びる、これら何本かの国道と交差している。つまり、この『国道4号』から、これら幾つかの国道が、まさに『くしの歯状』に、太平洋沿岸部の重要都市とを結んでいる——」

林崎はその光景が次々と脳裏に浮かんだ。

「国道4号」の「大崎《おおさき》（宮城県大崎市）ポイント」からは、交差する「108号」で石巻《いしのまき》へと繋《つな》がっている。また、「国道4号」の「一関《いちのせき》ポイント」からは、「284号」で気仙沼市へ辿り着ける。さらに、「国道4号」の「北上《きたかみ》ポイント」からは、「107号」で大船渡《おおふなと》市へとそれぞれ接続できる——。

合計すると、「国道4号」から〝くしの歯状〟に、太平洋沿岸部へと伸びる国道は実に十六本にのぼった。その国道さえ確保できれば、人命救助部隊は、主立った太平洋沿岸部の都市へと入ることができる。

しかし、それらの道の被害情報はまったくなかった。

定点で国道ライブカメラが稼働《かどう》し、見ることができるが、全体の実態把握はできていない。

被害が発生し、通行できないかもしれない――。

災対室に再び重苦しい空気が漂った。

三十三歳にして、すでに三人の男の子の父親である、中村智行《なかむらともゆき》。

日曜日の楽しみとしているスイミングスクールのプールが、津波で破壊されたことを中村が知ったのは、ずっと後のことである。

午後二時四十六分。東北地方整備局の大船渡維持出張所は、庁舎ごと激しく揺さぶられた。

壮絶な揺れとなった。中村がまずしたことは、テレビのリモコンに飛びつくことだった。

国道の現場状況を観《み》ていたＣＣＴＶ（道路監視モニター）から、ＮＨＫチャンネルに急いで切り替えた。だが、横揺れは収まるどころか、益々《ますます》激しくなる。

数分後、テレビと道路監視モニターの画面が真っ黒になったのはほぼ同時刻だった。

十分後、ようやく揺れが収まった。

出張所にいた全員が、慌《あわ》てて外へと飛び出した。大船渡の港が見える高台まで昇って街を見下ろした。

火災が起きている形跡はない。倒壊したビルもなかった。

そして、海も穏やかだった。

余震はひっきりなしに続いている。

中村は携帯電話を握った。

自宅が心配だった。

だが不通となっている。

携帯電話を諦《あきら》めた中村は、ハッとしてそのことに気づいた。

――車庫のパトロールカーを出せなくなってしまうかもしれない。

津波のことは頭になかった。余震が続くことで車庫が破壊されることを恐れたのだった。

「車をぜんぶ、車庫から出そう！」

そう指示してから、中村は、一台のパトロールカーに駆け寄り、カーラジオをつけた。

　AM局のNHK第一放送を選び、ボリュームを大音量にした。職員全員で情報を共有しようとしたのだ。

　各地の震度を伝えていたアナウンサーの声が、さらに緊張した。

〈大津波警報が発令されました。大津波警報が出されたのは、青森県、岩手県、宮城県――〉

　中村は緊迫した。ただの警報ではない。大津波警報なのだ！

　防災無線が、大船渡の街じゅうに鳴り響いた。

〈ただちに、高台に、タ、カ、ダ、イに避難してください！〉

　午後三時十分。サイレンが聞こえた。

　それとほぼ同時に、大船渡警察署のパトカーが滑り込んできた。

　パトカーのドアが開くなり、飛び出した制服警察官がまくし立てた。

「三陸道の『大船渡北インターチェンジ』付近の橋が落ちそうなんです！」

　中村は、自分たちの任務をすぐに理解した。

　三陸道を通行止めにするために、上下線の車を遮断しなければならないのだ。

　中村は、大船渡北インターチェンジを起点として、上り線と下り線の通行を止めるため、南と北へ向かう二班を直ちに編成した。さらに、インターチェンジ閉鎖の作業にも向かわせた。

その二十分後、「北班」に加わった中村が乗るパトロールカーが、三陸道へ向かう国道の途中にある、「道の駅・さんりく」にさしかかった時だった。

岩手県沿岸広域振興局の大船渡土木センターの職員が、両手を挙げて進行を止めた。

「大船渡市三陸町の越喜来《おきらい》地区が、役場も含め、街全部が津波に飲み込まれたんです！　これ以上は行けません！」

その報告は中村にとってこそ深刻だった。

越喜来地区は、大船渡市の北側にある、沿岸部の街だった。

警察官が駆け寄った。

「ただし、『国道45号』は通れるようです！」

その言葉に半信半疑のまま、中村は慎重にパトロールカーを進ませた。

越喜来地区に近づくにつれ、「国道45号」の路肩に、避難してきたと見られる車や人が溢《あふ》れ始めた。

「あれを！」

パトロールカーの中で、中村がそう叫んで指さした。

中村の指の先、避難者の流れの向こうに、水没した越喜来地区の惨状が広がっている。

同じ頃、「南班」のパトロールカーは、三陸道の須崎《すざき》川橋に近づいていた。橋に入ったとき、車内の職員たちがふと眼下へ目をやった。そこからは、大船渡市が一望できる。

誰もが街の様子を知りたかった。

しかし、誰も、口を開く者はいなかった。

信じられない光景が広がっていた。

大船渡市内は大津波にのまれていたのである。

「国道45号」が走っているはずの場所は、大量のガレキに埋もれていた。

重苦しい空気に包まれたまま、南班のパトロールカーは、通岡《かよおか》トンネルを抜け、陸前高田市へと入った。

三陸道の通岡インターチェンジはすでに大船渡警察署員が封鎖していた。

パトロールカーは、「国道45号」を南進した。二キロほど進んで、陸前高田市の米《よね》崎《さき》町に入った時だった。そこでも警察官が停車を求めた。

「これより先は大津波によるガレキで通行できません」

職員の一人がパトロールカーの中で、地図を広げた。

「通岡インターチェンジから、市道の高畑相川線を通って、この『国道３４０号』に迂《う》回《かい》できるはずだ」

急ぎそこへ向かったが、その手前で、パトロールカーはまたしても止まらざるを得なかった。

「国道３４０号」の合流部分まで、津波でガレキが流されてきており、通行できないのだ。

出張所員たちの顔は青ざめた。事態を把握したのだ。

陸前高田市のほとんどの沿岸部の地区もまた、大津波で――。


中村は、妻とメールで連絡がとれたのが、いつだったか、記憶にまったくない。

ただ、妻からのメールの内容はよく覚えている。あいつらしいな、と思い出すことがある。

〈連絡もとれないから、どこでどんな作業をしているのか分からないし、いつ帰ってくるかもわからないし……。とにかく無事でいてほしい！〉

東北全県が描かれた地図の前で、徳山は幹部たちの顔を見渡した。地図の真ん中を縦に走る——南北を貫く「国道4号」。そこから、〝くしの歯状〟に、太平洋沿岸部へと伸びる国道が書き込まれている。

——合計十六本。

その国道さえ確保できれば、人命救助部隊は、主立った太平洋沿岸部の都市へと入ることができる。

「よし、この十六本、全部啓《あ》ける！」

徳山がスタッフたちを見渡してそう言った。

幹部たちは国道事務所や国道維持出張所との連絡を急いで開始した。

そのとき、幹部たちだけでなく、指示を受けた職員も、もちろん、その意味を分かっていたし、それがいかに過酷なことであるかも知り抜いていた。

明日の朝、東北全域の国道事務所と出張所から、大量の職員が出発する。それぞれの持ち場から、最も近い国道を突きすすむのだ。

そして、どこが通ることができて、どこが通行不可能であるのか、徹底的に調査を行う。もし、通行不可能と判定した場合でも、そこで止まらない。迂回ルートはどこか、それを緊急に調べるのだ。途中で止まることはあり得ない。いかなる手段を講じてでも、太平洋沿岸部の都市に辿り着けるルートを絶対に〝啓ける〟のだ。

徹夜でプランが練られた。

災対室は、さらに混乱と喧噪《けんそう》状態に陥った。

だが、それでも徐々に統制はとれつつあった。

それには、徳山とともに陣頭指揮にあたっていた、副局長の澤田《さわだ》和宏《かずひろ》の存在が大きかった。

着任して二カ月足らずの徳山は、東北地方整備局の人材について詳しくない。

だが澤田は、局内や国道事務所など、あらゆる人脈に通じ、それぞれ個人の能力も知り抜いていた。

澤田がそこにいたからこそ、立ち上がりの混乱が最小限で済んだのだった。

澤田は、〈くしの歯作戦〉の指揮を迷わず林崎に命じた。

岩手県久慈《くじ》市出身の林崎は現地に精通していた。

一九七一年に建設省（国土交通省の前身）に入った林崎は、道路行政一筋の男だった。

地域の人々が望み、喜んでくれる道路整備に携われることが生き甲斐《いがい》だ、そう言い放つほどだ。

その林崎も、二年後に定年を迎えようとしていた。だから、故郷の三陸道路をより整備すること、それが最後のご奉公と思っていた。

妻とは、地震発生の最中、まだ揺れている中で電話をし、安全を確認した後、それから十日以上、連絡を取る余裕はまったくなくなった。

三人の子供たちからはいずれも同じような内容のメールが届いていた。

「若くないんだから、無理しないで！」

〈くしの歯作戦〉の指揮官に抜擢《ばってき》された林崎は、直ちに、連絡がつくすべての国道事務所に、啓開に必要な人員、機材等の準備を確認した。

また、南北を縦貫する「国道4号」から「国道45号」へとアクセスする、東西の道路の状況を確認するため、災対室に詰める道路班地域情報係に、補助国道の道路状況を確認せよと指示した。

さらに、宮城県庁に連絡要員として緊急派遣していた、道路計画第二課員の携帯電話を呼び出した。県が管理する道路――つまり県道の被害状況が分かる図面をもらってくるように命じたのである。それが届くと、災対室に広げた東北地方整備局管内の道路図に、集まった道路の被害情報を次々と書き込んでいった。

数時間後に開始する啓開を準備する林崎が、各方面と連絡をとっている真夜中、午前二時四十分頃のことだった。

国道事務所の一つから、初めてとも言うべき朗報が入った。

「メインと決めた『国道4号』から、『国道45号』へ向かう啓開チームは、五チームが編成可能！」

また、福島県の「国道４５９号」は、県道を経由すれば、緊急事態宣言がなされた福島第1原子力発電所へ、アクセス可能、との情報も入った。

しかし、報告は、喜ばしいものだけではなかった。

「『国道4号』から、宮古市へ繋がる『国道１０６号』は全情報なし！」

単身赴任者が多い東北地方整備局で、宮古国道維持出張所の所長、鈴木之《すずきいたる》もまた、妻と大学生の長女は自宅の秋田市に残し、長男は仙台市の高校に通っていた。

東北地方整備局が管轄《かんかつ》するエリアは広い。既婚者の職員の一部は、官舎での一人暮らしを強いられることが多いのだ。

建設省に入った鈴木は、山形県酒田市の工事事務所を皮切りに、職歴の大半を道路行政マンとして働いてきた。

大震災のその時、最初の揺れを感じたのは、国道維持出張所の二階にある、自室の席に座った、まさにその時だった。

翌週に完成検査が予定されていた、ある橋梁《きょうりょう》を補修、補強する工事の書類のチェックを終えたばかりで、ちょっと一息入れようか、そんな落ち着いた気分のときである。

緩やかな横揺れのあと、強烈な横揺れ――。

「地震だ！」

隣の事務室から、所員の叫び声が聞こえた。

――揺れが酷《ひど》い！　震度は大きい！

立ち上がった鈴木は、テレビに飛びついた。

何かの支えなしには立っていられない揺れである。鉄骨二階建ての出張所庁舎を激しく揺らし続けた。

鈴木は、テレビの地震速報の表示を待った。

その間も揺れは収まる気配がない。

ＮＨＫテレビが、国会中継からスタジオの映像に換わった。

〈国会中継の途中ですが、地震、津波関連の情報をお伝えします。緊急地震速報が出ました。宮城、岩手、福島、秋田、山形に、緊急地震速報です。また、今、東京のスタジオも揺れています。激しい揺れを感じた地域の方にお伝えします。落ち着いて行動してください〉

だが、なかなかテロップには震度が表示されない。

〈揺れが強かった沿岸部では、念のため津波に注意してください〉

そのテロップの約一分後、やっと震度が表示された。

〈震度七が宮城県北部、震度六強が宮城県中部、福島県中通り、福島県浜通り――〉

鈴木は、急いで事務室へと駆け込んだ。

「管内全線のパトロールだ！　急げ！」

通常、地震発生時の緊急パトロールには、役割分担がある。国道維持出張所の職員は、南側（山田町側）のパトロールを、地元に本社を置く民間の建設・土木業者が北側（岩泉町側）のパトロールをと切り分けている。

その二班体制で南北に分かれて実施するのがいつものパターンである。

しかし、建設・土木業者となかなか連絡が取れない。携帯電話の通話もまもなくダウンした。

鈴木は決断した。

「南側は、もちろん出張所が行う！」

北側は、工事監督を担当する国道維持出張所の現場技術員に、パトロールを担当させる――異例の命令だった。

素早くパトロールカーが出発した頃、テレビ報道が、突然、耳障《みみざわ》りな警報音とともに、太平洋沿岸部の〝大津波警報〟の発令を知らせた。

〈太平洋沿岸に大津波警報が発令されました。すぐに高台に避難し、海岸や岸壁には決して近づかないようにしてください〉

「大津波警報？　本当かよ！」

鈴木は声を失った。まさか、大津波などと、そんな大それた警報が存在するとは今まで知らなかった。

鈴木は卓上電話を急いで握った。

三陸国道事務所の管理課長に、通行止め措置の実施を確認するためである。

「課長、大津波警報ですよ！　通行止め措置を行います。いいですね？」

「もちろん！　すぐに実施してくれ！」

管理課長の声がいつもより甲高く、緊張しているようにも聞こえたが、言葉は毅然《きぜん》としていた。

電話を終えた鈴木は、所員たちを集めた。鈴木が指示したのは、もし、その大それた大津波がきたとき、浸水エリアへの車両の進入を規制するため、管内、十六カ所の通行止めの措置と、関係機関への情報連絡を直ちに行え、ということだった。

しかし、所員からは悲痛な事実が鈴木に報告された。

通行止めを担当する、四社の建設・土木業者と連絡が取れないのだ。

しかし、頼もしいことが起きていた。近隣の民間業者たちが集まってきてくれたのである。彼らとは、災害時に応急支援をしてもらう協定を結んでいるにしても、それぞれには家族がいるのに、こんなにも早くやってきてくれたのだ。

所員たちは、電話などが通じないことで、人海戦術に出た。建設・土木業者とともに他の業者の元へと走り回った。

大きな余震がまだ続いていた。所員や建設・土木業者たちは、その恐怖とも戦わなければならなかった。

その結果、午後二時五十八分には、

「『国道45号』、通行止め！」

の一報を、警察、消防に入れることができたのである。

余りに早い動きの理由には、国道事務所、国道維持出張所や建設・土木業者の過酷な活動があったが、その裏では地味な努力もあった。

二日前から、三陸地方では、前兆と思える震度四クラスの地震が数回に渡って発生していた。

前日の三月十日に、国道維持出張所から、災害応急支援として通行止めを担当する民間の建設・土木業者に対して、大津波警報発令時の通行止め措置の手順を再徹底したばかりだったのである。

パトロールカーに飛び乗ったパトロール班たちを送り出した宮古国道維持出張所長の鈴木は、再び、テレビの前に座った。ニュースは貴重な情報源だった。

ところが、数分もしないうちだった。

突然、激しい胸騒ぎと息苦しいほどの不安に襲われた。

――しまった！　パトロール班は、大津波警報の発令を知っているんだろうか⁉

鈴木は、慌《あわ》てて携帯電話を握った。南側の海方向へ出発した所員の携帯電話番号を呼び出した。

繋《つな》がってくれ！　そう祈った。

幸運にも、すぐに繋がった。

「大津波警報発令中だぞ！　浸水が予想されるエリアには絶対に入るなよ！」

所員からは、語気強い言葉が返ってきた。

「わかりました！　現在、津軽石《つがるいし》！」

津軽石？　鈴木に緊張が走った。そこは、宮古港の、のど元にある街なのだ。

「いいか！　絶対に港へは近づくな！」

そう怒鳴った鈴木は続けて、北側に出発した現場技術員の携帯電話にも連絡した。

それもまた幸いなことに電話は繋がった。元気のいい声が打ち返された。

ところが、それが最後となった。携帯電話が繋がらなくなったのである。

所員たちが出張所に帰還する深夜までの間、鈴木や出張所から、所員たちの安否を確認する手段はすべて途絶えてしまった。

そんなとき、事務室から呼ぶ声が聞こえた。

時刻は、午後三時二十六分と記録にある。

「ショ、チョォー」監視員の声は甲高く裏返っていた。「市役所前の、『国道45号』を、船が流れて行きます！」

「船が？　国道を？　なにをバカなことを言ってるんだ！」

そう毒づきながら鈴木は事務室に足を向けた。

顔を青ざめさせた監視員が指さしている。それは、国道維持出張所の管内の、国道、河川をライブで映す、監視カメラのマルチ画面のひとつだった。

覗《のぞ》き込んだ鈴木の目に飛び込んだ映像は、数カ月経《た》ってからもなお、脳裏にはっきりと焼き付けられることとなった。

宮古市役所前の横断歩道橋が映っていた。

そこは「国道45号」の交差点でもある。

――有り得ない！

啞然《あぜん》とした鈴木は、文字通り口を開けたまま、言葉を失い、モニターの前で立ち尽くした。

歩道橋の下はまるで海となり、何隻《せき》もの小型船舶が市街地側に向かって流れて行くのだ。その光景は〝船団の行進〟に見えた。

しばらくして我に返った鈴木は、出張所前の監視カメラの画像へ目をやった。

出張所前の「国道45号」を通行止めにしたことにより、行き場を失ったドライバーたちが車を降り、通行止めを実施している所員に抗議し、詰め寄っているように見えた。

彼らは恐らく、市内の惨状を知らないのだ。

鈴木は苦悩した。

――ドライバー達にどうやって理解してもらおうか。

一人の職員が鈴木に提案した。

「所長、この、津波に襲われている市役所前の映像を、プリントアウトして、ドライバーに配りましょう！」

「なるほど！〝百聞は一見にしかず〟ということか！」

鈴木は、まずは五十枚をコピーさせた上で、職員を動員し停車中の車両に配布させた。

コピーはすぐになくなった。その度に、さらにコピーを繰り返した。鈴木も自ら国道維持出張所を飛び出し、所員とともに配り続けた。

最終的には、三百枚を超えるコピーを、一台ずつ説明しながら手渡した。

ドライバーたちの反応は予想通りだった。驚愕《きょうがく》の表情で画像を見つめた。

「何、これ？　いったいどこ？」

「これが市役所前⁉」

「大変だ……」

最後の一枚を配り終えた時、鈴木は腕時計を見つめた。

午後六時をとっくに過ぎていた。辺りはすでに暗くなっている。

鈴木の目に異様な光景が飛び込んだ。

維持出張所前は、動けなくなった車でごった返しているではないか。

国道維持出張所としては手の打ちようがなかった。襲った津波で道路は使用できない。それもいつ改善されるか、それは思考の外にあった。だから、車の中の人たちは、いつここから離れられるのか。一日や二日も動けない可能性は高い。しかもこの寒さである。もしガソリンが途絶えれば――。

心配になって車の合間を歩き回り、聞き込みをすると、車中泊を決め込む人もいた。だが、子供連れで困っている人も多かった。

鈴木は決断した。出張所の一階ロビーと、畳敷きの運転員控室を開放したのだ。さらに、パトロールカーで広報も行い、希望するドライバーには利用して欲しい、とスピーカーで流し続けたのである。

地震発生直後に出発したパトロール班が、出張所に帰還したのは、「北側班」が出発から七時間後の午後十時頃。「南側班」に至っては、十一時間後の午前二時にもなった。

当然、彼らの帰還ルートは、通行止めとした「国道45号」ではなかった。

一車線しかない幅狭の市道や県道を縫うように走り、やっとの思いで国道維持出張所に辿り着いた状態だった。

鈴木は、所員や民間の建設・土木業者たちの姿や表情を、今になっても鮮明に思い出す。

報告をする国道事務所や国道維持出張所の所員たちや、民間の建設・土木業者たちの疲労困憊《こんぱい》した姿、また大津波の被害を目《ま》の当たりにしたことでの落胆の表情——。

北側のパトロールに行ってくれた現場技術員には、鈴木はかける言葉を失っていた。

彼は、津波で壊滅的な被害を受けた、宮古市の田老《たろう》地区の住民だった。その中心部にある自宅は完全に倒壊していた。

生まれ育ち、現在も暮らし続けている町全体が、一瞬にして津波にのみ込まれ、すべてが消えてしまったのである。

心配そうに見つめる所員たちに、その現場技術員がぽつりと言った。

「仕事をしてた方が、気が楽ですから」

現場技術員は、その後も、普段と変わらない表情で復旧活動に力を注いでくれた。

鈴木は、その現場技術員に掛ける言葉を探し続けたまま、見つからずにいた。

妻からのメールが鈴木の携帯電話に届いたのは、震災から三日後のことだった。通信規制がやっと解除されたからだ。

〈大丈夫なんだよね？　仕事で連絡できないだけだよね？　でも、早く連絡下さい！〉

娘からは彼女らしいひと言だった。

〈生きてる？〉

東北地方整備局がある仙台市から北へ約二百三十キロ。

奇岩と怪石で知られる小袖《こそで》海岸と、美人の海女《あま》がいることで知られ、ＮＨＫ朝の連続テレビ小説「あまちゃん」で一躍有名となった、岩手県の港町、久慈市。東北地方整備局の久慈国道維持出張所は、その町の中心部から港よりにある。

震災発生直後、東北地方整備局からの最初の指示は、パトロールや啓開活動に関するものではなかった。

「全員、避難せよ！」

それが、東北地方整備局道路部からの命令だった。

「大津波警報が発令された。久慈出張所は、浸水想定区域内にある。全所員は、安全な場所へ、至急退避せよ！」

想像もしていなかった事態だった。地震で大災害が発生したとき、真っ先に活動するのが、現場部隊の国道維持出張所である。いかなる危険な場所へも果敢に突っ込む魂をもった者たちが集まっている。

しかし、その拠点となるべき出張所を使うな、という非情な命令を受けたのだ。

国道維持出張所の所員たちの思いは複雑だった。

本局（東北地方整備局）の判断はもちろん理解できる。職員を失ってしまえば、道路の復旧はあり得ない。しかし、それでも、プロフェッショナルたちには過酷な命令だった。

所長の楢山幸雄《ならやまゆきお》は、すぐに全所員を、出張所から八百メートル離れた、田屋《たや》宿舎へと移動させるしかなかった。

さらに、午後三時には、指定避難場所である「福祉の村」へと、家族とともに移動した。

楢山の記録には、「待機」と記されている。「避難」の文字はない。少しでも状況が改善されれば、直ちに現場へ突っ込むのだ、という強い意志がそう書かせたのだった。

午後五時半になって、楢山は、出張所付近の浸水状況を確認する必要がある、と確信した。

管内の多くの場所で、国道の被害が発生している可能性は高い。いてもたってもいられなくなったのだ。

一台をやっと確保していたパトロールカーに乗って、所長の楢山と二人の係長が、避難所を出発した。

幸運なことに、出張所へは津波は到達していなかった。ゆえに浸水もない。

ところが、間近を流れる久慈《くじ》川を見た楢山は、思わず息を飲んだ。堤防いっぱいに津波が遡上《そじょう》している。

しかも、引き波の繰り返しが堤防を襲い続けている。出張所をいつ溢《あふ》れた水が襲ってもおかしくない状態であるのは明らかだった。

楢山は、唇をかみしめた。

——もはや出張所での執務は困難だ。

だが、その数十分後、楢山は決断した。再び二人の係長を引き連れ、道路被害の情報を収集するため、パトロールに出発したのだ。

出発の直前、楢山は、残った幹部所員に指示し、避難所に〝臨時出張所〟を開設させた。だが、そこは、警察のパトカーの中だった。通信手段がないため、警察に交渉し、警察官とともにパトカーに同乗する許可をなんとか得たのだった。

楢山たちは走り回った。

まず、「356キロポイント（久慈市長内《おさない》町）」の下り車線で、路面が冠水しているのを確認したのを皮切りに、次々と通行ができない国道を突きとめた。

「345キロポイント（岩手県野田《のだ》村）」では、放置された車で通行不可。「346キロポイント（久慈市宇部《うべ》町）」は、積雪によって動けなくなった車両が道をふさいでいた。

ドライバーがいながら多数の車両が動けなくなっていたのは、「378キロポイント（岩手県洋野《ひろの》町）」だった。

楢山たちが、一台ずつ車を廻り、ドライバーたちを説得。迂《う》回路《かいろ》を案内するなどして、路上から何とか排除することができた。

ただ、路面の冠水はなかったが、盛土法面《のりめん》（山側に盛られた土の斜面）には、津波が到達した痕跡《こんせき》があった。

楢山は、津波の想像を絶するエネルギーに愕然とした。

十一日午後九時四十分、楢山たちは、再び出張所に向かった。

久慈市内の浸水箇所の水位はすでに低下していた。

楢山が、出張所での執務再開を決めたのは、その直後のことだった。

楢山は、久慈から南へ約二十キロにある港町、野田村に足を踏み入れた。

村の半分――沿岸部のほとんどの家屋が大津波によって海の中へ引きずり込まれていた。

すべての道路は、泥の海だった。家屋のガレキが多数、散乱していた。防護柵《さく》や標識の支柱の折れ曲がり方が余りにも異常で、しばらく声が出なかった。

近づくことさえ断念するほどだった。

そして、記憶にあることは、異様に静かで、暗かった、ということだった。

混乱を極める東北地方整備局の災対室で、新たな問題が発生していた。

啓開チームの指揮官である林崎が、地域道路班から受けた報告では、宮城県南三《みなみさん》陸《りく》町へ、唯一《ゆいいつ》アクセスできる「国道398号」で、北上《きたかみ》川に架かる橋が通れないというのである。

林崎は焦《あせ》った。南三陸町は、まだ断片的だが、大津波に襲われ壊滅的な被害を受けているとの情報が入っている。そこには、一刻を争う、生死の境にいる人が多いはずだ。もし、その「国道398号」が使えなければ、人命救助のための緊急車両が南三陸町へ入って行けない！　迂回する道は、トラックなどが通れない場所が多く、また地震で被害を受けて通行できないかもしれないのだ。

林崎は、急いで図面を広げた。

解決策を必死に探した。

地図上を指でなぞっていた林崎は、そこへ目が釘付《くぎづ》けとなった。

「398号」から、一本南下したところを並行して走る「国道108号」があった。

——そこからなら、三陸道へアクセスが可能であり、南三陸町へ緊急車両が向かえるはずだ！

林崎は、「108号」の管理を担当している石巻国道維持出張所へ急いで連絡を入れた。

だが打ち返されたのは朗報ではなかった。大津波に襲われ、身動きがとれず、「1

０８号」の通行確認が出来ていないという。

林崎は、頭を切り換えた。再び図面に戻り、今度は内陸部へ目をやった。目に付いたのは、古川国道維持出張所の位置関係だった。「１０８号」の、石巻とは反対側にあたる、西側の内陸部の大崎市にあった。

古川国道維持出張所に、林崎は、「１０８号」がどこまで通行可能かを調べることができるか、問い合わせた。古川国道維持出張所は迷うことなく、パトロールカーを出撃させた。

そして翌日、石巻河南《いしのまきかなん》インターチェンジまで、津波の影響があるにはあるが、何とか通行可能で、南三陸道路へそのまま乗り入れることができる、という頼もしい報告が届いた。

南三陸町までの、〝命の道〟が啓《あ》いた！

だが、それは、道路行政のプロである林崎にとっては苦渋の決断だった。

林崎のこだわりがあった。本来なら、迂回ルートをカウントすることは、やってはならないことと林崎は常にそう確信していた。長い経験上、無数にルートが増えることは、かえって混乱することが多かったからである。

しかし、迷っている余裕はなかった。例外中の例外だ、と自分に言い聞かせた。何としてでも、被害が激しい南三陸町へのアクセスを確保し、緊急車両をいち早く送り込みたかったのだ。

「啓開《けいかい》チーム」という、聞き慣れない名称の部隊が、東北全域でダイナミックに展開していた。

道路や橋の障害を取り除いて道を切り開き、通行不能ならば迂回ルートを確保すること——それが「啓開」だった。

啓開チームに与えられた任務は、生易しいことではなかった。軍隊の偵察部隊と同様、いかなる障害があろうと強引に排除し、道なき道をもひたすら突き進む、いわば〝特殊部隊〟だ。

だから、東北全域の事務所と出張所から出発する啓開チームへの命令は、ただ一言だった。

「前へ！　突っ込め！」

啓開チームは、国道事務所と国道維持出張所の職員数名と、災害時の出動の協定を結んでいる地元建設会社が保有する「バックホー（パワーショベル）」と、その操作員《オペレーター》の構成で進撃を開始した。幾つかのチームが、途中、山崩れやガレキに遭遇したが、バックホーがすべてを蹴散《けち》らした。段差がある道路には、携行してきた土嚢《どのう》やアスファルト合材を投入しての応急処置を施した。

啓開チームへ厳命された任務は、たった一つだった。

〈道路や橋の復旧、復興などはまったく頭に入れるな。また、キレイな道を造る必要もない。ガタガタな道でもいい。とにかく、人命救助と捜索部隊のトラックや車両が、通ることさえできればいいんだ。またはその迂回路を探すこと、それだけを頭に叩《たた》き込め〉

人命救助と捜索部隊をできるだけ早く被災地に送り込むこと、それが啓開チームの任務だった。

だから、医学的に救命の可能性が高い生存限界期間と呼ばれる七十二時間以内に啓開することが絶対の条件であった。つまり、三日間、それが勝負なのだ。

宮古国道維持出張所から出撃していた啓開チームから、悲痛な声が災対室に飛び込んだ。

「膨大な量のガレキに阻《はば》まれて進めません！」

林崎がマイクロ回線と繋《つな》がった携帯電話に怒鳴った。

「ガレキ？　そんなもの、バックホーでこじ開けろ！」

だが、啓開チーム員は沈黙した。

林崎は、とにかく、最後まで突っ込め、と繰り返した。

返ってきたのは、啓開チーム員の悲しげな声だった。

「それが……普通のガレキじゃないんです……」

「普通のガレキじゃない？」

林崎が訝《いぶか》った。

だが、すぐにハッとして気づいた。

もしかして……それは……。

啓開チーム員は声を震わせた。

「ガレキの中には……人がたくさん……」

林崎は、言葉を失った。しかしその光景を想像することはできなかった。そんなことは……あり得ない……。

だが、現実は明らかであることも林崎は理解した。

陸前高田市の啓開チーム
左端が東北地方整備局員、中央は自衛隊員、右は岩手県警察官
奥に見えるのはバックホー
(東北地方整備局提供)

もし遺体があるのなら、バックホーで蹴散らすわけにはゆかない……。

自衛隊員の応援を急ぎ依頼し、手作業で道を啓《あ》けるしか、もはや選択肢はないかもしれない――林崎は決断を迫られた。


翌十二日、夜明けのまだ薄暗い中、一台のパトロールカーがサイレンを鳴らし、大船渡国道維持出張所を出発した。

大船渡国道維持出張所は、高台に位置し、津波の被害は免れていた。

ただ、携帯電話がまだ通じない。所員たちは家族と連絡が取れずにいた。

しかし、職場を離れようとする者はいなかった。

出張所では、非常用発電機は動いた。マイクロ回線が、唯一生き残った通信手段だった。

実態は、被災していると言ってもおかしくなかった。なにしろ、電気、水道、ガスのライフラインも地震と同時に寸断されている。

〝情報被災者〟となることを所員たちは絶対に避けたかった。

発電機は、通信やパソコン用に優先的に使う。テレビが被災したために、テレビは使えなかった。かつて大船渡市役所からもらった防災ラジオと、奇跡的につながるインターネットが、儚《はかな》い情報源だった。

その防災ラジオが、二時間ほど前に報じたのが、「国道45号」の、気仙《けせん》大橋が流失との情報だった。

気仙大橋は、約百八十メートルもある。今から、急がれる人命救助、救出活動や支援を考えると、なくてはならない橋なのだ。

パトロールカーは果敢に飛ばした。

大津波警報はまだ継続中である。

気仙大橋の流失という情報は、絶望的な事態なのだ。

午前七時に、陸前高田市に入ったパトロールカーの所員たちが、意図せず、悲劇的にも強いられたことは、街が壊滅状態となっていることを、あらためて確認することだった。

しかし、衝撃はそれだけではなかった。

目的地の気仙大橋の手前に到着した所員たちは、愕然としたまま、ただ立ち尽くした。

——橋がない！

黒い濁流が暴れているだけである。

動揺を抑えて、よく見ると、何本かの下部工《かぶこう》（橋脚）だけがむき出しになって残っていた。

無残な姿だった。


マグニチュード9・0の巨大地震が東北全域を揺さぶった、そのとき、金野《きんの》辰雄《たつお》は、津波が来襲するであろうことをすぐに脳裏に浮かべた。

「逃げろ！　全員、すぐに逃げろ！」

金野は、本社の従業員全員に避難を急がせた。

金野は、最後になって数名の従業員とともに会社の裏手にある高台へと走って避難した。

建設会社「佐賀《さが》組《ぐみ》」の社長である金野は、その光景を、目の前でまざまざと見せつけられた。

全員が避難した三十分後のことだ。

大津波が大船渡の港へ襲いかかった。

その威力は想像を超えていた。

自分の街が瞬《また》く間に津波に呑《の》み込まれてしまったのだ。

金野は、一緒に避難してきた従業員に急いで指示した。

「(作業員を送り込んでいる) 各現場の被害状況を、至急、確認しろ！」

しばらくして従業員が報告したのは、「国道45号」の笹崎《ささざき》地区のほか、複数で道路が寸断され、作業員たちがいる現場まで辿《たど》り着けないという情報だった。

金野は、事態を悟った。想像を絶する被害が至るところで起きている可能性がある──。

金野は、従業員に言って、車を出させた。

その従業員は、目の前で、自宅が津波で破壊されていた。それでも迷わず、車の準備を始めていた。

「大船渡三陸道」の高規格道路を走らせたとき、いきなり、数カ所の破壊された道路を金野は目にすることとなった。

その光景を見て金野は、決断した。

午後六時半、大船渡国道維持出張所に飛び込んだ金野は、いきなり訴えた。

「土木業者として、できることがあれば行いたい。何でも言ってくれ！」

所長から、緊急被害箇所復旧要請を受けた金野は、早速、津波の被害の少なかった、立根《たっこん》・猪川《いかわ》地区で現場の責任者と連絡をとった。災害復旧の手伝いができる者を集めるように指示するためだ。

震災の翌日、十二日。東北地方の空は、前日とうってかわって晴れ渡った。風も穏やかである。

〈みちのく号〉は、やっと、被害が大きいと思われていた、岩手県の上空へ進出していた。

災対室のＤＬＰディスプレイにも、太平洋沿岸部のライブ映像が次々と映し出されるようになった。被害に遭わなかった中継アンテナが見つかったのだ。

徳山が思わず身を乗り出したのは、〈みちのく号〉のパイロットが、「釜石港です」と無線に告げたときだった。

巨大なコンクリートの防波堤が、何カ所かで根こそぎ破壊されている——。

——あり得ない……。

徳山は、もう何度となく呟《つぶや》いている言葉を口にした。

〈みちのく号〉は、港町を映し出していた。

家屋がほとんど見当たらない。

町全体が水没している。いや、壊滅しているのだ。

徳山は、新たな感覚に襲われた。

恐怖感――正直な気持ちだった。津波の被害は、ある程度、あることは覚悟していた。しかし、津波の桁外《けたはず》れのエネルギーに鳥肌が立つ思いだった。

ヘリコプターが大船渡の上空にたどり着いたとき、パイロットは突然、混乱し始めた。

「確かに、地図からすると、ここが大船渡なんですが――」

「そこじゃない！　大船渡には防波堤があり、港も――」

指示をしていた災対室のスタッフは、唾《つば》を飲み込んで絶句した。

事態が分かったのである。大船渡の港とその町は、防波堤もろともすべてを大津波が呑み込んでしまっているのだ。

しかし、戸惑う災対室に、さらに想像もしていなかった事態が待ち受けていた。

被災地と思われるエリアの多くの市長や町長と連絡が取れないのだ。

町の災害対策班とも音信不通状態が続出した。

彼らは災害時専用の携帯電話を持っているはずである。なぜ繋がらないのか――。

市役所や町役場の、建物じたいが大津波に流されていたという光景を脳裏に浮かべることができるものは災対室に誰もいなかった。

ヘリコプター〈みちのく号〉は、それからも続々と情報を災対室へ送り込んできた。

〈みちのく号〉は、橋を中心にした調査へ移行していた。

「直轄《ちょっかつ》区間、津波による落橋関連は八橋！」

その報告を受けて林崎は、部下たちに、迂回路の指定と通行確認を指示したあと、応急対策の検討も開始した。

林崎には、頼もしい経験があった。三年前の二〇〇八年、岩手県の内陸地震で、二つの橋の代わりに仮の橋を建設したとき、その陣頭指揮にあたっていた。

何をすべきなのか、林崎の脳裏には、すぐにその手順が浮かんだ。

だが、道路啓開の状況は、現場によってそれぞれ違っていた。特に、国道事務所や国道維持出張所から出撃した啓開チームを悩ませ、困惑させたのは、ガレキの中に遺体が含まれているという想像を絶する事態だった。

多くの場所では、本来は警察の仕事だが手が回らず、自衛隊の協力を得た所員も人海戦術で、次々と遺体を発見しているとの情報が入ってきた。警察官による確認を経て、遺体安置所への搬送も、所員が自衛隊の協力で行っているという、凄惨《せいさん》な情報も各方面から上がってきていた。

ある地域では、一車線の道路啓開を実施しようとしたところ、地域住民からの思いがけない要請を受けていた。

〈ガレキの中にまだ遺体があり、たとえ緊急車両といえども通して欲しくない〉

そのため、手つかずのガレキの前では、地元警察官が二十四時間張り付き、交通誘導をしているという。

林崎にとって、あらゆることが〝有り得ない〟ことだった。

宮古市街から西へ十七キロほど入った、山間部に開けた小さな街に本社を置く「刈《かり》屋《や》建設」で、主に公共工事の現場責任者として働いてきた監理技術者、上野《うえの》裕矢《ひろや》は、啓開チームに参集した民間の建設・土木業者の一人だった。

岩手県一関市出身で、妻と長男（小学三年生）、次男（幼稚園年長）の二人の息子を持つ上野は、地域の発展に貢献していることを肌で感じられることが、やりがいであり、生《い》き甲斐《がい》であった。

国道事務所から、啓開の話があったとき、まだ大きな余震が続いていた。だが、上野は迷わず啓開チームに加わる決断をした。

ところが、携帯電話のメールでそれを家族に伝えたとき、妻はすぐに返信を寄越した。

〈絶対に、危険がある場所へは立入らないで！〉

それは、啓開チームに入らないで、と反対するも同じだった。啓開チームは、敢《あ》えて危険な場所へと、突っ込むこと、それが任務だと上野は覚悟していた。

上野は、妻を説得した。

〈どうしても自分がやらなくてはならない仕事だ〉

だからと言って上野は、小難しいことを考えていたわけではなかった。とにかく被災者や東北に住む人々の為《ため》に、一刻でも早く道路を通すこと、その使命感だけに燃えている自分を意識していたのだ。

なんとか妻を納得させた上野は、大震災の発生から一夜明けた十二日の朝、大津波警報がまだ発令されている状況の中で、作業員たちを集めて言った。

「よし、行くぞ！」

それ以上、余計なことは口にしなかった。気心が知れた奴《やつ》らである。それだけで全員が力強く頷《うなず》いた。ただ、作業員たちの安全を図るのも自分の責任だ、と上野は腹に力を込めた。

余震の規模は小さくなってはいるものの、ひっきり無しに津波が押し寄せているとの情報があった。上野は、万が一の場合の避難場所、複数の見張り員の配置による安全確保を、作業員に何度も確認させた。

上野を始めとする十名の作業員――いわば〝上野組〟は、バックホーなどの建設重機数台を先頭にして、宮古市の中心部へと啓開作業を行うべく突き進んだ。

目標は、「国道45号」の宮古市の「築地《つきじ》ポイント」で、片側二車線となっている区間である。大津波で流されてきた大量のガレキが完全に道をふさいでいるという情報が入っていた。

東北北部の最大の都市、盛岡市へとつながる「国道106号」、その国道との交差点がある重要な場所だった。また、災害対策本部が置かれた宮古市役所の、すぐ目の前であったことからも、緊急にガレキを排除し、啓開すべき重要ポイントだった。

だが、進出するにつれ、上野は、悪い予感がした。街の至るところ、津波で流されてきたガレキが散乱している。その量たるや、上野が想像していたものを遥《はる》かに超える量だったからだ。

交差点に辿りついた上野は、ため息をつかざるを得なかった。

津波に押し流されてきた無数の民家、船舶、ガレキなどで、一帯の道路が完全に覆《おお》い尽くされているのである。

だが、やるべきことは分かっていた。そのひとつひとつを撤去することである。しかし、上野が想像もしていない〝作業〟もあった。ガレキの中から遺体が発見されたことをうけ、被災者の捜索も並行して行うことだ。

〝上野組〟を襲った困難はそれだけではなかった。警察や消防との調整も複雑を極める一方で、ガレキとなった家屋の取壊しをするための同意を、所有者の一人一人から得なければならなかったのだ。

だが、上野は、時間、という切迫した責任も負っていた。一時の猶予《ゆうよ》もないことはわかっていた。このままでは、人命救助と捜索のための救急車やトラックが通れないのだ。

しかも、ガレキに埋もれた道路の下には、重要なライフライン――電気、電話、水道等のパイプが通っている。それらが被害を受け、人命にかかわる事態もあるとの情報も耳に入っていた。それらを復旧するためにも、一刻も早く道路を〝啓《あ》ける〟必要があるのだ。

それでも、何度か、〝上野組〟の手が止まることがあった。

ガレキの中から、被害に遭われた住民が無惨な姿で現れたからである。

作業員たちが受けたのは、その凄惨な光景を見ての衝撃だけではなかった。同時に無力感や脱力感にも襲われることとなった。

「こんな、むごい啓開作業なんて、もう投げ出してしまいたい――」

作業の途中、上野は何度かそう思った。

しかし、〝上野組〟は作業を続けた。打ちのめされる気分を必死に押し込めて作業を進めた。

幸い大きなトラブルはなかった。ライフライン確保に対する住民の理解と関係者の協力も得ることができた。そして、その日の夕暮には、片側一車線を確保することができたのである。

片側一車線だけでも〝啓けた〟のは画期的なことだった。

その一車線を確保したことによって、宮古市街地から県立宮古病院への交通が可能となったばかりか、大津波によって壊滅的な被害を受けた、宮古市の田老地区への人命救助と捜索のための緊急車両や支援物資の運搬が、一気に可能となったのである。

会社に戻った上野は、休息する間もなく、突然、ある思いに襲われた。

作業中、誰もが無我夢中だった。だが、現場責任者として、作業員へ、命がけの指示を下したことは、本当に正しいことであったのだろうか――。

もし、作業中に大きな津波が再来し、作業員が被災してしまったら、ご家族に対して、自分はどのようにお詫《わ》びすることができるのか――。

椅子《いす》に疲れ果てた腰を落とした上野の脳裏に、様々なことがよぎった。上野を襲ったのは激しい自責の念だった。

しかし、とも、上野は思った。

自分たちが、いわば命がけで啓開作業を行い、「国道45号」の交通の確保を行わなければ、電気、電話、水道等の復旧はもちろん、緊急車両の通行もままならず、二次、三次の犠牲者が出た可能性もあるではないか――。

ただ、震災から時間が経過しても、作業開始の判断が良かったかどうか、上野は、自分なりに答えが得られずにいた。

建設会社「佐賀組」の社長である金野から指示を受けた現場責任者は、その地区の、十名ほどの作業員の自宅へと急行した。固定や携帯の電話も使えないため、一軒一軒を足で回るしかなかったのである。

だが、多くの作業員が、震災直後に家から出勤したまま安否不明だったり、またそこへ辿り着くための道路が通行不能だった。

結局、バックホーなど重機の操作員《オペレーター》は、たった一名しか確保できなかった。

それでも現場責任者は、今後、さらなる作業員を確保できた場合を考え、多くの重機を確保することに必死となった。重機リース会社や大船渡市内のリサイクルショップを車で走り回った。

複数の場所で作業開始の目処《めど》がついたとの報告を主任者から受けた金野は、その日のうちに復旧することが重要だ、と思った。

震災発生の当日、三月十一日午後八時頃、再び大船渡国道維持出張所に赴いた金野は、道路を重機が自走するための了解を求めた。普段は舗装路面を傷《いた》めてしまう重機の走行は許されていないからだ。

大船渡国道維持出張所の所長は、重機が走ることにはもちろん許可を出したが、夜間の出動については金野を押しとどめた。二次災害が生じる恐れがある、と勢い余る金野を説得したのだった。

だが、朝を迎えるまでの深夜の間もなお、佐賀組の従業員たちはかけずり回ってい
た。重機のオペレーターを含む、携帯電話が繋《つな》がらない作業員たちの自宅を訪ね歩き
続けていたのである。

努力の甲斐はあった。翌十二日の朝、十名の啓開チームを編成することを実現させ
たのである。

自宅アパートが床上浸水したため、避難場所であるリアスホールで一晩を過ごした
金野は、その報告を聞いて胸が熱くなった。

啓開チームに集まった作業員の中に、津波により自宅が全壊したり、家族の安否が
不明である者が半数近くもいるという。また、陸前高田市竹駒《たけこま》町にあった現場事務所
からは、夜通し歩いて山を越え、啓開チームに参加した者もいたというのである。

午前六時。東北地方整備局から、啓開チームの出動の指示がなされた。

金野の会社は、そもそも、過酷な啓開にうってつけの組織だった。土木と舗装工事
を専門とする従業員が中心となることにより、短時間で啓開を完了することができた
のである。

災対室には国道事務所や国道維持出張所から、勇ましい報告が矢継ぎ早に届いていた。

「啓開チーム、進出開始！」

「すでに啓開チーム、現場到着！」

国道事務所、国道維持出張所や民間の建設・土木業者の幾つかの啓開チームは、正式な指示、要請を受ける前より、徹夜で活動していた。

林崎は、余りに早い動きと、現場からの頼もしい声に、目に涙がたまった。

徳山が指示したのは、啓開は、早朝からスタートさせるということだった。

ところが、多くの国道事務所や出張所では、その時間を待たずに地震発生当夜から出動し、一睡もせず、果敢に突っ込んでくれたのだ。

まだ大きな余震は何度も続いている。現場では崩落の危険性もある。しかも大津波警報はまだ発令されたままである。しかし彼らは、そんな状況にもかかわらず、夜中という危険を承知で活動してくれたのだった。

しかも、啓開は、ほとんどの職員にとって初めての活動である。大きな余震が続き、崩落の危険性がある中、危険を承知で走り回っているのだ。

さらに、林崎のもとには、幾つもの国道事務所や国道維持出張所から勇気づけられる情報が入った。

民間の建設、土木の業者たちが、自主的に出張所に馳《は》せ参じてくれたというのだ。まだ大津波警報発令中であり、電話回線も多くが不通である。それでも危険を顧みず、集まってくれたのだ。

中には、自らの会社が津波で被災し、社員が五名しか集まらないにもかかわらず、バックホーとともにその五名を派遣してくれる業者もあった。

地元業者たちは、熱意を持ってこの未曾《みぞう》有の災害に立ち向かってくれている――。

目頭がさらに熱くなった。

林崎はすっかり涙もろくなった。

徳山の周りに集まった幹部たちは、中央の巨大ディスプレイへ何度も視線を送っては、電話にかじりつき、大量に送られてきたメールを読み漁《あさ》る――その連続だった。

震災当日に入れなかった三陸海岸の惨憺《さんたん》たる映像を、〈みちのく号〉がずっと送ってきていたからである。

徳山もその一人だったが、〈みちのく号〉のパイロットの、その声に思わず顔を上げた。

「ここは、気仙大橋の上空と思われますが――」

徳山は、ディスプレイを見つめたまま呆然《ぼうぜん》とし、ゆっくりと立ち上がった。

災対室のほとんどの局員は総立ちとなった。急いでディスプレイの前に集まってくる。ディスプレイの前は人だかりとなった。

パイロットの説明はそれ以上、必要なかった。

「橋がないよ……」

誰かがそう呟《つぶや》いた。

「まさか……津波で流された……」

上ずった声が局員の間から洩《も》れた。

徳山は、瞬《まばた》きを止めて見つめた。

気仙大橋の、橋を支えているはずの上部工《じょうぶこう》（橋げた）がすべて消えていた。わずかに何本かの下部工《かぶこう》（橋脚）だけが、濁流の上に、微《かす》かに覗《のぞ》いて見える。

局員たちは、突っ立ったまま動けなかった。

後日分かったことは、強烈な津波のエネルギーで持っていかれた気仙大橋の上部工は、そこから約四百メートルも上流まで運ばれ、粉々となって散乱していたのだ。

〈みちのく号〉は、壮絶な映像をさらに送り続けた。

岩手県に近づくにつれ、橋という橋が、それこそ文字通り、根こそぎ破壊されていた。

徳山は、口を固く結んだまま、椅子に腰を落とした。

巨大なディスプレイの上に、部下が貼《は》ってくれた、〈オペレーション・コーム＝くしの歯作戦〉という看板を漫然と見つめた。

徳山は、思い出した。十六年前のあの日。

阪神淡路大震災の発生の日。ヘリコプターが映し出した、阪神高速道路の惨状。橋脚が破壊され、山側に向かって約八百メートルに渡って横倒しとなった。

その映像を、徳山は、建設省道路局のオフィスで見つめた。

――嘘《うそ》だろ……。思わずそう呟いたことは今でも覚えている。

そのときに受けたのと同じ衝撃だった。

徳山は、ハッとして、釜石の鵜住居地区のことをまた思い出した。これだけの大津波である。いにしえの者たちが遺《のこ》した警告の碑《いしぶみ》の近くまで迫ったことは想像に難くない。

住民たちは、無事、逃げてくれているだろうか――。

突然、徳山は、エアポケットに放り込まれたような錯覚に陥った。

周りは喧噪《けんそう》に包まれているのに、自分の席だけが静寂なのだ。

だから、一時、冷静な頭になれたのかもしれない。

最初に脳裏に浮かんだのは、それにしても――という言葉だった。

普通の災害では、「応急復旧」→「本格復旧」という流れになる。しかし、この大震災では違っていた。「啓開」→「応急復旧」→「本格復旧」→「復興」となるだろう、と徳山は思った。

徳山は、今回の震災被害が未曾有のものであることをあらためて実感した。

〈くしの歯作戦〉で、徳山が真っ先に指示したのは、復旧ではなく啓開を急ぐことだった。そして、横方向（東西方向）の計十六本の国道以外は目もくれるなとも指示。つまり優先順位を明確に示した。

啓開という活動は、職員でも知らない人間が多かったはずである。

しかし、大震災での被災者数が膨大で、数多くの道路も被害にあったというケースでは、一刻も早く救援ルートを啓くことが人命救助の上で重要となる――徳山は、それが今、実現していることをひたすら願った。

だが、〝それにしても〟という言葉には、もうひとつの意味が込められていることを、徳山は、思い知らされた。

現場部隊は、まさに危険を顧みず、突っ込んでいる。危険というのは、土砂の崩落もあるが、沿岸地域では、さらなる余震による津波の方が気になっていた。何しろまだ、大津波警報が発令されっ放しなのだ。

徳山は、全部隊に突入を命ずることができなかった。

十分以内に安全な場所に移動できて、情報をいつでも得られる体制がとれるケースに限り、津波危険区域に入ってもよいとは言った。

しかし、次々と寄せられる報告から、実際は無理して、突っ込んでいることがわかった。

突入を止《や》めさせるべきだろうか、彼らの判断に任せてやらせてよいのだろうか――。

自分は、責任から逃げているのだろうか――。

ディスプレイを見つめたまま、徳山は、ひとり自問自答した。

釜石国道維持出張所の佐々木が、建設会社テラとともに、甲子跨線橋《こせんきょう》の応急復旧工事をぶっ通しで終えたのは、十二日午後九時半頃のことだった。

それによって、内陸からの主要な緊急輸送ルート――仙人峠道路の交通を確保したのだ。

その報告は、直ちに災対室に届いた。

電話を受けた林崎は、力強い佐々木の声を聞いた。

「甲子跨線橋、復旧、完了！」

緊急車両のみ通行できればいい、という条件を付けていたものの、余りの対応の早さに、林崎は感謝するしかなかった。そして何より頭が下がったのは、民間の建設・土木業者の彼らもまた、徹夜で休む間もなく働いてくれたのだ。

残るは、最大の問題となっているラインだった。

「国道４号」とアクセスし、気仙沼へと繋がる「国道２８４号」――。

「市街地の入り口まで、啓開完了！」

その報告は、気仙沼の国道維持出張所が、十二日の午前六時過ぎという早い段階で災対室へ上げていた。

しかし、そこから先、市街の中は通行不可という報告には変化がないままだった。

大津波によって、道路という道路が膨大な量のガレキに埋め尽くされていたのだった。

東京の国土交通省の対策本部では、大畠大臣の陣頭指揮により、〝主力部隊〟の投入を進めていた。

全国の地方整備局から、あらかじめ指定された「テックフォース」を緊急招集し、一斉に東北地方へと放ったのである。

テックフォースは、地方整備局のあらゆる分野のプロフェッショナルで構成されていた。土木技術、機械・通信技術、災害査定などの専門家集団だ。

ほとんどが、過去、幾つもの災害で任務にあたったという、頼もしい経験を持っている。

彼らは、啓開チームが、とにかく緊急車両が通れるだけの国道を啓《あ》けた、その後を追った。

復旧作業の具体的な工程を、その場で決断していった。

予算さえ現場で素早くはじき出し、猛烈な勢いで復旧計画を立案し続けたのである。

災害の被害額の数字が、かなり早い段階で報じられるテレビニュースを見たことが誰でもあるはずだ。理由は、このテックフォースの働きがあったからこそなのだ。補正の国家予算などから、いち早く、復旧のための資金が投じられることになるのである。

〈くしの歯作戦〉は、ようやく大詰めを迎えていた。

大津波によって壊滅的な被害を受けた、陸前高田市、南三陸町への、緊急車両の通行が可能となった。また、福島県内ではアクセス可能道路は全域に広げられたのである。

最後に残ったのは、「国道288号」。JR常磐《じょうばん》線の跨線橋が落橋していたが、福島第1原子力発電所からほど近く、警察により立入禁止区域とされているエリアだった。

震災の翌日という極めて早い段階で、災対室は被災地の全体的な情報をほぼ把握。啓開も順調に進み、多くの道が啓けられた。

次々とホワイトボードに書き込まれる啓開作業の進捗《しんちょく》状況を見つめながら、道路啓開がこれほど早かった理由は幾つかあると徳山は思った。

一つは、これまでの橋梁《きょうりょう》の耐震補強対策が効を奏したこと。もう一つは、〈くしの歯作戦〉を展開したことで、南北を貫通する「国道4号」から太平洋沿岸部へ繋がる「十六本のルート」の道路啓開に集中できたことが大きかった。さらにほかの地方整備局から、計四機のヘリコプターを得て運用できたこともまた大いに役立った。

すっかり涙もろくなった林崎の胸の中には、功労者として多くの者たちの姿があった。

災害協定により出動してくれた地元の建設・土木の業者さんたち。そして各県庁の道路管理者たち。またもちろん、警察と自衛隊の方々――。

三月十五日、震災からわずか五日目のことだった。

東北地方整備局と民間の建設・土木業者たちは、太平洋沿岸部の、被害の大きい、釜石市、陸前高田市、南三陸町などへのアクセスや、福島県内全域へと伸びる、「国道4号」から横のアクセスライン計十六本をすべて〝啓《あ》けた〟のだった。

しかし東北地方整備局の任務はそれに留まらなかった。

その任務は、東北地方整備局の生え抜きの職員でさえ、初めての経験だった。

毎年十月、全国から太鼓打ちが集まる「全国太鼓フェスティバル」で知られる、岩手県南部の陸前高田市。三陸地方の交通の要衝だ。

そこでもまた、大津波は、壮絶な爪痕《つめあと》を残した。

大津波は市役所庁舎の四階にまで達し、全《すべ》ての機能を失っていた。

東北地方整備局の災対室がそれを知ったのは、十二日午後三時のことだった。

大勢の市の職員も行方不明となっていた。市長や、市の災害対策班の誰とも連絡が取れない状態が続いていた。

しばらくして、啓開チームが、市役所の〝生き残り〟を発見した。

市の災対班の〝生き残り〟たちは、大津波被害に遭わなかった、学校給食センターの、休憩室の六畳一間を災害対策室として立ち上げていたのである。

時間の経過とともに、東北地方整備局では、太平洋沿岸部にある市町村の、役所機能が深刻な問題を抱えているところが余りにも多いことがわかってきた。

震災翌日の十二日以降、何人かの市長と衛星携帯電話で話せるようになってくると、市町村の被害が想像を絶する規模で甚大《じんだい》なこと、また悲劇的な困窮ぶりが分かってきたのだ。

徳山は、あるアイデアの実行を決断した。

これまで、国土交通省が行ったことがないアイデアだった。だが大きな反発も予想された。大きな賭《かけ》ではあった。だが、自治体をどうしても助けたい、との思いが強かった。

国土交通省の対策本部とのテレビ会議の席上、国土交通大臣の大畠の素早い決断が徳山に勇気を与えた。

「予算のことは考えなくていい！　国土交通省の枠にもとらわれるな！　国の代表として、迷わずやってください！」

徳山のアイデアとは、東北地方整備局が保有する機材だけでなく、職員さえも市町村に派遣し、市長や町長の〝右腕〟となってその自治体のために働くこと――前代未《み》聞《もん》の大胆なプランだった。それだけの多くの資機材も優秀なマンパワーも保有している東北地方整備局をフル活用して欲しい、という思いがあった。

徳山は、通信機材や災害対策車（指揮が執れる）を、全国の地方整備局から集め、被災地の市町村に配置するよう指示した。大津波で被災した太平洋沿岸部の市役所や町役場では、まず通信手段に困窮している。それがないので何もできない状態となっていた。

そこで東北地方整備局が保有している衛星通信車《ケーユーサット》を、それら自治体に送り込む手続きを徳山は急がせた。有線が遮断されていても、ケーユーサットなら、どこからでも

NTT回線と通信が可能だからだ。

次いで、市町村長の幕僚となりうる優秀な職員を〝リエゾン〟という名目で送るように命じたのだった。

徳山の命令を受けた幹部たちは困惑した。

〝リエゾン〟職員の選抜（当初は東北地方整備局の事務所の課長クラスを選抜）と、その後の交替の計画（全国から集まった他の整備局のテックフォース隊員を交替要員として送る）、さらに彼らの後方支援と、彼らからあがってくる要請の処理という、膨大な仕事が新たに発生することになるからだ。

幹部たちはさらなる膨大な仕事を覚悟したが、その一方で、ある一人の女性へ視線を投げかけていた。

かつてない異例の任務ゆえ、抜擢《ばってき》されるのは、防災課長の熊谷しかいなかった。しかし、通常の復旧業務だけでも不眠不休がずっと続いていた熊谷は明らかに限界状態だった。見るからに憔悴《しょうすい》していて、職員で倒れるものが出るとしたら、それは真っ先に熊谷だと幹部たちは確信していた。ガスが停止しているので風呂《ふろ》もずっと入っていない。責任感の強い彼女は、上司からの、休んだらどうだ？　という言葉にはまったく耳を貸さなかったのである。

それでも、多くのスタッフが、彼女が過労死してしまうんじゃないか、と真剣に心配した。趣味のテニスで、純白のウエアに身を包み、コートを走り回る颯爽《さっそう》とした姿とはまったく違っていた。

徳山は、その時を限界だ、と判断した。

局長命令という〝強権〟を敢《あ》えて発動し、熊谷を休ませた。

「リエゾン班司令部」なる風変わりな臨時の部署を進言したのは澤田副局長で、企画部長の川嶋直樹《かわしまなおき》がその指揮を執ることとなった。

当初、市町村長には戸惑いがあった。ただ、〝リエゾン〟を部下として使い始めると、その優秀さはすぐ理解した。

ところが、やはり、国土交通省に棺桶《かんおけ》や生活用品の手配を要請できるとは思わなかったようで、依然、道路や河川関係の要請ばかりだった。そこで、徳山は、市町村長宛《あて》に文書を書いた。

〈道路や河川関係にとどまらず、日用品や資機材など幅広くリエゾンにお申し付け下さい〉

しかし、それでも町長や市長たちは逡巡《しゅんじゅん》していた。状況がまだ大混乱しているのもさることながら、就任一カ月の徳山局長のもとの東北地方整備局がいったい何をしてくれるのか、そのイメージが作れなかった。

その雰囲気を感じとった徳山はリエゾン経由で手紙を送った。

〈私のことを『整備局長』と思わず、『ヤミ屋のオヤジ』と思ってください〉

多くの市長たちが笑って電話をかけてきた。

「ヤミ屋のオヤジとはどういう意味なんです？」

その答えに、徳山は躊躇《ちゅうちょ》なく言った。

「そうです。〝ヤミ屋のオヤジ〟である私が派遣した〝リエゾン〟の職員は、何でも屋でもあります。行政のプロフェッショナルとして、あらゆることに対処し、あらゆる結論を導いてくれるはずです」

しばらくして徳山の言葉が大袈裟《おおげさ》ではなかったことに、多くの町長や市長が気づくことになった。

澤田は、企画部の企画調整官、池口正晃《いけぐちまさあき》をヘッドとするリエゾン班とは別に「物資調達班」というチームを新たに立ち上げた。池口のもとには、六名の東北地方整備局の職員が就いた。

まず池口が、被災地の市町村長へ直接、電話をかけまくった。最初はやはり躊躇していた市町村長も、池口の物腰の柔らかい、それでいて説得力のある雰囲気に、本音を口にしはじめた。

ニーズを聞き出した池口を始めとする〝司令部〟からの情報で、被災していない東北地方整備局の国道事務所や出張所の職員たちが駆けずり回った（六月三十日のまとめで、延べ三千九百十六名の職員がリエゾンスタッフとして活動した）。

多くの市町村長からの要望があったのは、照明機材だった。停電のために交差点が危険であり、夜になると避難所が真っ暗のために大勢の被災者たちが苦しんでいた。

物資調達班はすぐに、国道事務所などが保有する十四台のバルーンライトをかき集めて市町村へ運んだ。バルーンライトとは、道路工事現場でよく見かける巨大でかつ、辺りを真昼のように照らすハロゲンライトだ。

仮設ハウスの要望も、市町村長にとっては切実な問題だった。三陸エリアの多くの市町村では庁舎ごと流され、被災者支援や応急復旧をやろうにもできずにいたのだ。国道事務所の職員たちと民間業者たちは、工事現場で作業員たちの宿泊所として使っているユニットハウス約三百棟をメーカーなどから調達。昼夜を分かたず駆けずり回って、被災者支援の指揮所となる〝臨時庁舎〟をいたるところで作り上げた。

三十台の洗濯機を新たに買って、被災地へ送り続けたのは、ゼネコンや舗装関係の業界団体だった。また、宮城県東松島市では、家屋が流されることはなかったが、海からのヘドロが玄関を被《おお》うなど、生活ができない状態だった。そのため、ヘドロを除去するスコップがもっとも必要なものだった。物資調達班が集めて届けたのは、約六百本のスコップだった。

三陸エリアのある市長から、叫びのような、切実な要望が徳山に寄せられたのは、遺体を埋葬するための棺桶と収納袋だった。棺桶は本来、公共事業の予算では買うことができないことを理解しながらも、徳山は決断した。火葬すべきところ、燃料が欠乏してできない。さりとて、ご遺体をそのまま土葬にするのは忍びがたい。そこでせめて、棺桶かご遺体の収納袋に入れて埋葬してあげたい――それが市長の悲痛な叫びだとわかったからだ。物資調達班の職員たちは、まず宮古市内の業者に緊急依頼して百個の棺桶を作らせて納入し、ご遺体の収納袋も三百袋を人海戦術で集めては届けた。

三月三十一日まで、被災地の市や町からの、二百十八回のSOSのほとんどに対応。平均配達時間は二・九日だった。

リエゾン班の仕事はそれに留まらなかった。他の省庁に関係することにも〝交渉役〟となった。ガレキとなって放置されたままとなっている巨大な燃料タンクの処理や、ガレキ処理のための緊急免許など、法的に各省庁に跨《また》がる問題にこそ、底力を発揮したのである。

何しろ、東北地方整備局の職員たちにとって、〝交渉ごと〟こそ、日常的な本来の任務であり、スペシャリストなのだ。

また、東北地方整備局は、国土交通省の——国家機関の直轄《ちょっかつ》部隊である。各省庁の、どのボタンを押し、どんな搦《から》め手で攻めれば解決が見いだせるか、その〝奥義《おうぎ》〟を知り抜いていた。それこそ、地方自治体には真似《まね》ができない、行政のプロフェッショナルの〝芸当〟だった。

そのため、東京・霞が関の中央官庁では、奇妙な光景が繰り広げられた。

あるちっぽけな市役所の幹部が、中央官庁の担当者に電話を入れたときのことである。担当者は、〝消極的権限争い〟によって、冷たい反応しかしなかった。

ところが、「お電話、替わりました」という声が突然聞こえ、市役所側の相手が変わったのだ。

その途端である。

専門用語がまくし立てられ、しかも法律にやたら詳しい。そして、痛いところをどんどんついてくる。

中央官庁の担当者は、地方の役人を相手に、そんな経験をしたことはなかった。

呆気《あっけ》にとられながら、その中央官庁の担当者が聞いた。

「あなたはいったい？」

市役所側の男が軽く言ってのけた。

「国土交通省、東北地方整備局の者です」

「と、東北の……地方……整備局？　なぜ……そこに？……」

中央官庁の担当者は呆然《ぼうぜん》とした。

東北地方整備局員は平然と言った。

「国土交通大臣の命を受け、市長の支援を行う業務を実施中です」

池口は、約一週間、単身赴任のマンションには帰れず、大震災でひび割れした東北地方整備局で寝泊まりを続けた。暖房は止まっていた。寒さをできるだけ避けようと、災害対策室に椅子を並べて、その上に体を横たえてわずかな睡眠をとった。災害対策室も暖房は切れていたが、パソコン機材の熱と、同じく寝泊まりしている職員たちの体が発する熱気がわずかな〝暖かさ〟となった。

数日が一日のような感覚に陥った池口でも、唯一《ゆいいつ》、癒《いや》しとなった忘れられない記憶がある。女性職員や食堂の女性調理人たちが作ってくれた握り飯だ。池口は、徹夜の時も、被災地へ行くときも、いつもその握り飯をほおばっていた。暖房もなく、風呂にも入れない池口にとって、唯一の〝暖かさ〟に心が震えた。

さすがに睡眠不足で頭が朦朧《もうろう》とし始めていたときだった。

どこの番組か、徳山は覚えていない。

だが、アナウンサーのその言葉ははっきりと記憶した。

〈鵜住居《うのすまい》地区内は、津波で完全に壊滅状態となり――〉

頭を覚醒《かくせい》させた徳山は、一人の幹部を急いで呼んだ。テレビはすでに、別のニュースに変わっていた。

徳山は、新聞記事を探させた。

手渡されたのは、インターネットサイトにアップされていたニュースのコピーだった。

懐《なつ》かしい光景がまず目に入った。

しかし、それは変わり果てた姿であった。

鵜住居の「地区防災センター」。

窓という窓がすべて割れ、ガレキの中に埋まっていた。

記事の内容に、徳山は、声もなかった。

大津波警報を受けて避難した鵜住居の住民たちの多くが、地区防災センターへ逃げ込んだ。

しかし、それが結果的には悲劇を生んだ。

鵜住居地区に牙《きば》をむいた大津波は、湾から川を猛烈な勢いで逆流。強固な二階建ての地区防災センターに襲いかかった。

大津波は、高さ十メートル近くであったとされている。

だから、二階の窓を破壊し、大量の泥流をたたき込んだのだ。

避難した住民たちは、その二階ホールにいた。

天井近くにまで達した泥流が、住民たちを呑《の》み込むまでそう時間はかからなかった。

後日、発見された六十九名の遺体の中には、リュックを背負ったままの小さな男の子も含まれていた。実際に逃げ込んだ住民は二百人以上とも言われている。生存が確認されたのはわずか三十四名だった。

多くの命が奪われた、地区防災センターの二階ホール。

約一週間前、徳山はそこにいた。

鵜住居の子供たちを含めた住民から歓待されたのだ。

間違いない、と思うと、愕然《がくぜん》とした。

犠牲者の中に、あのとき、ひとなつっこい笑顔を投げかけてくれた子供たちもいるはずだ——。

そっと災対室を離れた徳山は、局長室に入った。

図らずも涙が頬をつたった。

道路の開通を祝ってくれ、手作りの御馳走《ごちそう》を出してくれた、あの住民たちの何人が犠牲になったのであろう。

彼らを守ることはできなかった——自分を責める思いがこみ上げ、涙が止まらなかった。

自分にできることがなかったのか——。徳山はそれからもずっと自問自答し続けた。

そして、忘れていた、あることに徳山は気づいた。

〈みちのく号〉が両石地区を撮影していないか、映像を探すよう、再び部下を呼んで指示した。

しばらくして届いたCD－Rをパソコンに入れて、そこに焼き付けられている静止画像を拡大した。

　手元にある地図と見比べた。

　徳山は、愕然として椅子《いす》の背もたれに体をあずけた。

　津波は到達していた。しかも、両石漁港を乗り越えた大津波は、両石地区中心部の家屋をすべて呑み込んだあと、両石津波記念碑を襲っていた。

　ところがである。津波は、ちょうど、記念碑の辺りで止まっているのだ。

　先人の教えどおりだった。

　津波は、記念碑より下の地域を、すべて破壊し尽くしていたのである。

　徳山は、急いでデスクの引き出しを開けた。

　地区防災センターでの祝賀会のあと、帰り道で、偶然に目撃した両石津波記念碑には、ある文章が刻まれていたことを思い出したからだ。

　その文章は、ホームページのリンク先で現代語に翻訳されていて、印刷しておいたのだが、読むだけの時間がなく、しまい込んだままとなっていたのである。

〈両石津波記念碑〉

　表紙にはそうある。

　ページをめくった徳山は、ため息をひきずった。

〈この碑はいつか無くなる。しかし、この恨みを忘れてはいけない。たとえ（この碑が）雨に洗われ、苔《こけ》に蝕《しょく》され、文字が摩滅《まめつ》しようとも、明治二十九年六月十五日の津波被害を、昔からの言い伝えとして子孫に伝えよ〉

そのことに気づいた徳山は、地上から啓開チームが撮影した写真を、慌《あわ》てて手に取った。周りはガレキだらけなのに、そこだけは記念碑が凜《りん》として立っていた。そして、そこに刻まれた言葉もまた流されず、津波がすべてを呑み込んだ街を静かに見下ろしていた。

第三章　省庁の壁を越え、命を救った者たち

三月十一日　午後二時四十六分　内閣危機管理センター

外堀通りと呼ばれる、東京でも屈指の大動脈。赤坂という繁華街はその道路からほど近い。

異様な光景だった。外堀通りから少し入ったビジネス街を、真っ昼間、大勢の男女が全速力で走った。

内閣安全保障・危機管理室が入居するビルを飛び出すと、オフィス街を全速力で走った。

歩道はもちろん、車道も躊躇《ちゅうちょ》なく横切った。

わずか七十メートルほどではあった。

だが、男と女は必死だった。こんなに速く走ったのは、学生時代以来のことだ、と思いながら走ったスタッフもいた。

警備詰め所で争うようにセキュリティ・チェックを受けた男女は、さらにそこからエレベータへ駆けた。

十数人を積み残したエレベータが、首相官邸地下一階にある、「内閣危機管理センター（センター）」に到着したとき、汗だくの男女が吐き出された。

内閣官房の重要機関である「センター」は、官邸からほど近いビルにオフィスを構える。だが、これまでの訓練で、スタッフたちが全速力で走ってきたことはなかった。

安危室の幹部やスタッフが駆け込んだのは、センターやその隣にある「幹部会議室」と呼ばれる大部屋だった。

安危室スタッフの、ある内閣事務官は、政府災害対策本部の立ち上げ準備を急ぎながらも、つい数分前のことを思い出した。

すべては、NHKの地震速報を告げる不調和音から始まった。国会中継の真っ最中だった。五十秒ほどして、緩やかな横揺れを感じた。そして、強烈な揺れとなったのは二分後のことだった。

安危室では飛び出す者はまだいなかった。震源地と震度を確認する必要がある――激しい横揺れに耐えながら、テレビの前に数十人のスタッフが押し寄せた。

だがなかなか震度が表示されない。

〈震度七・宮城県北部〉

大地震だ！　と誰かが叫んだ。

その直後だった。安危室の男女が一斉にオフィスを飛び出したのである。

幹部会議室に続々と各省庁の局長たち――緊急参集チームが集まってくる中、内閣事務官は本能的に体が動いていた。震災時の緊急マニュアルは体に染《し》みこんでいたからだ。

内閣事務官は、ファックス台へ駆け寄った。

だが、なかなか期待していたものが受信されない。

「ＤＩＳ」と呼ばれる「全国地震被害推計結果」は、震災発生から、二～三分で届くはずなのである。

内閣府の災害担当部局が管理するそのシステムは、震源エリアにおける被害予測をするシステムだ。

各省庁が持っている、建築物の情報（コンクリート造り、木造に至るまでの分布図）や、地盤や地層の状態、断層の位置、河川の状況など膨大なデータを瞬時にスーパーコンピュータで解析し、具体的に被害の推定を行い、それを数値化して自動的に送ってくる。政府や各省庁における初動対応の参考とすることができる。

そしてもちろん、内閣総理大臣に素早く報告されるのだ。

ファックスが届いたのは、午後二時五十三分。
これまでの大きな地震発生時よりもかなり時間がかかった。
奪い取るようにして見つめた内閣事務官は、安危室の幹部へすぐに手渡した。

〈DIS——全国地震被害推計結果
発生時　三月十一日　午後二時四十六分
伝聞時刻　三月十一日　午後二時五十三分
震源深さ　約十キロ
マグニチュード　7・9
震度6弱以上　約93000平方キロメートル
震度5強以上　約202000平方キロメートル
岩手県南部から茨城県まで
死者　1000人
重傷者　20000人
避難民　700000人
建物全壊　50000棟〉

内閣事務官は、ひとり唸《うな》った。

死者が一千名――。やはり大地震だ……。

DISは、二〇〇八年の岩手・宮城内陸地震や、新潟の中越地震でも、実際の被害規模とそう大きくは違わない予測をしていた。だから、誤差があるとしても、阪神淡路大震災の被害規模に近づくかもしれない……。

内閣事務官は知らなかった。

その瞬間、幾重もの巨大津波が、東北の太平洋沿岸部を目指していたことを。

だが、DISは建物倒壊のみを想定し、〝大津波のデータ〟が含まれていなかったことを知るまで、そう時間はかからなかった。

NHKニュースがディスプレイ一杯に映し出した光景に、内閣事務官は立ち尽くした。

信じがたい光景がそこにあった。

津波が、住宅地へと勢いよく流れ込んでいる。そして、ビニールハウス、車、住宅を次々と呑《の》み込んでいるのだ。

幹部会議室は、騒然とし始めた。津波のニュースが流れたからだけではない。政府緊急参集チームとしてあらかじめ指定された、各省庁の最高幹部たちと、その膨大な数のスタッフたちが駆け込んできた。しかもその数は、スタッフたち自身でさえ想像もしていなかった。

防衛省の官僚は、呆然《ぼうぜん》として幹部会議室を見渡した。

一九九六年に創設された頃のセンターを知っている防衛官僚は思った。

何という数なんだ――。センター創設以来、最大のスタッフが今、ここに集結していることは間違いない。ざっと見渡しても、その数は約三百数十名になるはずだ。各省庁ごとに色分けされ、ゴシック文字で省庁名が書かれたビブス（サッカー試合で控え選手が着るチョッキとして有名）を羽織って、走り回っている。

中央に置かれた巨大な楕円《だえん》形の会議机。中央に、内閣危機管理監の伊藤哲朗《いとうてつろう》（元警視総監）が陣取り、その左右を、関係省庁の「緊急参集チーム」が囲んでいる。

緊急参集チームは、国家の緊急時、三十分以内に内閣危機管理センターへ集まることを指示された、最高幹部たちである。しかし単なる〝最高幹部〟ではない。

緊急参集チームに指定されるのは、各省庁で筆頭となる「局長」である。つまり、各省庁で、実質的に最高権限を持った最高幹部が、今、ここに顔を揃《そろ》えているのだ。そして、局長の背後には、局の部下たちが、簡素な椅子《いす》に座り、あるいは立ったまままずらっと並んでいる。まるで、その「局」のオフィスごと引っ越してきたかのような光景だった。

いや、それぞれの省庁の心臓部が、今、ここにあった。

中央官庁のトップには「事務次官」というポストがある。だが、実質上、中央官庁は「局」という単位で動いている。ゆえにその指揮官である「局長」は、絶大な権限を持っており、そのことごとくが今、ここに座っているということこそ、ものごとがダイナミックに動き出そうとしていることを物語っていた。

一九九五年の阪神淡路大震災のときは、関係省庁の縦割りでそれぞれの対応に任せきりとなった。だから、調整に問題が生じた。情報もほとんど官邸に届かなかった。その教訓としてセンターが創設されたのだが、それにしても、センターで走り回る各省庁のスタッフの数は壮大だった。

被災地救援に関する情報が入る度に、誰とはなくマイクで叫ぶ声がセンターに響き渡った。

「福岡のＤＭＡＴ《ディーマット》（災害派遣医療チーム）から、輸送支援要請があります！」

最優先ミッションは、とにかく人命救助だった。自衛隊、警察、また都道府県のヘリコプターや車両を幹部会議室が指揮を執ってフル活動させた。一刻も早く、医療チームも運ばなくてはならなかった。

呼応して、防衛官僚スタッフがマイクで叫ぶ。

「航空自衛隊、Ｃ－１輸送機、用意できます！」

安危室幹部が答える。

「ＤＭＡＴは、花巻《はなまき》（岩手県）に調整所を置き、東北の拠点としている。全国のＤＭＡＴからの要請に素早く応じて欲しい！」

また、緊急車両の指定や、全国のガソリンスタンドにおいて、被災地へ向かう緊急車両へは、優先的にガソリン供給を行うための手続きを関係省庁に指示したのもセンターだった。

だが、震災発生から約五時間後、午後八時過ぎのことだった。

センターに、想像もしていなかったミッションが飛び込むこととなった。全国から電源車を大至急、集め、福島第1原子力発電所へ輸送せよ、と――。

それより四時間前の午後三時四十二分、原子力安全・保安院（保安院）が、福島第

1原子力発電所の1号機から5号機のすべての電源が失われたとする通報を行っていた。午後七時三分、政府は、原子力緊急事態宣言を発令。原子力政策を推進してきた日本にとって、史上初めての事態だった。

その瞬間から、冷却システムを失った原発への対処も、センターの大きなミッションとなっていった。全国から原発の冷却システムを維持するための電源車を集めるため、各省庁への指示と調整で騒然とし始めた。

だが、あらゆるオーダーやニーズが、その場で決断された。センターに集結していた、全権限を持つ「局長」が、即決、実行していったからだ。局長が決断したことは、役所の総意と同じだった。

日本の官僚機構では、各省庁どうしの「合議《あいぎ》」という〝儀式〟が最も重要である。法改正するにも、白書を作るにも、また新たな事態に対応するにも必ず「合議」が行われる。関係する省庁の幹部が集まり、激論を戦わせる。省益を確保するための争いの場でもある。そして激論になればなるほど、〝役所に持ち帰って検討します〟となるのだ。

しかし、その日、その時、「合議」の姿は消え去った。いや、それが許されなかったし、その必要もなかった。役所の代表である「局長」が決断すれば、誰も文句のつけようがないのだ。

即決される要請、実行されるオペレーション——捜索部隊の派遣、被災地への支援物資の輸送、さらにそれを円滑にするための法律の弾力的な運用——センターに詰めかけた約三百名もの官僚やスタッフを見つめていた防衛官僚は、官僚機構の底力がここにある、と確信していた。官僚機構を使いこなせば、これだけのダイナミックな力を発揮するのだ。

新聞やテレビで、その壮絶な動きが見えないのも当然だった。スタッフのほとんどは、それから数週間経《た》っても、地下一階で缶詰状態が続いた。寝食を忘れ、携帯電話も繋《つな》がらない地下の狭い空間で、昼と夜の区別もつかず任務についていた。

ただ、顔がみえないのは、広報するシステムがないことも問題だった、とある政府幹部は語る。内閣官房には、「内閣広報官」というポストがあるにはあるが、それは、国民向けの広報でしかない。自らの組織の活動ぶりを発表する役目は負っていないのだ。

内閣危機管理センターに届く、様々な情報や要請は、まず、センターの左側に位置する、オペレーションルームに届けられた。そこにもまた、膨大な数のオペレーターだけでなく、各省庁の連絡担当者が押し寄せていた。

オペレーションルームにファックスで情報や要請が送られてくると、連絡担当者がすぐさまスキャナーでパソコンに取り込む。読み込まれたデータは、通信網で繋がっている、隣接した幹部会議室のスタッフのパソコンに映し出される。スタッフがマイクを使って、全員に報告していた。

またオペレーションルームに詰める経済産業省の連絡担当者が、オペレーションルームの「統括」と呼ばれる内閣官房の幹部に、情報を伝え、そこから幹部会議室へ報告されることもあった。

全省庁が、すべての情報を共有することが重要だ、と内閣危機管理監の伊藤が判断したからだった。伊藤が強調したのは、入って来る情報に対してひとりでその評価を行うべからず、ということだった。全員が情報を共有し、判断も共有する――伊藤はその言葉を何度も繰り返した。

十一日深夜、日付が変わろうとしていた頃、雰囲気の違う、なじみのない集団がセンターに参集してきた。

センターに集まっていた関係省庁のスタッフたちは、これまで、何度も、地震、大規模火災、水害や海外テロ事案など様々な事態で一緒に協議して対応し、様々な図上演習や訓練も行ってきた仲であり、顔見知りどうしも多かった。

しかし、新しく姿を見せた、原子力安全・保安院という経済産業省の外局の官僚たちは余りにも異質だった。

異質なのは雰囲気だけではなかった。福島第1原子力発電所で今、起きていることについて、保安院の幹部が説明を始めると、センターの多くの幹部たちは困惑することとなった。

聞いたこともない専門用語を躊躇《ちゅうちょ》せず、連発する。特殊な専門用語をふんだんに使いながら、ひたすらロジック（経緯）を延々と説明し続ける。最後になっても、なんら結論が導かれない――。

幹部会議室に集まったある省庁の局長は、「まるで宇宙人と話しているかのようだった」と吐露している。

別の省庁の局長は、「彼らへの、物事の伝え方さえわからなかった」とも述懐している。

さらに別の省庁の幹部は、愕然《がくぜん》としていた。

保安院は、エマージェンシーに対応した組織ではない。こんな役所に、我が国は、原子力発電所を任せていたのか——。

だが、その一方で、国土交通省のあるスタッフは、身をよじるような悔しさにも同時に浸ることになった。

約一カ月前のことである。センターは密《ひそ》かに、原子力発電所で事故が発生したケースを想定した図上演習を行っていたのである。しかし、全電源喪失という事態は考えもつかなかった。また、津波による損害も想定外だったのだ。そして、保安院をそこに呼ぶことはなかったのだった。


!

へ

前

首相官邸の五階。吹き抜けを巡る廊下の、さらにその奥には二重の通路があり、その先に内閣総理大臣の執務室はある。

執務室とつながる総理専用の更衣室、さらにそのすぐ脇《わき》のドアを開けたところに、一台の専用エレベータがあることはほとんど知られていない。地下の内閣危機管理センターへと繋がっている専用エレベータだ。番記者たちに気づかれることもなく、センターとの間を行き来できるのだ。

菅直人《かんなおと》首相がセンターに姿を見せたのは、十一日、震災発生直後のことだった。幹部会議室で、内閣危機管理監の伊藤の横に陣取り、同じく駆けつけた、枝野《えだの》幸男《ゆきお》官房長官とともに、溢《あふ》れる情報の洪水の真っ直中《まただなか》で指揮を執った。

しかし、各省庁の多くの幹部は、菅首相がいかにして陣頭指揮を行ったのか、その具体例をなかなか思い出せない。

菅首相が幹部会議室に存在したのはわずかな時間だった。その後は内閣危機管理センターの奥にある「総理専用室」へ〝こもった〟。

その専用部屋へ、東京電力（東電）、保安院、また原子力安全委員会の最高幹部が足しげく通い始めたのを、多くのセンター要員たちが目撃することとなった。

一方、枝野の指揮ぶりには鮮明な記憶が残っている。

震災当日の夜、都内を始め、関東の主要都市では、電車がストップしたことから、〝帰宅難民〟が溢れかえった。都内では、タクシーをやっと捕まえても、ほとんどの大きな道路は大渋滞。まったく動かない。市街地へ向かう歩道は、徒歩での帰宅者で溢れかえった。

しかし、さらに郊外に自宅を持つサラリーマンたちは諦《あきら》めるしかなかった。企業は、オフィスに社員たちを受け入れた。だが、ほとんどの者たちは、駅周辺で為《な》す術《すべ》もなかった。疲労の色を隠さず立ち尽くし、あるいは新聞を敷いて座り込んで項垂《うなだ》れた。

その対策に陣頭指揮を執ったのが枝野だった。幹部会議室に集まった関係省庁の局長に、矢継ぎ早に指示を出した。公共機関の施設や学校を開放し、帰宅難民を受け入れさせろ——。

その指示は驚くほど早く伝わり、現場で徹底されることとなる。都内の警察署前には、臨時避難所の情報が次々と張り出された。満杯となって入りきれない区役所も発生したが、都内の多くの公共機関が施設を開放した。

しかし、菅首相の姿は、しばらくしてセンターの専用室からも消え失《う》せた。

翌日の十二日、菅首相は、ヘリコプターで福島第1原子力発電所へ視察に出かけた。

その直後から、菅首相が〝こもった〟のは、総理執務室と秘書官室の間、廊下に突き出た応接室だった。

そこに、あの三者（東京電力、保安院、原子力安全委員会）の技術系の最高幹部たちを集め、〝こもった〟のである。史上、最大かつ最悪の原子力災害への対処は、その〝密室〟の中ですべてが決まってゆくのだった。

ある省庁の局長は、そのときの光景を今でもよく覚えている。日本の頭脳である中央官庁の官僚たちは、官邸の「五階」へほとんど呼ばれることはなかった。それは、まるで、〝役人は近づくべからず〟という雰囲気さえあった、と、その局長は証言している。

震災から三日間、センターに集まったほとんどの者たちは、数時間の仮眠だけで、地下にこもり続けた。疲れ果てた気持ちを奮い立たせたものは、女性事務官たちの手作りの握り飯だった。慣れていないのか、その形はお世辞にも良いとは言えなかったのだが、それが逆にセンターに詰める者たちの心を打った。

三月十一日　自衛隊

隊員たちは、出発した。高機動車、トラック、バイクで駐屯地を飛び出した。連絡、偵察、通信、施設の各要員たちは、連隊長指示だけで、出撃した。防衛省からの指示がなくとも、現地部隊が独自の判断で出動することが許されていたからだ。

同じ頃、東京・防衛省のある部屋では、重い金庫の扉が開かれた。

そのカギの仕様は法律によって厳格に決められていた。秘密レベルに準じて、強固なカギとすることが法律に明記されているのである。

開けられたのは、東日本大震災の発生直後だった。

金庫の中の書類が届けられたのは、防衛省A棟の地下にある防衛省中央指揮所だった。

怒声と電話の呼び出し音が鳴り響く中、書類を広げた統合幕僚監部（統幕）の幹部は、一瞬、複雑な思いに浸った。

その文書には「宮城県沖地震」を想定した対処計画が書かれていた。一年前から密かに作られていたものだ。

統幕の幹部幕僚は、すぐにこの〈対処計画〉に沿って、部隊の作戦を進めるよう部下に命じた。

しかし、その命令はわずか一日で撤回された。

死者・行方不明者は数千名――。〈対処計画〉の想定は、実情と余りにもかけ離れていたからだ。

新たな文書が金庫から慌《あわ》てて取り出された。

冒頭に〈南海《なんかい》地震対処計画〉と記されていた。

文書には、

〈陸上自衛隊の地方総監を司令官とする、陸海空部隊の災害対処のＪＴＦ（統合任務部隊）を編成。十万名の部隊を統合任務部隊で一元的に運用する〉

と明記されていた。

表紙には〈案〉とあるが、その文字は、あと半月後の三月末、削除される予定だった。

その〈南海地震対処計画〉は、その三月末に、北澤俊美《きたざわとしみ》防衛大臣の裁可を受け、オーソライズされる予定だったのである。

だが、今こそ、この〈南海地震対処計画〉を発動すべきだ、と自衛隊幹部は決断した。ディスプレイに流れる大津波の凄《すさ》まじさ、報告され続ける町の壊滅状況――もはや迷っている余裕はない。この大震災に運用すべきと決めたのである。そして、自主派遣した部隊をいかに早く組織化し、オールジャパンにできるか――史上最大の作戦計画が始まった。

ＪＴＦの史上初めての編成は、正式には、十四日のことである。しかし、ＤＭＡＴを始めとする医療チームや、全国からの部隊や物資を搬送する必要性に迫られた自衛隊は、実質的な統合した部隊の運用を大震災発生直後から開始していたのだった。

陸上自衛隊のトップである陸上幕僚長、火箱芳文《ひばこよしふみ》陸将は、東日本大震災が発生したとき、防衛省Ａ棟の防衛事務次官室での会議に出席していた。

会議の名目は、情報分析会議。低レベルの安全保障にかかわる事項に関する検討会だった。出席者は、火箱のほか、防衛事務次官の中江公人《なかえきみと》、統合幕僚長の折木良一《おりきりょういち》、海上幕僚長の杉本正彦《すぎもとまさひこ》、そして航空幕僚長の岩崎茂《いわさきしげる》など自衛隊の最高幹部たちが顔を揃《そろ》えていた。

火箱が表現するには、そのときの地震は、「ものすごい揺れ」だった。

広い部屋にもかかわらず、全体がガタガタガタという音をたてた。

揺れている最中、事務次官が、慌てて火箱の頭上を指して言った。

「危ない！」

火箱は思わず片手を頭の上に挙げた。絵画の額が手に触れた。ぶらんぶらんと揺れている。火箱は額縁の端を急いで摑《つか》んだ。

そうしながらも、火箱は胸騒ぎがした。脳裏に浮かんだのは、「まさか」という言葉だった。

この横揺れは、直下のものではない。地方のどこかが震源だろう。しかし、直下でないにもかかわらずこんなに揺れるのだから、震源地での揺れは強烈なものではないか――。

第10師団長のときに経験した、マグニチュード6・9の能登半島地震での教訓が頭に蘇《よみがえ》った。

ようやく揺れが収まったとき、事務次官が慌ててリモコンを握ってテレビをつけた。

NHKニュースは、信じがたい事実を伝えていた。宮城県北部でマグニチュード8・7（その後、9・0に訂正）、震源地は宮城県沖、そして大津波警報――。

「こりゃ、会議はやめだ！」

火箱はそう叫ぶと、ほかの最高幹部たちと共々全員が事務次官室を飛び出した。

エレベータがすべて動いていなかった。安全がチェックされるまで自動停止していた。

最高幹部たちは、非常階段を駆け下りた。もっとも低層階に執務室があるため、最後まで階段を駆け下りたのは火箱だった。

駆け降りる火箱の頭の中に、ある光景が浮かんだ。

東北の東側の三陸沿岸部の多くの地点が水没してゆく光景だった。

執務室へ繋がる廊下を足早に急ぎながら、待ち構えていた副官や秘書たちが緊迫する表情を投げかけている。

「各総監に電話をかける！」

火箱は彼らにそう言っただけで執務室へ駆け込んだ。

防衛マイクロ回線と繋がった電話機を握った。

真っ先にかけた相手は、東北全域の防衛警備と災害派遣を担当する東北方面総監の君塚栄治《きみづかえいじ》だった。

秘電話機が生きているかどうかも確認したかった。

君塚はまずこう口にした。

「やられました！」

火箱は、そのひと言で、すべてを悟った。そして、その瞬間に決心した。これまでの発想では到底、対応は不可能だと火箱は直感した。

——東北方面隊だけでは絶対に足りない！　全国から部隊を集め、史上最大の作戦が必要だ。

それまで陸上自衛隊が想定していた地震は、最大でもマグニチュード7・7だった。今回のような、恐らく日本の観測史上最高の8・7など、まったく想定外だった。しかも大津波警報である。

ゆえにそれまでの災害派遣での陸上自衛隊の作戦は、東北が被災地ならば、東北方面隊全体の部隊を集める計画はあった。全国から部隊を一斉に集めるという作戦計画は存在していなかったし、承認もされていなかった。

君塚がさらに続けるその言葉も、火箱の決心を揺るぎないものにした。

「私の執務室は、いろいろなものがガランガランと散乱し、停電です。テレビも映りません。旧隊舎と新隊舎のつなぎ目付近が壊れて砂埃《すなぼこり》が上がっています」

火箱は言った。

「しっかりしろ。持ち場に向かって前進しろ！ 全国から部隊を集めて援助するから、お前がすべて指揮しろ！」

「わかりました」

君塚の声は冷静だった。

意を強くした火箱は続けた。

「東北方面隊は全員、非常呼集、海岸へ向かって走れ！」

火箱の脳裏には、君塚が思わず口にした、〃やられました〃という言葉が再び乱舞した。

火箱の体の奥を、直感が貫いた。

――やはり今回の事態は、東北方面隊だけでは絶対に間に合わない。

かつて火箱が中部方面総監のとき、南海トラフ地震の検討をした。一九四六年に発生した昭和南海地震で、高知県の沿岸部の広い範囲が水没した時の資料映像が、今、頭の中で蘇った。

直感は、さらに確信となった。

——東北で、相当な犠牲者が出ているかもしれない。だから、全国から部隊を集めることが何より重要だ。それも一刻も早く。

火箱は、再び秘電話機を握った。

全国の地方方面隊の指揮官である総監に、片っ端からかける決心をした。

だが、番号ボタンを押しながら、ある思いが頭の中を占領した。

陸上自衛隊のトップである、陸幕長たる者、普通は、ドンと構え、よしきたか、まず情報収集だ、と冷静に考える。そして、幕僚に電話を入れ、どこが一番被害があるのか、部隊ごとに検討しろと命じる。支援の部隊が出るとしても、担当の方面隊の内部で調整しろ——そうするはずである。ゆえに、陸幕長がいちいちの指示をすることはない。

そもそも陸幕長が、全国の部隊を指揮することはあり得ないのだ。陸幕長というポストは、確かに、陸上自衛隊のトップなのだが、あくまでも大臣の幕僚《スタッフ》である。自衛隊法上、総理や大臣が指揮するのは、各方面隊の指揮官である「総監」だ。

また、災害派遣において自衛隊がいちはやく出動するために、地方自治体の長からの要請を待たずとも、総理大臣の命令があれば、「命令による派遣」として可能となっている。

だが、総理からの命令はなかった。

火箱は苦悩した。陸上自衛隊の運用権限は、統合幕僚監部にある。陸幕長は、部隊を統幕長に差し出すのみなのだ。陸幕長は、総指揮官《メジャーコマンダー》ではなく、支援幕僚《フォースプロバイダー》だ。

ゆえに、今からやろうとしていることは、法を超えていると自覚した。

しかし、火箱には強い思いがあった。

陸上自衛隊は、遠方で演習中の部隊も多く、集めて部隊編成を完結するだけでも大変である。しかもあと数時間もすれば日没となる。早く、活動の明示を各部隊へしなければならないのだ。今、自分が決断しないと、全国から支援部隊を集めなければ、この大震災では、人命救助で致命的な遅れとなる。初動の一時間の遅れが、一日〜二日の遅れとなるのだ。

日本の運用態勢は、一両の車両を動かすにも大臣命令が必要。そういったことはもちろん頭に重々刻み込まれている。

それでも、今、自分がメジャーコマンダーにならなければならない。統合幕僚監部で陸海空を一括運用することが二〇〇六年に決まったが、まだその機能は十分ではない。幕僚の数も少なすぎる。恐らく、巨大なオペレーションとなるこの作戦には耐えられないはずだ。

火箱は、自分の行動が、批判の真っ直中に放り込まれることを覚悟した。クビかもしれないとも思った。辞任会見のセリフさえ脳裏に浮かんだ。

火箱は、再び、武者震いする思いに襲われた。自分の決心に、巨大な敵と戦う緊張感が全身にみなぎった。

一度決心すると、次々と作戦が脳裏を駆け巡った。

優先すべき任務は明白だ。とにかく人命救助——それに尽きる。

そのとき、火箱の元には、まだ津波についての情報は届いていなかったが、大津波警報が発令されたことは知っていた。ゆえに津波の被害があるかもしれないので、被災地へ辿《たど》り着くためには、そこまでの啓開作業や橋を架ける必要があるかもしれない。そのためには、施設団の働きが重要となるはずだ、と火箱は確信した。また、施設団は、ボートを保有しており、救命救出にも使えると踏んだ。

火箱は、全国の方面隊——西部方面隊（九州・沖縄を防衛）、中部方面隊（東海・北陸・近畿・中国・四国を防衛）、東部方面隊（関東・甲信越・静岡を防衛）、北部方面隊（北海道を防衛）の順で、それぞれの指揮官である総監に、片っ端から電話を入れた。

西部方面の総監には、

「まず、福岡の『第4師団』を出せ！　小郡《おごおり》の『施設団』も出せ！　沖縄の『第15旅団』と『第8師団』（熊本県熊本市）は絶対に出すな、残しておけ！」

中国海軍の進出が著しい南西防衛を考えた火箱は、そのための部隊は防衛警備区に張り付けた。

「どこへ行かせますか？」

多くの総監は戸惑いながらその質問をした。

「とにかく、東北方面へ向かって走っとけ！　詳細は追って指示する！」

中部方面総監が出張中だったので、ナンバー2の幕僚長に火箱は叫んだ。

「『第10師団』（愛知県名古屋市）を出せ！　併せて京都の施設団を出せ！　大阪という大都市を抱える『第3師団』（兵庫県伊丹市）は当然、動かせない。広島の『第13旅団』と香川の『第14旅団』は集めておけ！」

火箱の頭の中にあったものは、もちろん、災害派遣だけではなかった。日本の防衛のためにすべきことは歴然とあった。

ゆえに、北朝鮮情勢への対応と、南海トラフの連動型の発生を警戒するため、「第13旅団」と「第14旅団」を引きはがすことはしなかったのである。

東部方面総監には、「第1師団」は首都防衛で動かせないことは明白であるゆえ、「第12旅団」(群馬県榛東村《しんとうむら》)を被災地に最優先で入れるよう命じた。第12旅団はヘリコプター部隊で速い展開力があるからである。

最後の北部方面隊の総監、千葉《ちば》徳次郎《とくじろう》陸将に、火箱は、

「『第2師団』(北海道旭川市)、出れるか？」

と真っ先に聞いた。対ロシア防衛のことは気になったが、第2師団の管轄《かんかつ》は津波の被害を受けていない。しかも、温存しようと考えた「第7師団」(北海道千歳市)は全北海道へ素早く展開できる。機甲師団で機動力があるからだ。

「出れます！」

千葉は即答した。

「よし、すぐに出せ！ そして、とにかく、留萌《るもい》でもどこでもいいから港に集めろ！海上機動力はオレが確保する！『第7師団』はどうだ？」

火箱が聞いた。

「装甲車部隊ですので普通の車両がありません」

千葉が言った。

「じゃあ、近く人員を出してもらうかもしれないので準備しろ」

火箱がそう命じた。

北海道の西に配備されている「第11旅団」は、札幌という大都会を抱えているので、当然残しておく必要があると火箱は判断した。

北海道の東半分を防衛警備区とする「第5旅団」（帯広市）も動かせないと火箱は思った。まだ大津波警報が発令されている最中だ。

「お前が派遣した部隊は、お前が全面的に支援しろ。岩手にＦＳＡ《エフエスエー》（大規模兵站《へいたん》基地）を作って支援しろ！」

そう命じた直後、火箱はその部隊のことを思い出した。

「直轄の『高射団』、『特科団』がいるだろ。それを出せ！」

火箱は続けた。

「陸幕長から来い、との指示があった。オレの声を聞け、と直々に命令があった、そういう風に言え！」

火箱の指示を受けた全国の各総監は、すぐに各師団長へと電話した。

火箱は新たにダイヤルした。

相手は、海幕長の杉本だった。北海道の第2師団を、海上自衛隊の護衛艦「ひゅうが」で運んでもらうことを依頼するためだった。ヘリコプター母艦と呼ばれるその護衛艦ならば、相当な人員と資機材を運べるだろうからだ。

だが杉本は苦悶《くもん》の声を発した。

海上自衛隊でも、史上初めてとなる「全艦出航命令」が発令されていた。定期検査を受けていないすべての艦船は出撃せよ、という空前規模の作戦命令だった。

だが「ひゅうが」はドライドックで定期検査を受けていた。

それでも、海上自衛隊は、急遽《きゅうきょ》、ドックから出して、東日本大震災に投入しようとして準備を開始していた。しかし、それでも、北海道に着くまでには、最低でも、二日はかかる、と杉本は言った。

電話を切りながら、火箱はひとり毒づいた。

「二日では間に合わないんだ!」

そのとき、火箱は思い出した。すぐに幕僚を呼びつけた。

「『ナッチャン号』、あれがあるだろ!」

青森港と函館港を結ぶ、東日本フェリーが運航していた高速フェリーである。

我ながらいいアイデアと思ったが、事務的な問題で、『ナッチャン号』の〝作戦〟は幻と終わった(同船はその翌年、台湾に売却された)。

チャーターが実現したのは、新日本海フェリーの大型フェリーだった。一回の航路で乗せるのは、一個戦闘群――一個連隊だった。そのフェリーは、留萌、苫小牧《とまこまい》と秋田県の港とを何度も往復した。膨大な数の部隊が、日本海側の秋田県に到着し、そこからは陸路、被災地へ向かった。

午後三時二十分

火箱は再び、非常階段へ急いだ。地下まで降りて、陸幕指揮所に飛び込んだ。地震発生から約三十五分後のことである。膨大な数の幕僚やスタッフが走り回り、騒然としていた。

部隊の運用支援課長の高田祐一《たかだゆういち》1等陸佐が、東北方面総監部の運用幕僚と、部隊派遣の調整をしている声が火箱の耳に入った。その中に、「ここの連隊を――」という言葉があった。

「そんなんじゃダメだ！」火箱が言った。「今、自分が各総監に行く部隊と残す部隊を具体的に指示した。だから全国の部隊が一斉に動くはずだ。私の、陸上幕僚長の考えを統合幕僚監部に伝え、統幕はきちんと部隊を掌握しろと言え」

つまり、数千人規模の師団そのものをぶちこめ、と指示したのである。

火箱の考えに迷いはなかった。いちいち、細かい部隊に連絡を入れ、どこへ部隊を送れと、上から指示していても間に合わない。師団長が前進し、その力で、とにかく広域に展開して、人命を助けなければならないのだ。

　午後三時三十分、火箱は、また階段を上らなければならなかった。今度は、十一階である。

防衛大臣室の長机に座った火箱たち自衛隊最高幹部の前で、防衛大臣、北澤は緊張した面持ちで座っていた。

北澤は、菅首相の指示を伝えた。

「菅総理からは、自衛隊は全力を尽くすように、と指示が下りました。自衛隊として、しっかりやりましょう。全国の方面総監に指示したところ、すでに、全国の陸上部隊は動いています」

　火箱は、人知れず安堵《あんど》した。

　全力を尽くせ、ということである。すべては任されたも同じだった。ならば、さきほど自分がやったことは、これでお叱《しか》りを受けることもないはずだ――。

再び陸幕指揮所に戻った火箱は、はじめてV字型となった幹部幕僚席の、その頂点に位置する陸幕長席に座った。

左右の幹部幕僚たち、さらにその後方で立ったまま取り巻く膨大な数のスタッフたち——火箱は全員を見渡すように言った。

「我々は、全力を尽くしてやるぞ、いいか。これは戦《いくさ》だ。戦に負けたら、国は滅びるんだ。いま、陸上自衛隊の真価が問われている。オレたちがやらなきゃ、誰がやるんだ。一生懸命やれ！」

再び喧噪《けんそう》に包まれた陸幕指揮所の中で、火箱は、テレビニュースばかりが流れている巨大スクリーンへ目をやった。

本来なら、ここには、別のものが映っていなければならないのだ。

陸上自衛隊には、「ヘリ映伝《えいでん》」というシステムがある。災害においては、UH－1Jヘリコプターに搭載した防振カメラが撮影したライブ映像を、このスクリーンで見られるのだ。

だがまだ送られてはこなかった。

夜になっても、情報は不足していた。

だが火箱は焦《あせ》ることはなかった。それどころか、部下には、現場にいちいち聞くな、と命じた。報告を求めれば、それだけ活動に影響を与えるからだ。

しかし、その映像には言葉を失った。

ニュースの映像だった。

大津波に襲われた気仙沼の街と海が燃えていた。

――こんなすさまじいものがこの世にあるのか。この中で、助けを求めている人がいるはずだ。夜が明けたら、どんな有様となっているのだろうか。我々は、何をなすべきなのか？　まだ大津波警報が出たままなので、隊員たちの安全も気になった。だが、日頃から鍛えている彼らがきちんと対応しているはずだ、と確信していた。

前進している部隊からの報告が、緊迫した声で、次々と矢継ぎ早に入って来る。

「九州の部隊はここまで来ている！」

「第12旅団が現地に入った！」

「第10師団が入った！」

「第2師団の一部が入った！」

三月十四日夜

火箱は、愕然《がくぜん》とする報告を受けた。

震災から四日目。自衛隊による救命、救出活動はいたるところで開始され、実績を上げている。

しかし、せっかく助けたのに、避難所では、食べるもの、飲み物がないというのだ。毛布さえもなく震えていると。

――なんとかできないものか。

火箱は、装備部長の田邉《たなべ》を呼んだ。本当に物資が行っているのかどうか調べろ、と指示した。

しばらくして報告された内容に、火箱は愕然とすることとなった。

これまでの災害時の支援ならば、地方自治体が政府に要請品を依頼し、それを元に政府が調達し、トラック協会などを通じて車両をチャーターし、現地へと送り、現地では自衛隊が配布する――それが基本パターンだった。

ところが、田邉は、「物資は現地に行っていません」というのだ。

「どういうことなんだ？」

火箱の口調は思わず語気強くなった。

田邉が説明するには、陸上輸送を行う協会が、被災地やその周辺のガソリンスタンドがほとんど壊滅し、帰路の燃料が確保できない以上、派遣できないと断ってきたという。また、大津波によって自治体機能が破壊されて、ニーズが発信されない。

政府が物資を送ろうにも、その手段がなく、また自治体からの要請もないことから、食べ物や水がほとんど被災地に入らないという状況が続いていたのだ。さらに、機能マヒした地方自治体も大混乱で、どこの避難所に何名がいるのかを掌握していない状態だと分かった。

田邉が、自衛隊で全国から物資支援をしてはいかがですか、とつぶやいた。

よし、それでやろう！　と火箱が叫んだ。

「航空自衛隊と海上自衛隊に協力を得て、生活支援作戦をやろう」

火箱は、運用幕僚に言った。

ではさっそく、それぞれの幕と調整を――と運用幕僚が言ったのを火箱は遮った。

「いや、オレが直接、話す」

十四日深夜、そう言って陸幕指揮所を後にした火箱は、同じ防衛省A棟にある航空幕僚長の岩崎の執務室を訪れた。

「被災地では、飲食物が圧倒的に足りない。物流が滞っているからだ。今までの発想を変えなければ打開できない。陸海空の自衛隊が民生支援をやろう。全国から物を集めて運ぼうじゃないか。九州なら、福岡の春日基地板付《いたづけ》地区まで、陸上自衛隊が各県が保管している水や食料を運ぶので、そこから花巻空港までを航空自衛隊が運んでくれ。その先は、陸上自衛隊が宅配業者さながらに運搬する。中部なら、拠点は小牧になるだろう。陸上自衛隊がそこへ集める。四国は、徳島空港あたりを使うだろうから、海幕に頼むこととする」

その提案は、これまでの災害派遣で、一度もやったことがなかった。史上初めての大作戦だった。

その作戦に賛同した岩崎は、さっそく、輸送機の手配と調整を幕僚に指示した。

火箱の作戦を現実化したのは、陸上幕僚監部の装備部だった。火箱は、「抜群のアイデアだ」と絶賛した。

装備部は、陸上自衛隊が契約している、大手輸送会社「日本通運（日通《につう》）」に目をつけたのである。彼らを動かせるはずだと。

装備部と日通の担当者との交渉が始まった。

帰りのガソリンは責任をもって、自衛隊の備蓄から供給する。その代わりに、物資を運んで欲しい。県の倉庫を借りる手筈《てはず》をするから、そこへぶちこんでくれ。さらに、その倉庫でも物流管理を手伝って欲しい――。

日通は協力的だった。

これまでまったく存在しなかった、大規模物流の、民間を使った特別な物流ルートを新しく作ったのだ。

翌日から、生活支援作戦が、全国でダイナミックに開始された。

各県が備蓄している飲食物が、続々と全国の駐屯地へ運び入れられた。それを陸海空の自衛隊で被災地の近くの拠点へと運び始めた。

全国からの集積地点は花巻とした。そこから、陸上自衛隊が〝宅配便〟となって被災地の避難所へ運ぶ作業が繰り広げられた。

需給統制も重要だった。無駄な物を運んでも仕方がない。そのため、地方自治体へ、連絡担当官が派遣された。何を必要としているのか、という、いわば〝御用聞き〟任務も行ったのである。

十一日　午後二時四十六分　警察庁

東京・霞が関でも揺れは半端《はんぱ》じゃなかった。

最新の耐震構造が、地上で感じるよりもさらに揺れを大きくしたのだ。

机にしがみついた地方県警から出向中の幹部警察官は真っ先にそう思った。

――首都直下地震が来た！

東京・霞が関の総務省ビル。その二十階から二十一階に、日本警察の総元締め「警《けい》察庁《さっちょう》」のオフィスがある。

すぐに廊下へ飛び出した。階上の総合対策室へと走った。それがルールであった。二十一階へ上る螺旋《らせん》階段が、音を立てて激しく揺れる。揺れはまだ収まらない。階段の手すりにしがみつきながら駈《か》け昇る。

足を踏んばって昇りながら思った。子供の春休みに休暇をとって地元の県に帰る予定が、今、この瞬間に消え去ったことを――。

「上がれ！」「早く上がれ！」

背後で誰かの怒鳴り声があがる。

飛び込んだ総合対策室では、ひな壇《だん》を見上げた。瞬《また》く間に満員となった。警察庁長官を始めとする日本警察の最高幹部たちがそこに勢揃《せいぞろ》いし、任務ごとに〝島〟となった総合対策室要員たちに向かって、矢継ぎ早に指示を送り始めていた。

壁一面を覆《おお》うディスプレイ。流れるＮＨＫの臨時ニュース。真っ先に驚いたことは、震源域が東京ではなかったことだ。

宮城県沖――。

しかし逆にそれが恐怖を感じさせた。

東京でこんな揺れなら、三陸の沿岸部ではさらに強烈な……。

ＮＨＫが、「大津波警報」の発令を伝えた。

その時、思ったことを幹部警察官は今でも覚えている。

――ほんとうに、こんな、大それた警報が出るんだ……。

しばらくして、ＮＨＫ画面に、上空からの映像が流れ始めた。普通なら県警本部航空隊の「ヘリテレ」システムが捉《とら》えたライブ画像を見ながら幹部たちは指示を行う。

しかし、それがなかなか入ってこないのだ。

だが、その瞬間、騒然としていた総合対策室が突然、静かになった。

幹部たちは、ＮＨＫの画像に呆然《ぼうぜん》とした。幅数キロとも思われる津波が海岸線を、今、まさに襲っている。防波堤を乗り越えた津波は、民家や車両を呑《の》み込みながら陸地を進み始めた。

「為《な》す術《すべ》もない……」

ひとりそう呟《つぶや》いた幹部警察官の脳裏に、様々な思いが乱舞した。

――沿岸部の人々は逃げる暇があったのか、なかったのか。

大津波はいつ発生したんだ？　東北の沿岸部にはいったいどれだけの人が暮らしているんだ……。

だが困惑している余裕はなかった。

総合対策室は再び喧噪に包まれた。現地へ派遣する部隊についての協議が始まった。相当な死傷者と被災民が発生していることは疑いないからだ。

ところが、東北地方の警察本部と協議が始まると、予想もしない事態に陥った。警察本部そのものが被災していたのである。

もっとも深刻だったのは福島県警察本部だった。入居する福島県庁ビルが倒壊寸前となったことで、本部機能のすべてを、近くの福島警察署へ移転しなければならなかったのだ。

だから、警視庁からは当初、大部隊を送れなかった。部隊派遣の協議を開始するや否《いな》や、各県警察本部から、「援助部隊に来てもらっても、宿舎、メシ、水の提供がまったくできない」という悲痛な声がいくつも打ち返されたからだ。

こんなことは初めてだった。確かに警察部隊のほとんどは、自衛隊と違って、衣食住の自己完結《じこかんけつ》ができる組織ではない。全国の機動隊の国際緊急援助隊だけは、アルファ米を備蓄し、七十二時間、自足できるシステムとなっている。だが、機動隊も含めて、それ以外の警察部隊には、派遣先の県警の支援が必要だった。

だからこそ、これまでの災害対処では、県警察本部が兵站《へいたん》拠点となり、全国から投入される警察部隊の活動を支援してきた。ところが、今回は、その兵站拠点が幾つも被災したことで使えない。東北エリア全体に送り込めないのだ。

一九九五年の阪神淡路大震災のときとは違った。あのときは、大阪と京都が無事だったことから、大兵站基地を設けることができた。しかし、今回は、東北エリア全体の機能が麻痺《まひ》している。被災した受け入れ県側が、大部隊が来たら対応できない、と悲鳴を上げている。

しかも、さらに深刻な事態が、警察部隊の投入を阻《はば》むこととなった。

阪神淡路大震災では、歩いて捜索やパトロールができた。

だが、今回の被災地の惨状は、生易しいものではなさそうだった。だからサイレンを鳴らし、赤色回転灯で緊急展開し、警戒もできるパトカーとゲリラ対策車《ゲリ対》が不可欠である、と当初から警察庁が判断していたのも頷《うなず》けた。

だからこそ警察庁は、東北と関東全域の警察本部に、パトカーやゲリラ対策車など警察車両をかき集める指示を送ってくるのだ。

大被害を受けた東北三県の県警（岩手、宮城、福島）では、大津波によってパトカーなどの警察車両が、全車両の約十五パーセントにあたる、約八十台も流されてしまったのである。

その情報が飛び込んできた警察庁は、全国の警察本部へ車両を確保するための緊急指示を出す。

「最低でも一台、車両を出せ！　たとえ耐用年数が切れていてもいい！」

その結果、全国都道府県警察本部から、計百十台の警察車両が被災地へ続々と送り込まれていった。その一方で警察庁は、冷静な判断の上で、ある特別な指示を警視庁に送ってきた。

被災規模は阪神淡路大震災を上回るかもしれない。そうなれば救助、捜索、復旧、そして復興という流れは一年はかかる可能性が高い。ならば今、全部隊を投入したら、部隊はつぶれる――。それでも広域緊急援助隊に続き、計約二千名の機動隊と管区機動隊が被災地に送り込まれた。

任務は、行方不明者の捜索だった。

しかし、彼らに与えられた命令は過酷だった。食料、飲料水のみならず寝袋も、自力で用意しなければならなかったのである。

指名された警察官は、まず、コンビニエンスストアに走った。

だが、すでに買占めが始まっていた。ほとんどの機動隊員は、おにぎり一個だけ買うのが精一杯だった。

しかし、それから数時間後、警視庁の警備部幹部たちは、さらに想定していない事態に呆然とした。

大量に招集した警察車両が被災地に入るまではよかった。

ところが、一旦《いったん》、被災地に入ると、重大な問題が起こった。ガソリンの調達ができなくなってしまったのだ。悪路を乗り越えて必死に被災地に入ったとしても、現地での活動ができないという、今までの想定では考えもしない事態に陥ってしまったのである。

本来なら、応援でかけつけた警察官たちは、災害派遣部隊として最優先給油を求めることができた。しかし、被災者を無視して、ガソリンスタンドで無理やり割り込むことを、多くの警察官たちは躊躇《ちゅうちょ》した。被災者とともにガソリンスタンドの列に並び、一時間待ったこともあった。

その言葉の衝撃は、地方県警から出向中の幹部警察官にはまだ受け止められた。

原子力安全・保安院からの通報だった。

東京電力が、政府に対し行った「10条通報」。

大地震から、わずか一時間後の午後三時四十二分。

第1原発の原子炉の一次電源が失われた場合、法律に基づき、その通報を政府へ行うと決められたものだった。

県警から出向中の幹部警察官は、緊迫しながらも、まだ余裕はあった。

実は10条通報を想定した訓練をセンターでは約一カ月前に行ったばかりだったからだ。しかも、失われたのは一次電源だけである。異常事態ではあるが、停電だから、それは想定された範囲内だ。原発には、二重のバックアップシステムが完備されている。事態は必ず収束する──強い期待があった。

しかしその余裕も、たった約五十分後にはうち砕かれた。

原子力安全・保安院からの情報は立て続けに届けられた。

午後四時三十六分に、1号機、2号機、「15条事象発生」(非常用炉心冷却装置注水不能)。さらに、午後四時四十五分には、1号機と2号機に、「15条通報」──。

幹部警察官は、息を飲み込むようにその情報を聞いた。

「15条通報」──その言葉の響きを、必死に受け止めようとしている自分がいたことを幹部警察官は覚えている。動揺するな、と自分に言い聞かせたことも。

さらに、保安院からの情報は続いた。

〈津波によって、冷却用のタンクが流されている〉

幹部警察官は、それも受け止めた。

――まあ、そうかと。

そして決定的な情報が警察庁総合対策室に響き渡った。

〈非常用ディーゼル発電機が、津波被害により使用不可！〉

幹部警察官はやっと現実の重大さを思い知らされた。

――こりゃ、本当に大変だ！

それがどれほどの事態かをもちろん知っていた。1号機と2号機を冷やすための、あらゆるシステムが使えなくなってしまったのである。

続けて、内閣危機管理センターから入った情報に、幹部警察官は震撼《しんかん》した。

〈X時間は、夜中の二時〉

X時間――もちろん、その意味は分かった。

メルトダウンへのカウントダウンが始まったのだ。

内閣危機管理センターに参集していた、警察庁警備局長の西村泰彦《にしむらやすひこ》からの指令が来たのは、午後八時過ぎだと幹部警察官は記憶している。

〈東北と関東にある原子力発電所と火力発電所、さらに東電の施設から、非常用電源

車を緊急に集める。よって、全国都道府県警察のパトカーにその先導をさせる手配を至急に行え！〉

それからだ。総合対策室は、大規模オペレーションルームに切り替わった。ひな壇からの怒声と、それに答える総合対策室要員の緊迫した声が交錯する。

「パトカー、何台、準備できたんだ！」

「要員はいるのか！」

「東電の基地までまだ遠い！」

「電源車、何台、必要なんだ！」

「一つの原子炉に最低六台！」

突然、深刻な問題が発生した。

「電源車の操作員《オペレーター》が足りません！」

「JR、私鉄とも電車が止まっており、また道路も大渋滞が発生し、多くのオペレーターが電源車の基地まで辿《たど》り着けないのです！」

「なら、オペレーターの現在地を連絡させ、そこへ、パトカー、向かわせろ！」

オペレーションは、夜中もぶっ通しで続けられた。

震災の翌日　十二日午後　福島県警察本部

ベル412EPヘリコプター〈あづま〉の機体が大きくバンクし、山間から海岸沿いの、福島県双葉《ふたば》町の上空へと進入した。

ヘリ乗組員は、サングラス越しに眼下を見下ろした。福島県警察のパトカーが何台も駆け巡っている。また、多くの制服警察官がお年寄りを徒歩で誘導していた。

昨夜（十一日）遅くに政府が発表した、福島第1原子力発電所から三キロ圏内の住民の避難指示に引き続き、今朝五時四十四分には、十キロ圏内へと避難エリアを拡大したばかりだった。そのため、福島県警本部は急遽《きゅうきょ》、大がかりな部隊を編成。五万一千名もの住民の避難誘導を続けていた。

大震災と大津波が発生してから、ほぼ二十四時間後。三月十二日、午後三時半過ぎのことである。

住民の避難誘導の指揮を執っていた県警本部は、もちろん、地震発生とともに、大災害対応モードに移行していた。しかし、それは想定していた〝対応〟ではなかった。

県警本部が入居する福島県庁ビルは、震度六以上の地震で倒壊・崩落の可能性が高いと診断されていたため、地震発生後に全職員が避難し、立ち入り禁止。ゆえに県警本部の、松本光弘《まつもとみつひろ》本部長は決断した。

「福島署で、指揮を執る！」

約五百メートル離れた近くの福島署に指揮機能を移転。急ぎ取り揃えることができた機材だけで、福島署に〝災害警備本部〟を何とか立ち上げた。実は、震災の数時間前、松本は、二十二日付で警察庁人事課長への異動の内示が下されたばかりだった。だから、その日は、県知事への挨拶《あいさつ》回りの予定が、県対策本部で顔を合わせることになった。

同午後三時四十分過ぎ。〈あづま〉は県立双葉高校のグラウンドに臨時に設営されたヘリポートに駐機、緊急輸送してきた防護服の積み出しを開始していた。

突然、共通系の無線で騒がしい声を傍受した。

「第1原発、1号機、異常事態発生！」

「爆発の可能性あり！」

〈あづま〉はすぐに離陸した。躊躇はなかった。自分たちが確認しなければならない――使命感が恐怖を押し込めた。

その直後、〈あづま〉と災害警備本部との無線の内容は一変した。

ヘリ乗組員から、その報告が飛び込んだ。

「〈あづま〉から本部！　至急！　至急！　第1原発、1号機、煙が上がっている！

煙は北へ流れている！」

無線を受けた災害警備本部の指令係（通信担当）は、驚いて何度も復唱させた。だが、乗組員は「爆発のもよう！」と言い放った。

「ならヘリテレ映像を――」と言いかけて、指令係は言葉を呑《の》み込んだ。

本来なら、ヘリテレ映像（ヘリ搭載の防振カメラによるライブ映像）を県警本部で見ることができる。だが、福島署に急遽立ち上げた災害警備本部には、そのシステムがないのだ。

災害警備本部は、「至急！」として警察庁へ口頭で伝えるしかなかった。

だが、そこで大きな障害にぶつかった。所轄《しょかつ》署なので回線が少なく、震災発生直後からなかなか繋《つな》がらない。警察電話でさえ機能が麻痺していたのである。

それでも偶然に繋がった固定電話を唯一《ゆいいつ》のホットラインとするため繋ぎっぱなしにした。ところが、誰かが誤って受話器を戻し、二度と繋がらなくなった。唯一の通信手段は、ある県警幹部の個人の携帯電話、それだけとなったのである。

県警からの至急報は、東京・永田町の、首相官邸地下にある内閣危機管理センターへ、同じく口頭での情報として上げられた。

センターのスタッフたちは、自分の耳を疑った。まさか……原発が爆発など……。

しかしそれでも、東京電力本店と原子力安全・保安院に問い合わせた。

照会を受けた保安院は困惑した。そんな重大なことがあれば、東電から通報されてくるはずである。案の定、問い合わせてみるときっぱりと否定された。保安院はすぐに官邸へ回答を返した。

「（爆発は）認知していない」

緊迫感のない回答だった。しかも、原発にほど近い、東電オフサイトセンターも確認していない、と付け加えた。保安院は、誤報だと一蹴《いっしゅう》したのである。

そして、福島県警災害警備本部に届いた回答は、

「官邸としては（爆発を）確認していない」

という〝結論〟だった。

災害警備本部は苛立《いらだ》った。ヘリの乗組員が、誤報をするはずはない。しかし、官邸を説得する材料がないことを悔しがった。ヘリテレ映像は、東京のセンターへもダイレクトに繋げることができる。しかし、今はそれが稼働《かどう》できないのだ。

もしかして、我々しか緊急事態を把握していないのか――。

福島県警の災害警備本部だけに緊迫感と恐怖感が高まる中、ヘリの乗組員から、不気味な無線報告が届いた。

「白色状、浮遊物、多数、飛翔《ひしょう》！」

その直後、今度は、地上で住民を誘導する警察官からも無線が入った。

「空中を白いモノがたくさん舞っています……」

白いモノ？ いったい何だ？ もしかして爆発の残骸《ざんがい》か……。災害警備本部に動揺が走る。

そして、ヘリからのその無線に、災害警備本部の誰もが凍りついた。

「1号機の原子炉……原子炉を目視で確認！」

県警災害警備本部は、事態を完全に理解した。県警幹部の一人が叫んだ。

「ただごとじゃない！」

災害警備本部は、再び警察庁から東京の官邸へ、第二号の至急報を放った。

だがそれでも、官邸からの再度の照会に、東電と保安院は「確認していません」という言葉を繰り返すばかりである。

しかも、福島県警はいい加減な情報を流している——そう非難する雰囲気さえ、官邸にはあった。

内閣危機管理センターでは、徐々に、警察からの情報を深刻に受け止めつつあった。

福島県警には、〝1号機爆発〟の情報が複数系統から報告されているという。まさか、そこまでの誤報はあり得ないだろうからだ。

しかし、幹部会議室に集まった保安院の幹部は、「確認していません」を繰り返すばかりである。

警察庁の警備局長とともにセンターに送り込まれた警察スタッフの一人は苛立った。なにか、異変があるはずだ。だから、例えば、免震重要棟が揺れたとか、オフサイトセンターがどうしたとか、何らかの兆候があるんじゃないか。にもかかわらず、「確認していません」だけを繰り返すことが理解できなかった。

内閣危機管理センターからの情報は、秘書官たちを通じ、官邸五階の「応接室」にも何度となく届けられている。だが、菅首相も枝野長官も東電を信用し、ほとんど関心を寄せなかった。

しかし、県警災害警備本部の焦《あせ》りと恐怖感はピークに達していた。官邸は事態を知らない。原発が爆発したというのに！

しかも時間が経《た》てば、原発の辺りは暗くなる。肉眼で確認できなくなるのだ。

何とか官邸に事態をわからせる必要がある！　しかも大至急に！

災害警備本部から現場の警察官たちへ一斉指示が飛んだ。

「（携帯電話の）写メでもいい！　（吹き飛んだ原発の）映像を何とか送れ！」

写メを送る先として言い放ったアドレスは、災害警備本部に詰める幹部が持つ、個人の携帯電話のそれだった。

枝野長官が、1号機の水素爆発を発表したのは、それから二時間以上もしてからのことだった。

それまでの間、1号機の建屋は、まるで紙細工のように四方八方に吹き飛んでいたのだ。恐怖を押さえ込みながら、福島県警の警察官たちは、変わり果てた原発を背にし、黙々と任務を続けていた。

また、原発から三・六キロしか離れていない双葉高校のヘリポートで、ヘリ乗組員たちが住民の避難誘導をさらに続けていた。

爆発から約三時間後、午後六時二十五分、総理指示で原発の避難区域が半径二十キロ圏内に拡大された。対象者は実に、十七万七千人に拡大した。

それらすべてを誘導したのは、もちろん福島県警の警察官たちだった。

住民を安全な場所へいち早く連れてゆくこと、警察官たちの思いはそれしかなかった——。

内閣危機管理センター

内閣危機管理センターに飛び込んだ朗報は、一瞬にして、恐怖の裏付けとなった。

原子炉は破壊されていない、安全だ、という情報は、警察庁を通じた福島県警からの情報である。だが、その根拠は、ヘリコプターの乗員が上空から目視で確認した結果であった。

つまり、原子炉建屋が破壊されたことには違いないのだ、と緊急参集していた防衛官僚は思った。

考えられない——呆然《ぼうぜん》とするしかなかった。原子炉建屋が吹っ飛ぶことなど、想定外どころか、それを真実として受け止めることさえなかなかできなかった。

しかし、本当の恐怖はそのことではなかった、と防衛官僚は振り返る。

内閣危機管理センターの雰囲気に、動揺が広がる様子はなかった。それどころか、、、、、、原子炉が見えているという事態に、安堵感《あんどかん》が広がっていた。

格納容器は大丈夫だ。何しろ、ヘリコプターが格納容器を見ているのだから。建屋の外壁だけが飛んだんだろう——。

楽観的に考えたい、という思いが、そこにいた多くの者たちの表情に浮かんでいた。

福島県警察本部

「屋内だ！　とにかく屋内へ誘導しろ！」

現場部隊への指示は悲痛な声だった。住民の避難誘導を大至急行い、さらに警察官も自らの身を守れ、という言葉そのものだった。

原子力災害時において、屋内に入ることの重要性は、これまでの検討、対策、また訓練で、危機管理上、分かっていたからだ。

しかし、重要なのはそこからだった。

間もなくして、地域課の現場部隊から上がってきた報告によれば、住民たちは、第1原発の南に位置する町の公民館や学校の体育館に避難しているという。

午後六時二十五分、政府から、第1原発から二十キロ圏内の避難命令が発令されたのを受け、災害警備本部は、やるべきことを決断した。

住民避難に、できるだけの警察官を投入する――。しかし、車両では限度がある。

しかも、南へ向けた道路は、地震で被害を受け通行不能だった。

自衛隊のヘリコプターによる搬送支援を受けることを決めた災害警備本部は、警察庁を通じ、内閣危機管理センターへ依頼した。

しかし、自衛隊も、悲痛な声を上げていた。ヘリコプターは、今、被災民や原発への真水を運んでいるので回せない――。確かにそれもいかに重要であるか、県警幹部も理解はしていた。断水は東北全県におよび、生と死の淵《ふち》を彷徨《さまよ》っている住民がいかに多いかは想像できた。

もはや手段は一つしかなかった。福島県警のあらゆる車両をかき集め、避難所へ投入。そこから、西方向へ、とにかく二十キロ圏外へ連れ出すことしかなかった。

問題は、入院患者だった。だが、もはや躊躇《ちゅうちょ》している余裕はなかった。

「病人はストレッチャーのままでも！　健康な医師や職員には走ってもらうしかない！」

福島県警による必死の避難誘導は、夜を徹して行われた。

三月十五日未明　警視庁本部十七階　総合指揮所

避難誘導が無事に完了したとの報告を受けた総合指揮所に、安堵感が広がる余裕はなかった。

しかも警察庁から、ついさきほど漏れ聞いた情報では、福島第1原子力発電所のために、必死になって集めた電源車を先導して現地に着いた部隊から、ある情報が届けられたという。

〈電源車は高圧電流につき、福島第1原子力発電所の電圧と適合せず！〉

警視庁のある幹部は、警察庁幹部のひとりから、電話口で、怒りを湛《たた》えた声でこう囁《ささや》かれた。

「じゃあ、いったい、なんのために、こんな大規模オペレーションをして集めたんだ！」

想像もしていなかった出動命令が、警視庁の指揮所に届いたのは、ちょうど、まだその怒りと戸惑いが渦巻いている最中のことだった。

警察庁からの正式な指示だった。

機動隊が持っている高圧放水車を、東北自動車道の、福島県内のインターチェンジまで運び、待機する東京電力に貸与されたい、という前代未聞《みもん》の命令だった。

警視庁幹部は、すぐには飲み込めなかった。

警視庁の装備品を、第三者に貸し出すことなどかつて一度もない。しかも、指定されたその高圧放水車とは、七年前に製造された最新式なのである。

だが、機動隊を統括する警視庁警備部の幹部は、その命令を神妙に受け止めた。

何しろ、官邸の内閣危機管理センターからの緊急要請だというのだ。

警察庁は、詳しい説明はしなかった。

ただ、第1原発で、今、いかなる事態が起きているのかは警備部幹部ももちろん知っている。

1号機爆発に続き、昨日、3号機も水素爆発。しかも、さらに、2号機でもメルトダウンの危険がある。第1原発は、暴走したままだった。

しかも、危険なのは原子炉だけではない。使用済み核燃料プールの冷却システムも停止したことで、新たな脅威が高まっていた。

内閣危機管理センターから警察庁警備局への要請は、部隊の派遣ではなかった。高圧放水車を東京電力に貸与して欲しいとの旨《むね》のみの依頼であった。操作するのは、免震重要棟に詰める東京電力の社員だとしていた。

東京・千代田区竹橋の警視庁第1機動隊本部から、高圧放水車が出発したのは、要請がなされてからわずか数時間後。十五日午前十時のことである。

約四時間後の午後二時四十分には、東北自動車道の福島県内のインターチェンジで、福島第2原子力発電所に詰めている東京電力社員と合流。高圧放水車を引き渡すとともに、その場で、操作要領を詳しく説明した。

ところが同日の夜のことだ。

午後十時三十分過ぎ、警視庁総合指揮所に、警察庁から緊急指示が入った。東京電力から、経済産業省を通じた要請だという。福島第1原子力発電所の免震重要棟で、東京電力社員たちは戸惑っていたのである。想像以上に、高圧放水車の操作方法が複雑だったのだ。

――高圧放水車を操作する東電職員を訓練するため、警視庁機動隊員を至急、派遣されたい。

そのとき、警視庁総合指揮所は、その寸前に静岡県で発生した、震度六強の地震の初動対応に騒然としていた。

警視庁警備部の当直は、警察庁と緊急協議を続ける一方で、第1機動隊の当直に矢継ぎ早に話を付けた。

福島県小名浜の東京電力施設で訓練を施す計画が東京電力との間で合意されたのは、日が変わった十六日、午前一時のことだった。

ところがである。その五時間後の午前六時、警察庁から、予想外の命令の変更がなされた。

東京電力が、合意したばかりの予定をあっさりキャンセルしたのである。

東京電力の混迷はさらに続いた。

ドタキャンした直後のことだ。東京電力は、本店の対策統合本部での会議に、警視庁の機動隊担当者に出席して欲しいと言ってきたのだ。

しかも、その数十分後、東京電力の混迷は一層深まった。

要請内容をまたしても変更してきたのだ。

それは、警察庁や警視庁の幹部たちが想像もしていなかったことだった。

「4号機の燃料プールの水が干上がる寸前であり、事態は切迫している。警視庁の操作員によって高圧放水車による放水を行って頂きたい」

つまり、機動隊員みずから高圧放水車を操作し、放水冷却を実施してくれというのである。

警視庁総合指揮所に戸惑いが走るのも当然だった。

地上から接近し、原子炉建屋の前へ突っ込み、その面前で、放水活動を行うことなど自衛隊を含め誰もやっていないからだ。自衛隊が放水に乗り出すのは、この後のことである。

警視庁警備部の幹部は、最初、納得のいかない思いに浸った。

東京電力の職員が放水すると聞いていたため、なぜ警察がやるのかとの疑念があったのだ。

しかし、警視庁上層部と警察庁最高幹部との頻繁な電話協議を漏れ聞くにつれ、並々ならぬ覚悟と責任を実感し始めた。

警察庁との協議では、幹部たちの口から、決意がほとばしった。

国家的危機の中で、警察として可能な限りの貢献をするべきとの使命感がある。しかし、放射線という、目に見えない危険な現場に一般警察官を派遣することの是非について葛藤《かっとう》もしている――警察庁幹部たちも身を切られる思いに陥っていることを警視庁警備部の幹部は思い知らされたのである。

警察庁幹部は、警視庁幹部にこうも言い放った。

「あくまでも国家の危機管理としての決断である。しかも、危険な業務を民間企業の人間だけにやらせるわけにはいかない。また消防や自衛隊がやらないのなら警察がやるしかないじゃないか」

腹を括《くく》ることを決意した警視庁の警備部幹部たちは、警備一課に〈放水隊〉の人選を指示。その指示を受けた警備一課は、機動隊五個大隊を指定し、人選はそれぞれの大隊長に一任した。

但《ただ》し、警察庁が求めた条件があった。

高圧放水車の作業に熟達した隊員を人選せよ、それを求めた。従来の遊撃《ゆうげき》放水車ではパワー不足で届かないと判断されたからだ。

警備一課が指定した五個大隊とは、皇居や国会と官邸を衛《まも》り、〝近衛《このえ》のイッキ〟と呼ばれる「第1機動隊」。目黒区大橋の高台に本陣を置き、〝誇りのサンキ〟と称される「第3機動隊」。数々の闘争に立ち向かった歴史を持つことから〝鬼のヨンキ〟の異名を持つ「第4機動隊」。羽田空港を警備区域とし、かつてはSAT部隊を抱えていた〝潮のロッキ〟として警視庁内では知られる「第6機動隊」。そして、古くは東大紛争で名を上げたことから〝若獅子《わかじし》のナナキ〟なる称号が与えられている「第7機動隊」――。

これらの部隊の中から、警視庁警備一課は、遊撃放水車の操作経験者を数名ずつ選び、〈警視庁放水隊〉の決死隊として緊急編成したのである。

しかしこの〝混成部隊〟の隊員たちには、詳しい作戦内容は伝えられなかった。だから、集められた機動隊員たちのほとんどは、自分たちの任務は、遊撃放水車を活用しての除染活動と理解していた。

最後に残ったのは、現場指揮官の人選だった。

〈放水隊〉は、福島第1原子力発電所の最前線に立たなければならない。まさに決死隊である。人選を間違えば、機動隊員の勇気が吹っ飛んでしまう恐れがあった。

警視庁警備部は、迷わず、一人の男を上層部に推薦した。

彼なら、彼が指揮するなら、機動隊員は迷わず、その指揮に従うはずです――。

十六日　午後一時二十分

警視庁警備二課の管理官、大井川《おおいがわ》典次《よしつぐ》警視が率いる〈警視庁放水隊〉の機動隊員十名は、江東区新木場《しんきば》にある、東京ヘリポートの警視庁専用エプロンで、警察庁警備局の災害対策室長、三木邦彦《みきくにひこ》警視正と合流した。

警視庁機動隊五個大隊からなる〝混成部隊〟——〈警視庁放水隊〉の現場指揮官に抜擢《ばってき》されたのは、大井川だった。

熱血漢で知られる大井川は、警備部のＣＢＲＮＥ（化学・生物・放射性物質・核・爆弾）テロや災害対処の専門家だった。

ただ、爆発した原子炉建屋に立ち向かうことなど、もちろん想像さえしたことはなかった。

すでにエンジンを駆動し、ローターを回転させていた警視庁航空隊のヘリコプターに乗り込んだ計十二名は、第１原発から約百五十キロ南に位置する、茨城県の中央部にある航空自衛隊・百里《ひゃくり》航空基地にランディングした。

エプロンに降り立った機動隊員たちは、陸上自衛隊が運んできてくれた、約十キロもある鉛入りのベストを急いでヘリコプターに積み込んだ。

約三時間半後の午後五時三十分。

警視庁航空隊のヘリコプターが百里基地を離陸。目的地は、原発作業員たちの出撃拠点である「Jヴィレッジ」と指示された。

ところが、その数十分後。さらに混乱が起こった。

ヘリコプターがJヴィレッジに近づいた時のことである。

警察と自衛隊との調整不足が原因だった。

Jヴィレッジに臨時に設営したヘリポートでは、陸上自衛隊のヘリコプターが除染中であり、着陸できない、と地上から管制している陸上自衛隊員が無線で連絡してきたのだ。

警視庁のヘリコプターは、百里基地に戻るしかなかった。

百里基地に帰還した、警察庁災害対策室長の三木と、〈警視庁放水隊〉に、選択肢は一つしか残されていなかった。

前進する方法は、もはや陸路しかないのだ。

三木と〈警視庁放水隊〉が、航空自衛隊が準備してくれたマイクロバスで百里基地を出発したのは、午後十一時五十六分のことである。

夜通し突っ走り、漆黒の闇《やみ》の中、降るほどの星を頼りに、陸上自衛隊の化学防護車と合流する予定となっていたJヴィレッジへ急いだ。

マイクロバスの中で、〈警視庁放水隊〉に休息はなかった。

重大な問題が発覚したからである。

第1、第3、第4、第6、そして第7機動隊から集まった機動隊員はいずれも、遊撃放水車を操作した経験はあった。

ところが、第1機動隊の隊員以外は、東京電力に貸し出した最新式の高圧放水車は、一度も操作したことがなかったのである。

警察庁は、〝高圧放水車〟と指示し、警視庁は、〝遊撃放水車〟と理解していたのか。真相は分からない。ただ、第1原発の事態が悪化の一途を辿《たど》っている中、情報の錯綜《さくそう》と混乱の中で、誰もそのことに気づかなかったのだ。

しかし、事態はさらに深刻だった。第1機動隊は操作経験があると言っても、その高圧放水車は、そもそも高い所にいる暴徒を鎮圧するためのものである。そういった事案は、ここ数年はまったくない。二〇〇四年に配備されてから、訓練での数少ない経験だけだった。

しかも、今、求められているのは、原子炉建屋の上部へ水を撃ち込むという、未知の任務である。

〝実戦〟経験がない状態で、任務を成し遂げるには、やはり、〝現物〟を相手にして、作戦を立てることが絶対に必要だった。

だが、肝心のその高圧放水車は、東京電力に貸し出し、今、第1原発の敷地内にある。ここにはない――。

マイクロバスの中で、機動隊員たちは携帯電話を握りっぱなしとなった。警視庁警備部幹部たちとの緊迫した協議が始まったのだ。

そのときの状況を、警視庁のある幹部が指揮所から、固唾《かたず》を飲んで見つめていた。

高圧放水車の詳細な諸元性能や機器の配置箇所については、〈警視庁放水隊〉の隊員たちは、さすがに頭に入っているようである。また、放水圧力と給水圧力――そこから放水継続時間を算出し、隊員の編成、配置といった作業の段取りを矢継ぎ早に決めていった。

しかし、隊員たちは、さらに完璧《かんぺき》な任務遂行を追求し始めた。

深夜にもかかわらず待機してくれていた、放水装置メーカーの技術者たちに、片っ端から電話をかけまくったのである。

一回の放水の限られた時間の中で、いかにすれば効果的に放水ができるか。また、そのために何か使える機材はないか――。

作戦の立案がマイクロバスの中で急ぎ進んでいった。

〈警視庁放水隊〉が、Jヴィレッジの敷地内に到着したのは、まだ夜が明けきらない、十七日午前三時前。

そこもまた暗闇の世界だった。

マイクロバスから降り立った、警察庁災害対策室長の三木は、凍《い》てつく空気を肺一杯に吸い込みながら、墨を塗ったような世界を見渡した。

その到着の報告を、警察庁総合対策室の片隅にある無線モニターで聞いた、出向組の警察官は、三木の身に降りかかった、過酷な任務を想像せずにはおれなかった。

疲れがない、と言えば嘘《うそ》だろう。

何しろ、大震災発生以来、睡眠はほとんどとらず、食事らしい食事も口にしていないはずなのだ。三木は、大震災が発生した三月十一日、政府調査団の一員としていち早く、宮城県庁の対策本部へヘリコプターで派遣されていた。不眠不休で幕僚として本部長を支え、宮城県警の警備部を指導し続けた。

三木がかつて、新潟県警察本部の警備部長を務めていたことはよく知られていた。二〇〇四年のことである。

その年の十月、新潟県で中越地震が発生。最大震度七で、死者六十八名、負傷者が四千八百五名という直下型地震だった。

新潟県警の本部長を支え、数カ月間も対応に追われた三木には、そのときに学んだ貴重なノウハウと経験があった。

ゆえに、警察庁は、最高の人材を、宮城県警本部長の幕僚として送り込むことができたのだ、と出向組の警察官は実感していた。

だが、同時にそんな三木も、目的地であるJヴィレッジに、いざ、降りたってみると戸惑っているはずだ、と出向組の警察官は思わざるを得なかった。

午前十時四十二分、タイベックスーツだけを身につけた〈警視庁放水隊〉は、東京電力が用意した大型バスに乗り込んだ。

Jヴィレッジを出たバスが、福島第2原子力発電所に辿り着いたのは一時間後だった。

陸上自衛隊の中特防隊員はすでに待機していてくれた。

鉛入りベストと全面マスクの装着訓練を中特防隊員から受けた〈警視庁放水隊〉は、

東京電力社員とも協議を重ね、作戦計画を練り直した。

だが、東京電力は、土壇場《どたんば》になってまた要請内容を変更してきた。

放水する目標は、当初の4号機ではなく、3号機の燃料プールだと、言い放ったのである。

午後三時四十分。〈警視庁放水隊〉は再びバスに乗り込み、化学防護車が先導し、第2原発を出発した。

目指す場所は、最終目的地、第1原発だった。

前へ！

警視庁の指揮所には、〈放水隊〉からの連絡、報告、依頼が、洪水のごとく押し寄せていた。

だが、〈放水隊〉の作戦そのものは、現場指揮官、大井川に任せていた。

警視庁警備部のある幹部は、大井川が覚悟をもって臨んでいることを痛感していた。

大井川は、警察庁が指示してきた、放水作業の撤退基準の放射線量のハードルを上げるよう具申し、強引に変更させたのである。

警備部のその幹部によれば、警察庁からの指示は、瞬間に浴びる放射線量と、蓄積する放射線量の限度レベルだった。

まず、蓄積の放射線量の方は、五十ミリシーベルトという低いレベルで設定させた。

ところが、大井川は、異を唱えた。

「国民を守るために来たのだから、危険を冒してでも作業を続けたい！」

余りの勢いに負けた警察庁は、警視庁とも協議の上、最大百ミリシーベルトまで、撤退基準を上げることになったのである。

さらに、〈警視庁放水隊〉に選抜された隊員の中からは、つい最近、国の防災指針が、瞬間線量を二百五十ミリシーベルトまで許容するように改定されたことを取り上げ、自分たちにももっと高く設定して欲しい、と主張する隊員も現れ、警視庁に報告された。

だが結局、自衛隊の化学科部隊が限度レベルと決めていた百ミリシーベルトを採用。撤収時間も含めて最大百ミリシーベルトであることから、隊員たちが身につける検知器のアラームは、八十ミリシーベルトで鳴るように設定した。

三月十七日午後四時十分に、第1原発の免震重要棟に到着した〈警視庁放水隊〉は、高圧放水車と〝再会〟したあと、すぐに東京電力社員と協議に入った。

ところが、協議に入った冒頭、免震重要棟の東京電力社員は、「ガラ」という聞き慣れない言葉を口にして、深刻な表情でこう続けた。

「3号機の西側には、三百ミリシーベルトを超える、高い濃度の放射線を放つ『ガラ』、つまり、ガレキがあるんです。横向きでの放水場所はそこに近い。変更すべきです」

当初、3号機へ放水を実施する高圧放水車は、2号機と3号機の間の道路に停車。高圧放水車を横向きで停めての放水を実施する――そう大井川は決定していた。

放水用の給水は、放水予定場所のすぐ近くに、東京電力の協力会社が仮設プールを作っていた。そこにセットされている給水ホースを、高圧放水車に繋《つな》ぐだけでよかった。仮設プールには、海水をくみ上げる東京電力の消防車からふんだんに供給されることとなっていたのである。

そのためには、横向きで高圧放水車を配置する方が、仮設プールからの給水ホースをまっすぐ繋ぐだけで済む。複雑でない作業はなによりだった。

しかし、東京電力社員は、高圧放水車を停車する場所は、強い被曝《ひばく》の危険性があるというのだ。

土壇場で、作戦が急遽《きゅうきょ》変更された。

横向きは放棄された。

大井川が最終的に決断したのは、2号機と3号機の間の道路——というエリアは変わりないが、より2号機よりのスペースで、3号機に対して、高圧放水車を縦向きに停車させての放水冷却作戦だった。

ただそうなると、新たな問題が発生する。

東京電力が仮設プールに設置した給水ホースは使えないのだ。

仮設プールも、新たな作戦からは排除した。

海水の連続放水のためには、やはり水を溜《た》めておく場所が必要だった。

東京電力社員が案を出した。

縦向きに配置する高圧放水車の近くには、ちょうど防火用貯水槽がある。海から海水をくみ上げるのは、当初の作戦どおり、東京電力の消防車をそのまま利用すればいい。ただ問題は、その防火用貯水槽から高圧放水車へ海水を送るラインがないことだった。

仮設プールにすでにセッティングしている給水ホースは使えない。新たなセットには時間がかかる——。

そのとき、〈警視庁放水隊〉は、重大な問題に気づいた。

給水ホースは自分たちが持ってきたものがある。しかし、防火用貯水槽と高圧放水車を、人力で繋ぐ必要がある。高圧放水車から機動隊員が降車して作業を行わなければならないのだ。

想定していない事態だった。

大井川は、決断を迫られた。

暗闇が広がった午後六時四十分——。

命令は、「前へ！」——そのひと言だった。

第1原発の敷地内に置かれていた高圧放水車が、自衛隊の化学防護車の先導を受け免震重要棟を出発し、ついに3号機へと前進を開始した。

しかし、〝再会〟した高圧放水車のドアに、鍵《かぎ》を突っ込もうとした隊員は、高い緊張感から手が震え、なかなか鍵穴に入らない。その姿を他の隊員たちが息を呑《の》んで見つめた。

警視庁の指揮所は、不気味な沈黙に覆《おお》われた。

〈放水隊〉には、不要不急の無線の使用を禁じていた。その手前、指揮所からも、あれこれ問い合わせることを幹部たちは逡巡《しゅんじゅん》せざるを得なかったのである。

第一波として高圧放水車に乗り込み、最初に3号機へ突っ込むのが、「1班」と命名された四名の機動隊員と、現場指揮官である大井川だと、警視庁の指揮所が知らされたのは、放水隊が第1原発に到着する直前のことだった。

警視庁警備部のある幹部は、〈警視庁放水隊〉の決死の戦いを再現してくれた。

大井川は、十名の〈警視庁放水隊〉を、三つの班に分け、それぞれ、順番に放水を行う作戦を最終決定していた。

各班の機動隊員にはそれぞれ細かく任務を与えた。

資材セットの組み立て担当、給水担当、放水ノズルの調整を担当する機器操作パネルの操作員、そして海水を撃ち込む射手《しゃしゅ》要員——。

ただ、「1班」にだけは過酷な任務が与えられた。

真っ先に突っ込む「1班」には、高圧放水車を降り、ガレキの中で両足を踏ん張り、水素爆発で不気味な姿となった3号機を見据え、給水ホースを運び、防火用貯水槽と高圧放水車を繋ぐ——それは、高い放射線を浴びる危険性が高いことを意味するのだ。

大井川もまた決意していることがあった。「1班」から最後の「3班」が任務を終了するまで、3号機の面前に立ち続け、現場指揮を続けることを部下たちに伝えた。

一方、「2班」の三名は、免震重要棟と3号機との中間地点で、バス内にて待機。

「3班」の三名は免震重要棟で待機。

1班→2班→3班の順に放水を行う作戦だった。

その班編成を第1原発までのバスの中で行ったとき、大井川は、予想外の反応に面食らった。

大井川が人選をするよりも前に、機動隊員たちから手が挙がったのだ。

「自分が最初に行きます！」

「1班にしてください！」

「管理官！　一番手、やります！」

若いやつたちを納得させるのに苦労した、と大井川は、後に警視庁幹部に対し、涙ながらに語っている。

午後六時五十分――。

大井川と「1班」を乗せた高圧放水車が、野鳥の森と呼ばれる敷地の丘を下り、3号機と2号機の間へと慎重に前進した。

「2班」の三名は、計画どおり、バスに戻って待機場所まで後退。「3班」三名は免震重要棟まで引き下がった。三木を含めた警察庁の二名は、免震重要棟にて東京電力社員と自衛隊との連絡調整にあたった。

高圧放水車がケツを2号機に向け、3号機の南の壁を見据えたとき、大井川と「1班」の四名は、高圧放水車から飛び降りた。

全員で給水ホースを運び、防火用貯水槽に装着。さらに給水ホースを伸ばし、高圧放水車と繋いだ。

給水担当の機動隊員が、給水ホースの位置調整と維持に必死となった。

ホースの接続が無事に終わったことを確認し、助手席に戻ったパネル操作担当は、高さ二十九メートルの3号機を仰ぎ見ながら、放水ノズルの圧力や水量の調整を開始した。

その傍らの運転席に座り直した射手も、ミサイルで空爆されたような、天井が吹っ飛んだ3号機の上部を見つめた。ジョイスティックを握り、慎重に操作し、照準を始めた。

午後七時五分――。

高圧放水車の上部にあるノズルから、海水が勢いよく放たれた。

車外に出ていた大井川が声を張り上げる。

放水の角度、方向の調整を指示し、着水地点の確認を行う声だった。一方で、近くでモニタリングしてくれている化学防護車とも連絡をとった。

突然、射手が運転席のドアを勢いよく開け放った。

つまり、飛び交う放射線をまともに浴びることとなった。

閉めていては、大井川が指示する声が聞こえなくなるからだ。放水が終わるまで、ドアはずっと開放されたままだった。

警視庁の指揮所に集まった幹部たちは、イヤホンから流れてくる無線だけに集中し、誰もが無言だった。指揮所では、現場部隊で交わされる無線をすべてモニターしていた。

だが、無線は、ほとんど沈黙していた。

耳にイヤホンを突っ込んで、現場からの無線をモニターしていた警備部幹部の一人は苛立《いらだ》っていた。

放水中の通話は、最小限とすることと決めていた。そのためとはいえ、現場からの報告は、まったくない。心臓の鼓動を聞く思いに襲われた。

指揮所で身を固くする警視庁幹部は、考えてはならないことが脳裏に浮かんだ。

そもそも、この作戦は、現場の放射線量がはっきり分からない中での派遣だった。

だから、機動隊員たちが高い線量を被曝している光景を想像した。

また、1号機、3号機に続く、さらなる水素爆発が発生するかもしれない。そうなると、急性被曝による受傷が起きる――。

「状況を送れ！」

しびれを切らした警備部の誰かが叫ぶ声が聞こえた。

「放水、続行！」

現場からの無線が打ち返された。放水が始まって二回目の無線報告だった。警備部幹部には悲痛な声に感じられた。

再び無線が沈黙した。

そのとき、高圧放水車の中では、アラームが甲高く鳴り響いていた。

想像を絶する高濃度の放射線が、〈警視庁放水隊〉を襲っている――機動隊員たちはそう思った。

〈警視庁放水隊〉は十分間の放水を敢行した。

燃料プールあたりから白煙が上がった。

届いている！

だがそれが限界だ、と、大井川は苦渋の撤退指示を下すしかなかった。

しかし、高圧放水車が3号機から遠ざかるとき、機動隊員の一人が、大井川に詰め寄った。

「蓄積線量はまだ大丈夫なはずです！　もう一回、（水を）撃たせてください！」

今でも、機動隊員たちは、身をよじるように悔しがる。

そのとき、検知器が告げた警報は、機器の故障による誤報だったのである。

大震災から三日後　三月十四日　内閣危機管理センター

二十キロ圏内の避難誘導が進んでいることに、内閣危機管理センターでは、ほんの少しだが、安堵《あんど》感《かん》が漂っていた。

だが、その一方で、早朝から不気味な情報がひたひたと寄せられていた。

経済産業省の緊急時対応センター《ERC》へ派遣していた警察庁の連絡担当者《リエゾン》からの情報だった。これまで関心が寄せられなかった「3号機」原子炉の冷却用の水位が下がり続け、核燃料棒が露出している可能性あり、というのだ。

実際の報告内容は、「3号機、ヤバイです！」という切迫したものだった。

しかも、そのリエゾンからの情報が、徐々に届かなくなってゆく。

得体の知れない恐怖が、センターを支配していった。

午前十一時過ぎ、3号機建屋が爆発したその映像は、内閣危機管理センターのディスプレイにも流れた。NHKの固定カメラが捉《とら》えた映像だった。

だが、幹部会議室に参集していた防衛官僚には、そのときの記憶はあまりない。それより、同じ日の深夜から翌日の朝にかけて経験した「謎《なぞ》の十二時間」の恐怖感だけが今でも残っている。

3号機建屋が爆発したその夜、午後八時三十九分。東電が会見で、深刻な情報を発表した。

「2号機の原子炉内の水位が下がり、燃料棒が一時、剝《む》き出《だ》しになった」

約二十分後、内閣官房長官の枝野は会見で、楽観的な見解を口にした。

「(2号機の)燃料棒が剝き出しになったが、午後八時過ぎに注水を再開した。しっかり冷却できれば、安定的な方向へ向かう」

しかし防衛省では、深刻な事態に陥っていた。

枝野長官の会見直前、経済産業省から、原発事故以後、最悪の情報が密《ひそ》かに伝達されたからだ。

「午後十時二十分頃、2号機でメルトダウンの開始が予想される」

燃料棒を浸す水が蒸発。燃料棒が全露出し、数時間で炉心溶融、つまりメルトダウンが始まる。最悪の場合、溶けた核燃料が原子炉の厚い底をも溶かして格納容器まで突き抜け――、メルトスルーを起こす危険性が高まっている、そう通報してきたのだ。

しかも、同じことは、1号機、3号機、さらに4号機でも起きる可能性があるとも付け加えた。

防衛省は、直ちに、オフサイトセンターに前進配備していた陸上自衛隊の部隊に緊急命令を発した。

「午後十時十五分までに、オフサイトセンターからの撤収を完了せよ！」

政府のこの夜の動きを見る限り、東電が第1原発のコントロールをすべて失い、何が起きるかわからない最悪の状態を覚悟していたのである。

――最悪の事態。悪夢だ！

福島県警災害警備本部の幹部は、何度もそう呟《つぶや》いた。声には出せない。部下たちが動揺してしまうからだ。

しかし、それでも、チェルノブイリは起こらないと、どこかで楽観論に浸ろうとする自分を見つけた。

警察庁からは、立て続けに指示が来ている。政府から避難指示がなされた、二十キロ圏内の住民を、とにかく逃がせ、という指示が繰り返された。

災害警備本部が、その手配を急ぎ開始していた午後六時過ぎ、第1原発から五キロ離れたところにある、政府の現地対策本部「オフサイトセンター」へ派遣していた連絡担当者《リエゾン》から、緊急報告が入った。

オフサイトセンターから、原子力安全・保安院や東電のみならず、自衛隊も撤退するというのだ。

その瞬間、災害警備本部の幹部の頭は切り替わった。どれだけのことが起ころうとしているのかを実感した。最悪の事態がついに迫っているのだ。

避難誘導作戦計画の作成を急ぎ始めた災害警備本部の幹部は、真っ先にその問題を取り上げた。

まだ第1原発から二十キロ圏内には、病院の入院患者で、要介護者が多数、残っていた。警察官による車両避難と、自衛隊ヘリコプターが緊急避難を必死に継続している真っ最中だった。

それでも午後八時には、第1原発から約十八キロ、南相馬《みなみそうま》市にある「小高赤坂《おだかあかさか》病院」の入院患者の避難誘導を、福島県警が終了。また、翌十五日、午前零時半、約十キロの位置にある、浪江《なみえ》町の「西会西《にしかいにし》病院」の入院患者の避難誘導を、自衛隊と警察が合同で完了した。

だが、大きな問題が発生した。

約十二キロの浪江町に、特別養護老人ホーム「オンフール双葉《ふたば》」がある。そこには、約三百名の入居者がいて、避難誘導の大オペレーションを行う必要があった。福島県警と自衛隊が協議を重ね、準備が整いつつあった。

ところが、合同で行うことがすでに決まっていた自衛隊に、政府の原発事故対策統合本部が、無慈悲な命令を下した。オフサイトセンターを含め、第1原発周辺からの撤収命令を行ったのである。

実際には、関係機関で情報が錯綜《さくそう》していた。オフサイトセンターに前進司令部を置いていた自衛隊には、経済産業省から撤収は待て、との変更指示が届いていたのである。

しかし、その情報を、経済産業省は警察に連絡しなかった。ゆえに「自衛隊は撤退」の報告を受けた福島県警察本部長の松本は、

「ウチでやるしかない」

と決断した。県警の持っている大型バスや地域部の車両、応援派遣で福島に入っていた他県の機動隊のバスやゲリラ対策車など、そのとき福島県にあったありったけの車両を――動きさえすればどんな車でも浪江町へと送り込んだ。

大オペレーションは、深夜、ぶっ通しで行われ、福島県警は入居者を運び続けた。しかも、入居者の一人一人に除染も行わなければならなかった。

災害警備本部では、幹部たちが、まんじりともせず、現場部隊からの報告に集中していた。ある幹部は、自分の鼓動をひと晩中、聞き続けたという。

幹部は、自分の思いが、放射線量が高い中、果敢に突っ込んでいる部下たちの思いへ繋《つな》がっている、と確信していた。

そのとき、ふと、若い警察官であった頃に指導を受けた先輩《オヤジ》の言葉が蘇《よみがえ》った。警察は逃げない！　間に合わないことを絶対に間に合わせる！

しかし、幹部の思いはそれだけではなかった。

取り残した住民や患者がいないか！　それが最も重要なことだった。

「山が動いた！」

陸上自衛隊のある幹部は、こう声を張り上げた。

ただ、誰が聞いたわけでもなかった。防衛省地下の陸幕指揮所で幹部幕僚があげた声は、数百人のスタッフが詰めた、騒然とする空気の中でかき消されたからだ。

大震災発生の当日のことである。陸幕長の火箱が史上最大の作戦を決心した直後のことだった。

震災当日から、真っ先に投入されたのは、陸上自衛隊の東北方面隊約一万三千名。翌日には群馬県の第12旅団、名古屋市守山区の第10師団だった。

しかし、陸幕指揮所は、さらに壮大な作戦計画を実施していた。今まで一度として編成したことのない、史上空前の作戦を――。

それは、東北地方沿岸部の広範囲――それも想像を絶する範囲が水没していることが徐々に分かったことも、その実施のスピードを上げることとなった。

自衛隊は、第1原発への対処で部隊を派遣し続ける一方で、人命救助、給水、給食支援活動を行うため、全国から初日だけでも、のべ一万二千人以上の部隊を東北全域へ投入し始めた。

そして、震災の三日後――。

防衛大臣の北澤は、史上初めての作戦を決断した。

陸海空の自衛隊を一元化して運用する、「災害対処統合任務部隊」の編成を命じたのである。その後、この統合任務部隊は、自衛隊内で「JTF」という略称で呼ばれるようになった。

JTFの総指揮官に抜擢《ばってき》されたのは、東北全域の防衛警備の任務を負う、陸上自衛隊・東北方面総監の君塚栄治陸将だ。

君塚は、長距離射程の大砲（野戦特科）の専門家で、若い頃から、毅然《きぜん》とした雰囲気に誰もが一目置いていた。〝さらにプラスワンを考えよう〟というのが口癖だ。

陸上自衛隊でも広く人望があり、史上空前の災害に立ち向かうには最適の人材がよくぞそこにいてくれた――と評価する声は多かった。

総指揮官である君塚の下、JTFの司令部が置かれたのは、仙台の陸上自衛隊・東北方面総監部作戦室だった。震災からわずか三日後、市ヶ谷の防衛省から陸上幕僚監部を主力とした参謀が集結した。

陸上自衛隊の地上部隊やヘリコプター、航空自衛隊の輸送機や航空機、また海上自衛隊の護衛艦を、JTF司令部がすべて指揮することとなったのである。

陸海空の細かい調整は、統合幕僚監部が担当するなど、全部隊十万名におよぶ史上空前の作戦が始まったのだ。

ＪＴＦの編成は、訓練では何度か行ったことがあった。しかし〝実戦〟で行ったのは初めてだった。

自衛隊だけではなく、在日米軍と米海軍第7艦隊も自衛隊のＪＴＦと共同行動を開始するなど、作戦の全貌《ぜんぼう》はまさに壮大だった。

ＪＴＦの「第一回・作戦会議」に呼び集められたのは錚々《そうそう》たる面々だった。コの字に並べられた巨大な机の一番奥に陣取る君塚の右手には、東北方面隊の幕僚長以下の幹部たちが居並び、その後ろに、東京から、統合幕僚監部や陸上自衛隊の幕僚が陣取った。一方、航空自衛隊と海上自衛隊からは、作戦の幕僚は派遣されなかった。連絡担当官たちだけが揃《そろ》った。ＪＴＦという編成が組まれたが、完全なるＪＴＦではなかった。

その他のスタッフも含め、作戦会議に出席したのは、総勢五十名以上の規模だった。

ＪＴＦによる指揮のもと、全国から大部隊が東北へ向かい始めた。

特に、陸上自衛隊は、火箱の指示のもと、数千名で構成される幾つもの師団を全国から続々と被災地にぶち込んでいた。

火箱について語られるとき、一九九一年の湾岸戦争で、〝泥靴司令官〟と呼ばれた、元アメリカ陸軍第12軍団の指揮官、フランクス陸軍大将の名を引き合いに出す幹部自衛官は多い。

カンボジア紛争で片足をなくしたにもかかわらず、自ら前線に立ち、それこそ泥にまみれながら指揮を執り続けたフランクス陸軍大将のように、火箱も、現場重視をずっと貫いている隊員密着型指揮官という評がある。

この大震災における現場視察時も、不眠不休の勤務員を激励し「お前達には何も言うことはない。とにかく頑張ってくれ。よろしく頼む」と、思わず声を詰まらせた。持ち前の気力と体力が自慢で、とことん仕事に取り組む、ナタを振り下ろすが如《ごと》しの闘将だ、とも多くの幹部自衛官は語る。

その火箱の指示のもと、陸上自衛隊は、戦略上重要な防衛警備エリアを管轄《かんかつ》する幾つかの師団を除いた〝オールジャパン〟の作戦を実施したのだった。

本拠地の北海道旭川市から進出してきた、対ロシア防衛の精鋭「第2師団」は、岩手駐屯地（岩手郡滝沢村）に前線司令部を置き、青森県全域と岩手県北部で人命救助と生活支援を開始。

青森から急派された「第9師団」は、豪雪地域の戦闘のプロである。約六千名の部隊は、まだ雪の積もる岩手県南部へと突入した。

陸上自衛隊作戦図 3月14日現在
0 50km
N
日本海
青森県
八戸
第二師団
岩手駐屯地
秋田県
第九師団
岩手県庁
岩手県
第四師団
第四施設団
遠野運動公園
山形県
陸海空・統合任務部隊司令部 (JTF)
王城寺原演習場
第二施設団
第十師団
宮城県
第六師団
船岡駐屯地
仙台駐屯地
石巻市
第五施設団
福島駐屯地
福島県
第十二旅団
20km
30km
郡山駐屯地
福島第一原発
CRF
中央即応集団
むつ
青森県
八戸
種市
秋田県
岩手県
第一護群司令
(護衛艦部隊)
釜石
気仙沼
山形県
仙台
女川
宮城県
横須賀警備隊司令
福島県
第二護群司令
(護衛艦部隊)
群馬県
福島第一原発
栃木県
掃海隊群司令
(掃海艦など)
小名浜
太平洋
日立
埼玉県
茨城県
常総
N
半径 50NM
0 50 100km
神奈川県
千葉県
横須賀
銚子
海上自衛隊作戦図 3月29日現在

航空自衛隊作戦図　3月29日現在

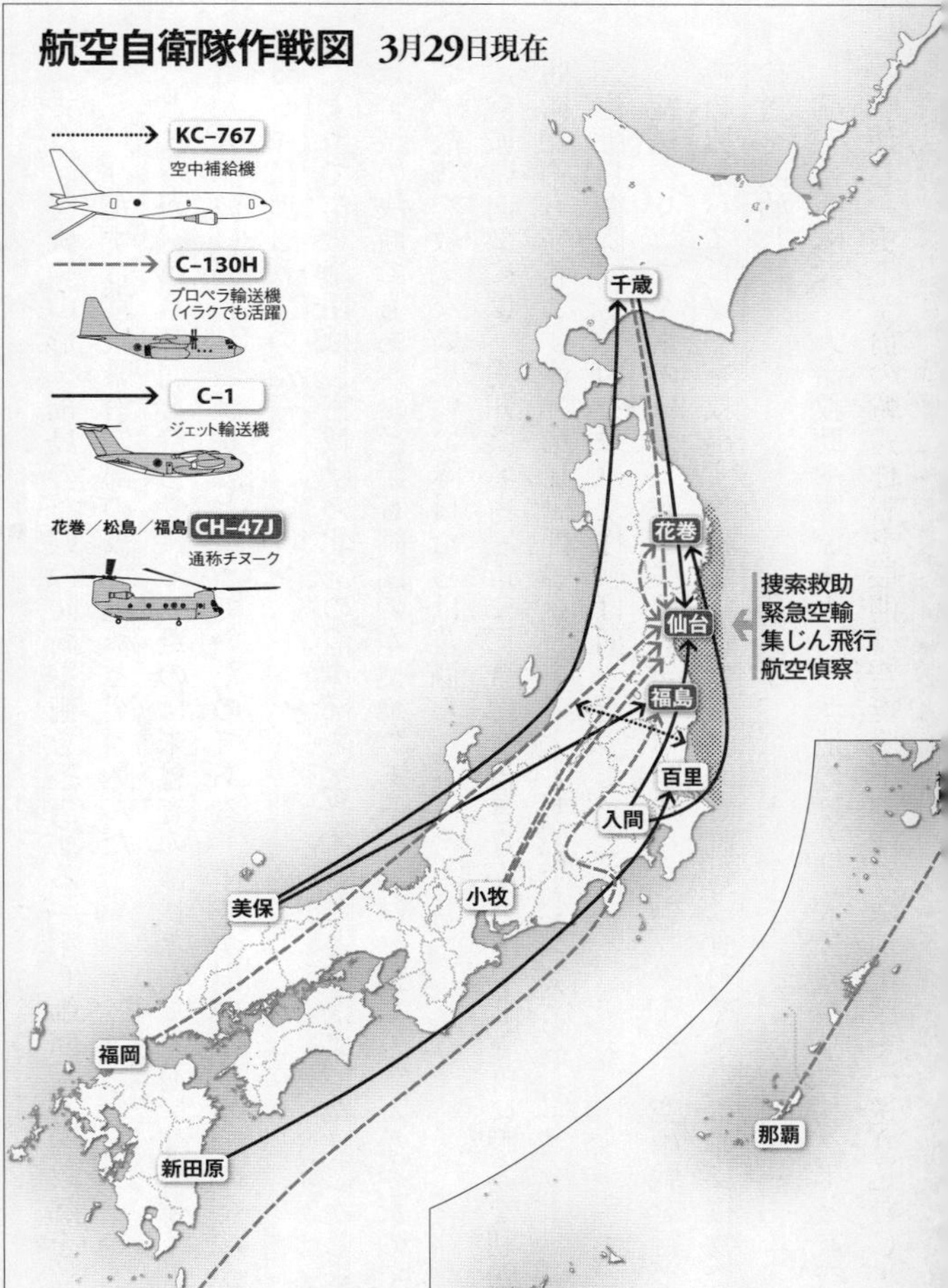

また、宮城・山形・福島の三県の防衛警備を担当する「第6師団」も、故郷を救うべく、ひたすら宮城県沿岸部の被災地へと突っ込んだ。

ところが、第6師団を待ち受けていたのは未曾有《みぞう》の惨状だった。沿岸部の多くの港町が大津波に襲われ壊滅状態となっていたのである。津波が引いた後の町の全域が、ガレキに埋もれていた。

よって第6師団は、宮城県の北部の沿岸部を担当することが決まった。しかしそれは苦渋の決断でもあった。第6師団の本拠地である福島は〝担当外〟となったのである。故郷を救えない思いに隊員たちは苦悩した。

宮城県南部には、愛知県名古屋市に司令部を置きながらも、北朝鮮に睨《にら》みを利《き》かす防衛警備を任務とする「第10師団」、約一万三千名が投入されたのである。

海上自衛隊でも総力を挙げた作戦は同じだった。

輸送ヘリコプターのほか、潜水艦に対処する哨戒《しょうかい》ヘリコプターや、空中戦を行った戦闘機のパイロットを救出する救難ヘリコプターも動員。食料や水などの支援物資の輸送を開始した。

航空自衛隊は、人命救助や医療チームの派遣のほか、大量のヘリコプターと航空機を駆使し、史上空前の輸送作戦を展開。空挺《くうてい》降下部隊を敵地奥深くへ送り込むC－1

ジェット輸送機や、イラクへ派遣されたC－130四発輸送機も投入した上、大量のヘリコプターや航空機の管制ができる大型の早期警戒管制機E－767が上空で活動中だ。

大震災から三日後の三月十四日、午前七時現在において、陸上自衛隊は、七千三百五十八名もの人命救助を行った。また、海上自衛隊は五百十名、航空自衛隊も二千五十九名の命を救った。

物資の輸送では、海上自衛隊が六千二百五十枚の毛布、缶詰千個を運ぶとともに、医療チームや給水車四十台の輸送に成功。航空自衛隊は、毛布千七十枚、食事十五万七千百九十五食、さらにDMAT＝災害派遣医療チームの三百九十名を被災地へ送り届けたほか、隊員たちが炊《た》き出しも行って、おにぎり六百三十食を提供した。陸上自衛隊では、毛布三千百枚、食料二百八十八食、パン二万食を運んだ上に、四百三十三名が炊事支援にあたって水を二十四トン提供し、五千九百六十食の食事を配給した。

防衛省A棟十一階の省対策会議室に、被災地、孤立地域、救急救命患者……など主な被害の情報が次々に入ってくる。省対策会議室は、約三百名以上の男女で埋め尽くされた。

官邸のあるスタッフは、自衛隊がＪＴＦを編成してから、入ってくる情報は飛躍的に増加した、と証言している。

並行して行われた、アメリカ軍の作戦規模も、日本の災害対応では史上空前のものだった。

在日米陸軍の作戦参謀の大佐以下五名のリエゾンを、ＪＴＦ司令部の別室に送り込んだ上で、横田基地に陸海空の統合司令部を設置。沖縄の第３海兵師団もそこへ前進配備され、人道復興支援と生物化学兵器モニターチームが緊急展開態勢に入った。

さらに、山口県岩国、神奈川県厚木と座間のアメリカ軍基地で、ヘリコプターなどが待機態勢に入った。空母ロナルド・レーガンと、ドック型揚陸艦トーテュガも、宮城県沖へ進出し、搭載のヘリコプター四機が、海上や海岸線の捜索、救助にあたり始めた。

派遣された自衛隊の部隊には、沖縄県那覇市に駐屯し、有事においてはアメリカ軍基地の防衛にあたるとされる、陸上自衛隊「第15旅団」もいた。しかし、自衛隊のヘリコプターや航空機はすでに被災地でのオペレーションに大量に投入されていた。支援を申し出たのは、オーストラリア空軍だった。Ｃ－17グローブマスターという巨大な航空機が、第15旅団の給水車と給食車を何台も東北へ送り込んだ。

しかし、誰もが忘れていることがあった。

二〇〇三年、当時の自衛隊の最高幹部たち――統幕長、陸幕長、海幕長と空幕長たちは密《ひそ》かに集まり、「紫本《むらさきぼん》」なる暗号がついた文書を作成した。そこには、戦争や大規模災害の発生時、いち早く、どのような統合部隊を編成し、いかなる統合運用を行うのか、その作戦の詳細が書き込まれた。まさしく、実戦における〝実務ハンドブック〟が戦後初めて誕生した瞬間だった。そして、日本の国家的緊急事態が起きるその日まで、「紫本」は金庫に収められた。

だが、東日本大震災後、その「紫本」が金庫から出されることはしばらくなかった。混乱の中で、誰もがその存在を忘れていたのである。

ところが、震災の翌日、予想もしない事態が発生した。

実は当初から、その危惧《きぐ》を、陸幕地下の陸幕指揮所に集まった幹部自衛官たちは持っていた。

自己完結をモットーとする自衛官であっても、補給がなければ活動は維持できない。

食料や水など、隊員たちが生存するための生活物資だけでなく、活動するためのトラックや航空機の、軽油、航空機燃料——その「兵站《へいたん》」（前線部隊への補給・修理などの後方支援）が絶対に必要なのだ。長期戦が予想される中、それが深刻な問題となることに幹部自衛官たちは気づいていたのである。

中でも、もっとも深刻な問題に直面することがはっきりしていたのは、地上部隊——陸上自衛隊の「兵站」だった。

そのため、陸幕長の火箱は、各部隊に対し「FSA《エフエスエー》」を設営するよう命じた。「FSA」とは、作戦の前線における大規模な兵站基地のことである。

いったん東北エリアに送り込まれた部隊は、JTF（統合任務部隊）の指揮下となる。JTF司令官の君塚陸将がすべてを仕切る。しかし、その東北エリアへ、全国から部隊と物資を運ぶための、効率のよい拠点づくり、それらは統合幕僚監部の重要な任務となったのである。

「段列《だんれつ》」という部隊の編成を行う場合がある。「段列」とは、簡単に言えば、師団の進出にあわせて編成されるミニサイズの兵站部隊であり、炊事分隊のことを指すこともある。

今回の作戦でも、その「段列」を編成した師団もあった。「段列」を支えるのは東北方面総監部であるのだが、十万名分もの兵站を支えきれるものではなかった。ゆえに複数の師団の兵站をも賄《まかな》える野戦補給処《ほきゅうしょ》とも言うべき「FSA」の設営が不可欠だ、と決まったのである。

ただ、陸上自衛隊の展開は、一カ所だけの「FSA」では賄えない規模となっていた。

そこで陸上自衛隊の幹部が注目したのは、東北エリアに点在する、陸上自衛隊の「駐屯地」だった。

東北エリアの地図にマーキングされた駐屯地の位置を見つめた陸上幕僚監部の幹部は、思わず、歓喜の声を上げた。防衛大学を卒業して数十年。もちろん駐屯地の場所を知らないはずもない。しかし、こうやってあらためて駐屯地の位置を見てみると、先人の知見に感銘するほかはなかった。

青森、岩手、霞目《かすみのめ》（仙台市）、郡山（福島県）、福島、宇都宮（栃木県）――。東北全域で展開する陸上部隊への「FSA」を設営するには、それら駐屯地が、位置、距離、高速道路や航空基地との接続ルートのいずれもで、地政的に絶好の位置にあるのだ。

数十万人に対する人命救助と避難者支援のための自衛隊の作戦は、初めての「大兵站作戦」でもあった。

しかも、部隊の運用について、自衛隊は、これまでの災害派遣の作戦を急遽《きゅうきょ》、根本から変更して臨んだ。

これまでの災害に対する作戦では、人命救助と捜索のための地上部隊——いわゆる普通科連隊は、初動で大規模に投入。被災者に対する生活支援を行う後方支援部隊は、人命救助と捜索が、一段落して、その任務が変わってから、現地へ向かわせていた。

だが、今回はそれとは決定的に違っていた。何しろ、津波ですべての生活基盤、インフラが失われた町が余りにも多かったのである。そのため、人命救助と捜索部隊を大規模運用するのと同時に、全国から呼び集めた後方支援部隊にも駐屯地という「FSA」を提示し、そこを拠点として兵站活動を行え、という命令を出さなくてはならなかったのだ。

自衛隊にとって初めての経験だった。

本来なら、自衛隊の兵站は、東京・北区十条《じゅうじょう》に、補給統制本部という組織がある。しかし、その任務の一部は、陸上幕僚監部が握ったままだった。

もっとも大規模な兵站作戦の管理部門を担《にな》ったのは、東部方面隊隷下《れいか》の関東補給処だった。関東補給処は、JTFの指揮下にも入らず、郡山に前進指揮所を置き、自立した活動を行うこととなった。幕僚たちは、物資の仕分けのプロとして活躍した。十万名もの自衛官が活動するに必要な、クラス1《ワン》（糧食）、クラス2《ツー》（水）、クラス3《スリー》（燃料）などの管理のすべてを仕切った。

関東補給処の前進を指示したのは、東部方面総監の関口泰一《せきぐちたいいち》陸将だった。

関口の口頭命令は、たった一言だった。

「関東補給処、前へ！」

陸上自衛隊が活動するための食材や燃料の兵站《ロジ》作戦をすべて仕切ったのは、陸上幕僚監部の装備部長、田邉揮司良《たなべきしろう》陸将補が率いる装備部のスタッフたちだった。土木工学の専門家で、液状化現象研究で博士号を持つ異例な経歴の田邉は、暑さ対策のネッククーラーの調達など、数々のアイデアを発案した。

長靴の調達もまた重要だった。大津波に襲われた街で活動するのは余りにも過酷で、すぐに履きつぶすこととなったからだ。だが、長靴は、メーカーにほとんど在庫がなかった。ゆえに、全国の量販店を探しまくり、あらゆるタイプの長靴を集めまくった。

被災者に入浴支援を行う自衛隊員自身は、風呂《ふろ》には入れない。そのため、水を使わないシャンプーを沖縄からも集めた。

　自衛隊員が食べる白米は、十条の補給統制本部の要員をフルに活用。九州と北海道で調達し、各駐屯地の「ＦＳＡ」へ送り続けた。食事は、ほとんどがレトルトだったが、繊維質が足りない。しかし生野菜など調達できるはずもなかった。そのため、ビタミン剤とウイダーｉｎゼリーが「ＦＳＡ」へ大量に運び入れられた。

　自衛隊員への兵站に限らず、被災民への物資輸送の手段は、航空機やヘリコプターがそれこそフル回転で使われたが、自衛隊は、民間フェリーでの荷揚げ作戦を早い段階で計画した。大量の物資を早期に被災地へ運び込むには、フェリーという、大きな輸送力は最大の魅力であるからだ。

　ただ心配事があった。フェリーには、民間人の乗客や車両も乗っているはずである。物資輸送がどれほど効果的に行えるのか、フェリーの余席率は充分か——。

　ところが、いざ、フェリー乗り場に到着すると、幸運にも、一般の乗客はほとんどいなかったのである。

　しかし、その心配を端《はな》からしていなかった指揮官が存在した。

　北海道全域を任務地域とする北部方面隊の指揮官、千葉徳次郎陸将は、思い切った輸送計画を決断し、実施させた。〝チバトク〟というニックネームで恐れられるその猛将は、車両四千両、自衛隊員九千名、さらに兵站物資も膨大という、全国のどの部隊も真似《まね》できない空前の規模で、東北に乗り込んできたのである。そのため、〝チバトク〟は、何隻《せき》もの新日本海フェリーのフェリーをそっくりチャーター。陸上幕僚監部は、全部隊に、必要なものはすべて契約しろ、と指示をしてはいたが、想像を絶する規模だった。

批判を口にする者もいた。だが、二カ月後、そういった者たちは、ため息とともに黙って〝チバトク〟に頭を下げた。各部隊では、続々と隊員の交替が行われる中、〝チバトク〟はそれを許さなかった。

〝チバトク〟の言葉が、統合幕僚監部にも聞こえてきた。

――任務半《なか》ばにして、交替すること許さじ。そのためのブツは持たせたはずだ！

震災から約一カ月後のことだった。

陸上自衛隊のある部屋に、幹部たちが集まっていた。

復旧・復興の道筋が垣間見《かいまみ》えてきたときのことだ。

東日本大震災に立ち向かってきた作戦を、緊急評価するために幹部たちが参集したのだった。

ある幹部は、真っ先に、よくやった、と思う、と強調した。

特に、その幹部が挙げたことは、「職種」というものがいかに大事か、とあらためて実感した、という言葉だった。

東日本大震災に対する作戦で、ほとんどテレビニュースでは取り上げられないが、大いなる活躍をした部隊として、「施設《しせつ》部隊」という名を挙げた。「施設部隊」とは、世界各国の軍隊では、「工兵」と呼ばれる、部隊が進軍するために道路を作ったり、橋を架けたりする専門職種だ。

その「施設部隊」は、津波や地震で橋が破壊された川に架橋《かきょう》（橋を架ける）したことのみならず、グラップル（ショベルの物を挟む部分）を用いてガレキの撤去と除去も短期間にやり遂げた。それこそ、「職種」の力だと絶賛したのだった。

また、燃料の確保という問題も取り上げた。

「燃料の確保、補給が、戦略的にいかに重要であるか、そのことを、もう一度、見つめ直さなければならない」

その言葉に、集まった幹部たちは力強く頷《うなず》いた。

今回の震災での活動初期、燃料の確保にどれだけの苦悩を重ねたか、幹部たちは身に染《し》みて知っていたからだ。

全身泥だらけのままガレキの街を呆然《ぼうぜん》とした表情で彷徨《さまよ》う住民、水と食べ物が枯渇した闇《やみ》の中で慟哭《どうこく》する人々、失った持病の薬を求め悲痛な声を上げる老人たち――。

それら東北の住民たちを助けるべく向かったのは、DMAT《ディーマット》（災害派遣医療チーム）、民間の医療支援組織、警察、海上保安庁、そして陸海空の自衛隊だった。

これらの部隊がいかに果敢な活動を行い、多くの人命を助けたかは、これまでの多くのニュースで誰もが知っているだろう。

その中で、主力となったのは、約十万名もの大部隊を投入した自衛隊であることもまた広く知られている。

しかし、膨大な数の人命救助や支援活動を行ったその自衛隊が、〈生存限界期間〉中、実は、活動停止の一歩手前まで追い込まれていた。

十万名の自衛隊員や大量の支援物資を、被災地へ投入するための車両、航空機の「燃料」が枯渇する寸前だったのである。

その報告が密かになされたのは、震災の翌日、十二日のことだった。

報告が密かに届けられたのは、二百名以上もの防衛省スタッフや自衛隊幹部たちでごった返す、防衛省A棟十一階の省対策会議室だった。

報告を受けた省対策会議室は一気に緊迫する事態となった。

陸海空の自衛隊の「燃料」に不安を抱いたことなど一度としてなかったからだ。自衛隊の「燃料」は、その任務の重要性から、常に安定的な供給を維持すべく、燃料元売り企業から、「直納《ちょくのう》（直接的に納入）」されているのだ。

それを報告したのは、陸海空自衛隊の「需品《じゅひん》科（補給）」の幹部たちだった。

いつもは地味な存在である「需品科」。しかし、今回の震災で活躍した自衛隊の中で、実は〝隠れたヒーロー〟だったのである。

「需品科」は、震災発生直後から、「燃料」の〝残量〟を、じっと見つめていた。

「需品科」が見れば、備蓄量が何日持つか、一発で答えを出せる。しかも、全国に点在する燃料タンクの残量をすべて——それも時間単位で把握できるプロフェッショナルたちなのだ。

安全保障の要《かなめ》とは、燃料備蓄量で決まるとも言われ、戦略的に極めて重要である。

ゆえに「需品科」の存在は極めて大きいのだ。

陸海空の「需品科」は、震災の翌日、すでに、燃料の備蓄が、

「危機的状況にある」

と省対策会議室へ報告を上げていた。

「需品科」は三つ指摘した。

一つは、「軽油」だった。

人命救助や支援物資運搬の陸上部隊を運ぶ車両には欠かせない燃料である。

二つ目は、「航空燃料」。

これは深刻だった。

航空自衛隊は、「あと一日」で燃料がまったくなくなる事態にまで追い込まれた。

海上自衛隊の航空部隊でも、全国の備蓄が減る一方で、大湊《おおみなと》基地では、半分以下にまで落ち込んだ。

そして三番目の〝危機〟は、燃料タンクがある基地で、燃料を入れるドラム缶と、燃料を運ぶタンクローリーが悲劇的に不足したことだった。

震災直後、自衛隊は、交通が遮断された孤立地域へ突入し、人命救助を行い、また避難民のための物資を持ち込まなくてはならなかった。しかし、それらの活動のためには車両や航空機が必要である。つまり、自分たちの使用する燃料も維持しなければならない。

そのため、自衛隊は、史上空前の〈大兵站《へいたん》作戦〉を繰り広げたのである。

しかし、それでも、燃料が危機的状況に陥ったのである。タンクが被災した基地も確かにあった。陸上自衛隊の霞目飛行場（仙台市）や、航空自衛隊の松島基地（宮城県東松島市）でタンクが使用不可となった。

だが、理由はそれだけではなかったのである。

各自衛隊の「需品科」からの報告を受けた、防衛省・省対策会議室は深刻だった。

「燃料元売り企業が、供給を止めている」

防衛省幹部はすぐに、燃料元売り企業に連絡を入れた。「直納」態勢にあるはずのところ、供給をなぜ止めるのか？

ある燃料元売り企業の幹部は、こうハッキリと答えた。

「官邸の意向だと――」

防衛省幹部は、官邸が、いかに、東北の被災者のことを最優先で考えているのか、その〝思い〟は理解した。

だが同時に、愕然《がくぜん》ともした。

その〝思い〟の中には、本来、緊急事態に即応すべき部隊のことはまったく存在していないのだ。官邸は、東北で燃料が不足することを見込み、燃料元売り企業に、事実上の統制をかけたのだ。

つまり、すべては政治が決めるので、待っていろと。

だが、そのやり方が、思いつきであったため、人命救助や被災者を救うために活動している自衛隊までも巻き込むこととなってしまったのである。

防衛省は、危機感を高めた。このままでは、自衛隊は動けなくなる。特に、航空自衛隊は、あと一日で、ヘリコプターや輸送機が飛べなくなるのだ。

そうなれば、人命救助もままならず、被災民たちはいったい……。

自衛隊のある幹部は、「インターエージェンシー（統合省庁）」の必要性を痛感することになった。アメリカのようなその組織があれば――。

防衛省は、燃料元売り企業への様々なチャンネルを使い、交渉を開始。交渉のテクニックは、〝多種多様〟に及んだ。

そして最後には、北澤防衛大臣の英断により、燃料供給が復活したのだった。

史上最大の規模で展開する自衛隊員に、被災地のどこでも賞賛の声が送られていた。マスメディアでも、過酷な活動を何度も取り上げ、国民の理解も高まった。

しかし、地震発生から一カ月近くになったとき、自衛隊の幹部たちは、想像もしていなかった事態に直面することとなった。

その頃、地方自治体も、自衛隊に依存していた。それは、庁舎にダメージが与えられたからだけではなかった。

自衛隊という軍事組織の活動は、極めて合理的であり、素早く、機能的である。無理難題のすべてを解決してくれる組織、それが自衛隊だった。地方自治体が困っていると、連隊長や中隊長が、こうしましょう、と提案するなどして行政の分野にも立ち入って解決してくれた。依存度が益々《ますます》高まるのも自然の流れだった。

その光景に、複雑な思いを抱き始めていたのは、陸幕長の火箱だった。

しかも震災から一カ月もした頃、民主党の政権内部で、こんな声が上がり始めていた。

〈いっそのこと、壊滅した地方自治体だけでなく、東北地方全体の行政も、自衛隊にやってもらってはどうだろう〉

火箱は、自衛隊が期待されていることは嬉《うれ》しい限りだが、決して喜ばしいことではない、と言ってこう続けた。

「災害派遣において自衛隊が期待されるのは三つのステージがある。緊急性、非代替性と公共性です。緊急性と非代替性は、常に、自衛隊に任せろ、とは思います。しかし、状況が落ち着きを取り戻してくれれば、公共性は自衛隊だけの仕事ではありません。ほかの省庁でできることは、その省庁がきちんとやるべきです。自衛隊にすべてを丸投げするような光景は、国家として正常な姿ではないと思います」

陸上自衛隊トップである陸幕長の火箱が、史上空前の作戦を指揮する、陸海空・統合任務部隊司令部を訪問したのは、三月二十九日のことだった。

司令部は、仙台市の東北方面総監部に設置されていた。東北方面隊員を始め、防衛省や富士学校などの各学校から派遣された二百三十名の自衛官と、日米調整所《BCC》に急派されていた三十数名のアメリカ軍兵士たち、合計七百十名の熱気に包まれ、騒然としていた。

火箱はもっと早く現場へ行きたかった。だが、防衛大臣を支えなければならない幕僚《スタッフ》の長たる火箱にそれはすぐには許されなかった。

何事にも合理的な段取りと、妥協を許さない整理整頓を極限まで追求する自衛官であるが、火箱の目に飛び込んだのは、乱雑に積み上げられた資料や段ボール箱の山だった。それらはすなわち、どれだけの任務が彼らに押し寄せているかの証左であった。しかも、自衛官たちの髭面《ひげづら》を見ただけでも、彼らの壮絶さは一目瞭然《りょうぜん》だった。

火箱はそれだけで胸が熱くなった。彼らは、家族の元へ戻ることもなく、ひたすら任務を続けている——。

大勢の自衛官たちの前に立った火箱は、用意してきた言葉を思い出した。

だが、火箱は、その言葉を言えなかった。

胸の熱い思いが堰《せき》を切ったように全身を駆け巡った。

「よくやって、ありがとう！」

言えたのはそれだけだった。

火箱は泣いた。男泣きにくれた。


火箱が自衛官たちの前で感極まっていた頃、被災地やその周辺海域で史上最大の戦いを展開していた陸海空の自衛隊。その規模は十万名どころか、交替要員も含め、延べ二十万名になる日も近かった。

どの部隊でも士気は高く、被災民からも賞賛の言葉が投げかけられている。

しかし震災から一カ月を迎える頃から、新たな〝敵〟が自衛官たちを襲い始めていた。特に、膨大な数の遺体処理と被災者の支援に直接あたった陸上自衛官に、ある深刻な問題が発生している。

自衛官は日頃、鍛え抜いているとはいえ、生物学的な肉体疲労からは逃れられない。自らは戦闘糧食《せんとうりょうしょく》（缶詰など）を食らい、避難民には温かい食事を配った。圧倒的な数の死者と被災者を前にして、睡眠もままならず、仮眠をとれても野営がほとんどだった。

そんな状況下、作戦開始から一カ月も経《た》たないうちに、精神的なケアが必要な隊員が増え続けたのである。

仲間と視線を決して合わせず、虚《うつ》ろな目で虚空《こくう》を見つめ、寡黙《かもく》で暗い表情、歪《いびつ》に首をひっきりなしに捻《ひね》ったり、無意味に歩き回る——。

精神科医療の分野では、心的外傷後ストレス障害《PTSD》の典型的な臨床例とされる姿——。

津波に呑《の》み込まれた宮城県の港町で、捜索活動を任務とする、ある部隊の指揮官は、三月末、数人の部下に、その〝症状〟が現れていることを発見した。しかも異様なのは、そのことを本人にそれとなく聞いても、本人にはまったく自覚がないことだ。

指揮官は、理由がすぐに分かった。膨大な数の遺体を収容し、埋葬する活動が連日続いている。警察や消防と違い、遺体を見る、触るのは初めての隊員ばかりだ。自分の子供と同じくらいの幼児たちの遺体を発見する度に、強いショックを受ける自衛官が続出した。

だが、今回の大震災でさらに深刻なのは、遺体の状態が普通ではないことだ。強烈な腐敗臭が辺り一面に漂っているのだ。

ほとんど風呂《ふろ》に入れず、着替えもままならない自衛官たちの中には、下着にまで腐敗臭が染み込んで苦悩したり、また鼻毛に臭《にお》いがこびり付き、気絶しそうになった自衛官もいた。

これらの事態は、もっとも過酷な現場で戦っている部隊の中にも出現した。

福島県の郡山駐屯地に設営された、原発放水冷却作戦ならびに除染作戦部隊の司令部に口頭報告された内容によれば、第1原発の最前線で放水冷却作戦を実施中の、中央特殊武器防護隊や各師団から派遣されている特殊武器防護隊と化学科の自衛官、さらに空中モニタリングを行っている第1ヘリコプター団の隊員の中にも〝症状〟が出現しているという。

それは想像に難くない。過酷な環境で放射線の恐怖と戦い続ける自衛官たち——。強いストレスに襲われて当然だろう。

さらに、グループミーティングの最中、急に黙り込むようになった隊員がいることも司令部に伝えられている。

事態を重視した陸上幕僚監部人事部は、派遣隊員へのストレス対処作戦を指示した。

作戦要領の中身は、2《ツー》ステップに分かれている。

まず、最初のステップは、第1ヘリコプター団が前進配備されている霞目飛行場(仙台市)に、戦闘ストレス対処講習コース《CSC》を修了した、中央即応集団《CRF》の幹部を配置。放水冷却作戦部隊が待機する郡山駐屯地にも、同コース修了者である中央即応連隊の幹部二名を常駐させた。

さらに、自衛隊の〝戦闘ストレス対処の草分け〟とされる衛生科部隊の、下園壮太《しもぞのそうた》カウンセラーを緊急招集。イラク派遣部隊のカウンセリングも行った下園は、東北に展開する部隊を日夜、精力的に廻り続けた。

また次のステップは、活動の長期化が予想されるのに伴い、今後、監察官と最先任上級曹長をフル活動させて隊員の監察を行わせる一方、CSC修了者と師団司令部の心理幹部(戦闘ストレス研修などを経験)をシフト化して各部隊を巡回させた。

そしてもし、〝異状が出現した〟隊員を見つければ、さっそくケアを始める。真っ先に行うのは、しゃべらせること。自分の悩みや恐怖感をそのまま吐き出させることだ。普通なら口には出せない弱音も、〝恥ずかしいことじゃない〟と口を開かせる。また、同じ〝症状〟の隊員たちを集め、同じ悩みや苦悩を仲間にも知らせる。

重要なのは、そのカウンセリングを施すことなく、すぐに現場から外さないことだ、と自衛隊中央病院の医師は語る。

「もし、安易に現場から外すと、その隊員はもはや社会に復帰できなくなる可能性がある。辛《つら》いことから逃げれば楽になることを知ってしまうと、社会生活でも常に逃げることばかりを考えてしまうからです」

また、いくつかの拠点で、体と心の回復を図るため、前方戦力回復所が設営され始めた。

しかし、統合幕僚監部の幹部たちが恐れていることがあった。今後、ローテーションがきちんと決まり、原隊（元の部隊）に復帰したときに、PTSDやバーンアウト（燃え尽き）症候群が発生するかもしれないことだった。

かつて、日航機墜落事故で現場に入った隊員に多く見られた。活動中は士気高く仕事をしていた隊員の多くが、任務終了後、PTSDを発症してしまったのだ。眠れない、乗客の声が聞こえる、メシが食えない……。

幹部たちが恐れたのは、それだけではなかった。復旧、復興が進み、自衛隊が完全撤退した後、いわば〝戦後〟になって、強烈な虚脱感や寂しさを感じ、それが臨床症状として出現することも恐れている。活動中、自衛隊への感謝の言葉があればあるほど、その後の平時の環境との違いに、絶望してしまうことを心配した。

それを防ぐための作業が急務となった。

ある自衛隊幹部は、任務終了後の「解除ミーティング」が効果的だと話した。部隊ごとに指揮官が全員を集め、辛かったこと、悩んだこと、その本音を語らせる。そうすることで、作戦中の精神状態をオフにして、日常に戻れるはずだ、と指摘した。また、一人にさせないことも重要だと付け加えた。

H陸曹長（その後、准陸尉《じゅんりくい》に一階級特別昇任）は、旭川に駐屯する第2師団第2特科連隊の管理小隊長だった。

旭川駐屯地の広報担当官によれば、大震災の発生を受け、第一陣の部隊として、H陸曹長が旭川を出発したのは三月十二日。二日間かけて被災地に到達し、三日後の早朝からは、岩手県宮古市や岩泉町などで被災者支援活動をスタートした。

昼夜違《たが》わずのぶっ通しの活動だった。本来の任務である物品や食料管理等の事務作業をしながら、ガレキの撤去や人命救助にも当たるなど、他の隊員よりも負担は多かった。特に、初期に派遣されたH陸曹長たちは、人命救助が最優先されたため極めて緊急性の高い仕事が多く、電気のない夜に仮眠をとる以外は、陽が昇ると同時に作業にでるような過酷な現場だった。

同三十日、同県滝沢村（現滝沢市）にある国立岩手山青少年交流の家を借りた前方戦力回復所で、H陸曹長にやっと休養日が与えられた。

休日の二日目の起床直後、H陸曹長は体の左半分の異状を衛生隊員に申告した。手足がよく動かない――。H陸曹長はすぐに救急車で盛岡市内の病院に搬送。だがすでに病態は深刻だった。

その情報は、すぐに息子に伝わった。

息子は、父親と同じ陸上自衛官で、また第1空挺《くうてい》団員として福島第1原発の近くに配置されていた。

「行ってやれ」

上司の言葉に、息子は言い切った。

「このまま任務継続します！」

だが、上司は顔を横に振った。

「気持ちは分かる。しかし、ダメだ！　病院へ行ってこい！」

それでも抵抗する息子を上司は強引に説得した。

息子が属する陸上自衛隊・第1空挺団の第2大隊は、退避勧告が出た福島県南相馬市内に前進配備。任務は住民の退避支援と除染だ。しかし、原発から三十キロ圏内の、屋内退避指示が発令されたエリアでの過酷な任務だった。放射線レベルも高い。休息を取るのは野営のテントだ。しかも、第1空挺団には、過酷な運命が用意されていた。福島第1原発が〈最悪事態〉となったとき、死地とも言えるエリアへ投入される計画が密《ひそ》かに用意されていた。

強引に説得された息子に、JTF司令部は、一機のヘリコプターを準備した。数時間後、息子が駆け込んだのは、岩手県盛岡市内の病院だった。

実は、H陸曹長には、三人の息子がいた。

第1空挺団の息子はその一人だが、他の二人の息子も陸上自衛官だった。しかも二人とも東北地方の被災地に投入されていた。

急報が伝わったJTF司令部は、二人の息子もそれぞれの任務地から呼び集め、ヘリコプターなどで病院へ送り届けた。

息子たちが到着したとき、集中治療室のベッドの上で父親は意識がなかった。医師の表情は神妙だった。深刻な脳梗塞《のうこうそく》であると――。

しかし、重要なことは、その瞬間に、間に合った、ということだった。

DMAT本部

国家を挙げての史上空前の作戦が進む中、そのエリアだけは取り残されていた。ゆえにミッションははっきりしていた。

福島の約六百五十人もの入院患者を、大至急、移動しなければならない――。

そのミッションが与えられたのは、自衛隊員でも、警察官でもなかった。

日頃は、一般病院の外来で診察し、あるいは救急患者の治療にあたる、医師と看護師だった。

彼らは、東日本大震災が発生した、その日、自ら志願して、あるチームに加わった。

「DMAT《ディーマット》」――日本語では、「災害派遣医療チーム」と呼ばれているその組織に、全国の医師たちが名乗りを挙げ、参集したのだった。

DMATとは、公立、民間を問わず、日頃は病院で働いている医師、看護師と業務調整員（事務職員など）で構成された国の組織だ。大規模災害や傷病者が多数発生した事故の現場で、急性期（約四十八時間以内）に活動が可能で、かつ機動性を持った、専門的な訓練を受けている医療チームだ。チームは事前の登録制で、二〇一一年五月一日現在、計五千三百七十五名もの医師と看護師と調整員が登録している。

発足は、二〇〇五年。阪神淡路大震災の悲しい教訓から創設された。

阪神淡路大震災の数年後、様々な検証によって、災害・救急医学の世界では、初期医療体制の遅れが指摘された。もし、平時の救急医療レベルの医療がそのままスムーズに提供されていれば、救命できたと考えられる「防ぎえた災害死」が五百名も存在した可能性がある——後にそう報告されたことが大きな教訓となったのだ。

その教訓を生かすべきだという動きが、災害医療専門家を中心にして起こった。行政機関、消防、警察、自衛隊と連携しながら、災害（事故）発生直後の救助活動と並行し、医師が災害現場で医療を行う必要性が政府でも認識されるようになったのだ。

〝一人でも多くの命を助けよう〟

二〇〇五年、その合い言葉とともに、厚生労働省が、日本DMAT発足のゴーサインを下したのだった。

DMATは、災害発生直後の急性期から、亜急性期——「生存限界期間」と呼ぶ、発生から七十二時間までに、救える命を救うことが任務となったのである。

しかし現在、DMATの任務は、発足時に想像していた以上に、多岐に渡り始めている。

災害や事故での現場における医療だけでなく、災害時に多くの患者が運ばれる被災地の病院機能を維持したり、また病院の指揮下に入って医療行為を支援するなどのニーズは増えるばかりである。

さらに首都直下型、東海・東南海・南海地震など、近い将来に発生が想定されている大地震で、多数の重症患者が発生した際、被災地のエリア外に搬送する「広域医療搬送」など、機動性、専門性を生かした医療的支援も行う任務も負っているのだ。しかしそれでも――ＤＭＡＴ事務局長で、東京・立川《たちかわ》市の国立病院機構「災害医療センター」の救命救急センター長である小井土《こいど》雄一《ゆういち》は困惑した。

ＤＭＡＴとしては、こんなミッションは想定外だった。大量の入院患者を、広域医療搬送するという想定はなかったのだ。

ただ、小井土にとっての困惑は、東日本大震災が発生した直後から始まっていた。

ＤＭＡＴ登録済みの医師と看護師への、「一斉通報待機要請」の緊急メールが送られたのは、震災発生の約二十分後、三月十一日午後三時十二分のことだった。

災害医療センターに設置されているＤＭＡＴ本部のスタッフたちは、すぐさま計画を立て、矢継ぎ早に関係機関との複雑な調整に入った。

まず、内閣危機管理センターからの情報によって、大量の死傷者が発生していると

自衛隊のC-1輸送機で患者を搬送するDMAT（DMAT事務局提供）

思われる被災県は、宮城、岩手、福島と分かった。

　そこでＤＭＡＴ本部は、全国から集まる医師と看護師の参集場所として、新千歳、伊丹、福岡の三カ所の空港を指定。ＤＭＡＴに集まる医師や看護師には、そこへ自力で集まって欲しいと要請。そこから自衛隊などの輸送支援をもらうため、ＤＭＡＴ本部のスタッフが、その日、一睡もせずに複雑な調整に没頭した。

　ＤＭＡＴ本部は、本来、災害医療センターの二階に専用室がある。しかし、大規模災害の発生を受け、緊急対処用として、三階の会議室を作戦室として占領した。

　震災からわずか八時間半後の午後十一時頃、北海道の手稲《ていね》渓仁会病院、砂川《すながわ》市立病院、札幌医科大学附属病院、北海道医療センター、旭川医科大学病院の医師と看護師で構成されたＤＭＡＴチーム二十四名を乗せた、航空自衛隊のＣ－１ジェット輸送機が、自衛隊千歳基地を離陸したのを皮切りに、翌十二日の夜明け前から昼までにかけて、計三百八十チーム、約千八百名もの医師と看護師が、東北の前線に投入されたのだった。

　自衛隊千歳基地と伊丹空港からは、自衛隊のＣ－１ジェット輸送機とＣ－１３０輸送機の支援を受けたＤＭＡＴが、岩手県の花巻空港へ到着。伊丹空港からは、震災発生当日の夜中のうちに、計四十九チーム、二百五十一人もの医師と看護師が現地に入った。

その花巻空港では、第一便に乗ってきたDMATが、陸路で入っていた地元の胆沢《いさわ》病院のDMAT要員や空港事務所の佐藤匡亭《さとうまさみち》と協力して、「SCU」（広域搬送拠点臨時医療施設）をすぐに立ち上げた。その後、やってくるDMAT主力の〝捌《さば》き屋〟となったのである。特に、リーダーの木村丘《きむらおか》医師や放射線技師の藤原弘之《ふじわらひろゆき》を始めとする胆沢病院のDMAT要員たちがいたからこそ、地元の情報を素早く、正確に把握することができた。

花巻空港のSCUのリーダーとなったのは、兵庫県の災害医療センター副センター長の、中山伸一《なかやましんいち》だった。東エリアでの災害医療研修の〝ボス〟が小井土ならば、西エリアのそれが中山だった。

阪神淡路大震災で過酷な現場での医療を経験した中山は、災害医学と救急医学の重要性を日本でもっとも良く知る一人である。中山は、兵庫県災害医療センター放射線技師の中田正明《なかだまさあき》など十数名のスタッフと共に、資機材を立ち上げ、EMIS（広域災害救急医療情報システム）の準備を急いだ。EMISは全国や被災地の医療機関と情報を共有するものだ。

ところが予想もしなかった〝敵〟に襲われた。厳しい寒さの中、足の筋肉がつった。

普通ならば、一つの筋肉がつることがほとんどで、その部位によって伸ばしたり、曲げたりすれば痛みは緩和する。だが、中山の両足の大腿と脹《ふく》ら脛《はぎ》のそれぞれの裏と表の筋肉が同時に〝こむらがえり〟を起こしてしまったのだ。表と裏の筋肉は、伸びるためと曲げる役目とがある。しかし、それが同時につったお陰で、曲げることも伸ばすこともできず、他の医師たちが知らないところで激しい激痛を必死で我慢しなければならなかった。

それでもスタッフの間では、関西弁をまくしたてる熱血漢として知られる中山は、十数名のＳＣＵスタッフとともに、ＤＭＡＴ計七十四チーム、約三百名の医師と看護師と調整員を、被災地の拠点病院へ送るための手配をはじめ、チームへの業務を割り当てることに没頭した。

阪神淡路大震災当時、神戸大学医学部附属病院の救急センターに勤務し、二〇〇五年のＪＲ福知山線脱線事故でも救急医療チームとして現場で活動した中山は、情報収集の重要性と困難性を身に染《し》みて知り抜いていた。だからＤＭＡＴチームにもそれを期待したのだった。

中山が、多くのスタッフたちの協力を得て医師と看護師たちを花巻ＳＣＵから送り込んだ病院は、岩手県の県立高田病院、県立大船渡病院、県立釜石病院。そこでは、病院じたいへの医療支援を行わせる一方で、それら病院を最前線の拠点として、細かくチームを分け、沿岸部の被災地へ直接、深夜の暗闇《くらやみ》へ突っ込ませた。

被災地への突入で活躍したのは、全国の地方自治体から続々とやってきた「ドクターヘリ」だった。ドクターヘリとは、医師が乗り込み、緊急医療設備が整った〝空の初療室《ER》〟だ。中山はヘリコプターによる広域搬送に拘《こだわ》りがあった。阪神淡路大震災のときは、それがほとんどできなかった。救えるはずの者がいたはずだ――。

DMAT本部は、全国四十七都道府県の地方自治体のドクターヘリの担当者に、片っ端から電話した。夜中じゅうもかけまくった。ヘリコプターを出せるかどうかを確認しまくったのだ。

小井土が陣取るDMAT本部からの要請に対し、全国の地方自治体は機敏に対応してくれた。ドクターヘリの活躍は、自衛隊に負けなかった。福島医大八機、花巻空港配置七機がフル回転し、約百四十名の患者を搬送した。

一方、福岡空港に集まったDMATは、自衛隊のC－1ジェット輸送機でまず、茨城県の航空自衛隊・百里基地へ向かい、そこからヘリコプターに乗り換え、宮城県の、陸上自衛隊・霞目飛行場へ飛んだ。霞目飛行場からは、花巻空港と同じく、自衛隊のヘリコプターやドクターヘリによって、被災地を目指した。

その動きは速かった。震災の翌日朝には、すでに千数百名の医師と看護師が、東北全域で医療にあたることができたのである。

ＤＭＡＴの一次隊に参加したのは、沖縄を除く、すべての都道府県の医師と看護師だった。沖縄県からも多くの医師と看護師が手を上げてくれたが、福岡に集結する時間が間に合わなかっただけだった。

ところが、小井土の元には、困惑するような情報が入り始めた。

想像していた負傷者の数に比べて患者が余りにも少ないのだ。

小井土が想定していた、災害発生直後という超急性期の治療すべき患者は、数千人という規模だった。

それには、小井土の海外での経験があった。

スマトラ、パプアニューギニアの津波被災地への、政府の国際緊急援助隊に参加した小井土は、津波での死亡者も多かったが、膨大な数の外傷患者にも遭遇した。それら外傷患者のほとんどは、津波によってガレキなどに叩《たた》きつけられ、全身が真っ黒になって骨折していたのである。骨折だけで生き延びた人もたくさんいた。

だから、今回も、骨折患者がたくさん存在し、ＤＭＡＴは、その治療に追われるはずだ、と思っていたのである。

ところが、その骨折患者はほとんどいない、との報告が続々と届けられた。

しかし、それは、まったく喜ばしい事実ではなかった。

すべては津波だった。

外傷患者は、大量にいたであろう、と小井土は言う。しかし、その外傷患者のほとんどは、津波にさらわれてしまったのだ、という現実と向き合わなければならないことを小井土は自覚することとなった。

現場でも、困惑は同じだった。自分たちがやるべき、超急性期の救命医療のニーズとほとんどぶち当たらない。現場で、救命措置を行わなければならない患者はほとんどいなかった。

その代わりに、病院支援、避難所での医療支援の膨大なニーズが、ＤＭＡＴに降り注いだ。病院に殺到する患者たち——その対応にＤＭＡＴが東北全域の病院を支援したのだ。

だが任務が変わったことにより、ＤＭＡＴは、自分たちの生存に危機感を持った。

〝食事は二泊三日分と寝袋を用意し、自己完結にしろ〟

それがＤＭＡＴの〝掟《おきて》〟ではある。

災害発生から三日間――それが活動期間と決まっているからだ。

しかし、現地の医療ニーズは膨大だった。その三日が過ぎると、途端に困窮し、水も食料もなく、活動の継続が困難となった。

その頃からだ。花巻ＳＣＵの中で、ストレスが溜《た》まってゆくのを、関東エリアからやってきた何人かの医師が感じ始めていた。

ＤＭＡＴは自己完結をモットーとしている。医療機材や食料も自分たちで調達して現地入りする。しかし、実際は、それだけでは継続的な作業は行えない。もっと多くの省庁が縦割りの枠を越えて協力し合えば、もっと継続的な活動ができるのではないか。

また、ヘリコプターの搬送は、阪神淡路大震災の時と比べれば隔世の感はある。全国から集まった自衛隊のヘリコプターや地方自治体や医療機関のドクターヘリがフル活動していた。しかし、残念なことに、天候に大きく影響されるケースが多くなっていた。沿岸部の被災地から、飛び立ったという連絡を受けてもなかなか到着しない。しかも、医療ニーズに関する情報も枯渇している。その上に、悲惨な被災地の情報だけが洪水のように押し寄せた。ＤＭＡＴ要員たちの間に焦燥感が広がった。

さらに、見えないところでのトラブルが続いた。

ライフラインやインターネットが寸断される中、ＥＭＩＳでの情報共有が充分になされず、被災地の情報がなかなか摑《つか》めない。間違った情報が流れるといった混乱も繰り返された。

だが、中山を始めとするＳＣＵスタッフは、ほとんど睡眠をとらず、医師や看護師を被災地へ一時でも早く送り続けることに没頭した。

中山は、教訓は少なくなかった、と認めている。しかし、全国から志願によってこれだけの数の医師や看護師、そしてロジスティックのスタッフたちが集まってくれた、その思いは何よりもかけがえのないものだと何度も胸が熱くなった。

激務が続く中山たちを支えたものがあった。

花巻に入ったその日、震災当日の夜のことだ。

地元のＪＡいわて中央女性部の女性たちが握り飯を差し入れてくれたのだった。中山は涙が出る思いだった。

実際、その涙が溢れる場面があった。

地元の自治体が健康ランドに用意してくれた宿舎で、疲れ果てた体を、束の間、休めたときのことだ。

中山は、トイレにひとり閉じこもって、ふとそんなことが脳裏に浮かんだ。

――泣いてみようか……。

中山は、二〇〇一年のインド西部地震、二〇〇五年のJR福知山列車事故などで、果敢に現場の医療を行ってきたプロフェッショナルである。だから、いつものとおり、被災地の惨状を見聞きしていても救急医の習性から感情にふたをしていた自分に気づいた。

トイレの中で、中山は、救急救命医療に携わって初めて、思い切って、そのふたを外した。

張りつめていた気持ちが解き放たれた。涙があふれ、嗚咽《おえつ》を止めることができなかった。

――なんで、こんな、不条理な不幸が、人間を襲うのか!

一分ほどだっただろうか。

感情を吐き出したことで力が湧いた。

明日また頑張ろうと全身に力が蘇った。

十六日。新たなミッションがDMAT本部に飛び込んだ。

DMAT事務局長の小井土雄一は、一週間ぶっ続けで、ほとんど睡眠をとっていない虚《うつ》ろな目でホワイトボードを見つめた。

一枚のファックスが貼《は》られている。

福島県災害対策本部に入っていた、DMATの事務局次長、近藤久禎《こんどうひさよし》から送られてきたものだ。

〈二十キロ圏内と三十キロ圏内の病院は、六カ所。合計、五百床（五百人）の患者〉

小井土は困惑した。患者のほとんどは、寝たきり同然の老人たちであるという。そんな患者をどうやって運ぶか——。

六カ所の病院では、多くの医療スタッフが避難してしまっていた。

それは、いずれも五十歳以上の医師たちの指示だった。「若い君たちは逃げろ」と死を覚悟した年配の医師たちが強引に逃がしたのだった。しかしそのおかげで、百五十人もいたスタッフで残ったのは十五人という事態になった病院もあった。

残った医師たちは、「あとはやる」と若い医療スタッフたちを送り出したが、物理的に無理だった。水、電気、ガスがとまり、食料もなく、薬剤さえも届かない。輸送トラックが放射線を怖がって入ってこないからだ。

つまり、医療の継続性がとれなくなっていたのである。

だが、患者移送は本来、DMATの仕事ではない。

近藤はすでに、ぶっつけ本番の作戦を決断していたし、小井土も突然の緊急の医療ニーズに、組織立って、迅速に、的確に、そして医学的に対応できるのは、今、DMATしかない、と思った。

まずDMAT本部が考えた作戦は、約六百五十人の入院患者を、まず福島空港に集めることだった。

多発外傷外科医を自認する小井土は、今でも、救命救急センターでメスを握る。

〝一生メスを持ち続ける〟というのが口癖だ。

一年前のパキスタンでの医療支援で、AK小銃を持つ兵士とともに笑顔で写真に写るという図太さは、柔和な顔立ちからは想像がつかない。

輸送には、自衛隊と警察の協力を頼む手《て》筈《はず》も整えた。

そして、福島空港からは、さらに自衛隊の航空機やヘリコプター、またドクターヘリを動員し、兵庫県の伊丹空港へ「広域搬送」するのだ。

そこから先は、兵庫、大阪、京都の病院へ運び込む計画も立案した。

本来なら、医療施設が豊富な関東エリアがベストである。しかし、福島の原子力発電所での事故の影響で、関東エリアでは、計画停電が実施されていた。つまり、関西エリアなら、完全な医療インフラが整っている、と判断したのだ。

大搬送作戦の依頼が入ったのは、前日のことだった。

福島第1原子力発電所の1号機に引き続き、3号機も爆発した二日後のことである。第1原発ではさらに深刻な事態が進んでいた。

政府は、前日に、第1原発から三十キロ圏内の住民に対し、屋内退避指示を発令した。しかし、多くの住民が自主的に脱出する中で、入院患者が取り残される状態となっていたのである。

DMAT本部は、関西エリアへの広域搬送で、DMAT二十隊、計約百名の医師と看護師を福島に投入する計画を作った。

ところがである。政府や自治体サイドの調整が二転三転する。

政府が考える移送先と、町や県の考えるそれとが上手《うま》くかみ合わなかったのだ。

特に、町には、入院患者から、遠くには行きたくない、という悲痛な声が入っていた。東北地方からできるだけ離れたくない、という切望があったのである。また、関西エリアという文化の違う世界へ行くことへの躊躇《ためら》いもあった。

DMAT本部は作戦を変更しなければならなかった。

急ぎ立案したのは、「隣県移送作戦」だった。ヘリコプターや車両を動員し、県外へ搬送する計画を最終的に作り上げた。

ＤＭＡＴは、それぞれに付き添い、必要ならば治療を施す任務を負った。

ただ問題も浮上した。入院患者の中には、自発呼吸が困難な患者もいる。隣県といえども、移送の途中に、状態が悪化する可能性が心配されたのだ。

小井土はその対応を決断し、ＤＭＡＴの拠点本部へ指示した。「ＤＭＡＴ拠点本部」は、被災県の県庁所在地のほか、福島と花巻の空港にも立ち上がっており、そこに「統括《とうかつ》ＤＭＡＴ」となる医師のもと、数十名の医療スタッフが配置されていた。

三月十七日、早朝。史上最大の入院患者移送作戦が開始された。

輸送支援で集まってくれた主力は、自衛隊と緊急消防援助隊だった。さらに民間バスも手配した。その手配と調整に没頭したのは、福島県庁の対策本部に詰める近藤とＤＭＡＴ拠点本部の医師、看護師と調整員たちだった。

重病患者のため、近藤は、三十キロ圏を出る場所に、メディカルポイントを臨時で設営させた。

その日の昼すぎ、たくさんの車両が、ＤＭＡＴが待つ、メディカルポイントとして利用する、飯舘《いいたて》村の公民館の前へ、続々と押し寄せた。自衛隊車両、バス、救急車

――。

DMATは、まず、患者ひとりひとりの放射線のスクリーニング検査を実施した。サーベイ（検査済）証明書がなければ、病院や旅館が受け入れないところもあったからだ。

ただ、DMATには、放射線の知識はなく、装備もない。個人的に、NBC（核・生物・化学兵器）研修を受けたメンバーもいるが、それでも三日間ほどだ。

しかし、答えは、やはりそこへ辿《たど》り着いた。

〝DMATしかいない〟

スクリーニング検査の後、DMATは、個別の診察を開始した。

診察の結果、移送可能と認定した患者は、乗ってきた車両に再び乗せられ、茨城、群馬、新潟、栃木などへ移送されていった。

一方、状態が悪く、これ以上移送できない、危険だという患者は、救急車へ収容。DMATが付き添って福島医大などへ搬送し入院させたのだった。

小井土は、震災から三カ月を経た七月上旬、DMATの活動は、すべてが上手くいったのではない、と語った。

しかし、それを克服できた原因は、正式な報告書には載らないだろうとしてこう続けた。

東日本大震災での混乱期、DMAT事務局長として重責を担《にな》った小井土が支えられた言葉があった。恩師である、元日本医科大学の救急学教室主任教授の山本保博《やまもとやすひろ》の言葉だ。

「貯金《ちょきん》より貯人《ちょじん》せよ」

DMATの華々しい活動の裏では、実は、通信がうまくつながらず、また情報が錯《さく》綜《そう》するといった混乱も発生していた。それは重大な障害となったことも小井土は否定しない。

しかし、DMAT本部に、入れ代わり立ち代わり様々な先輩、仲間がやって来ては助言を小井土に与えた。また、被災四県の県対策本部、SCU、空港臨時医療施設には多くのリーダー格のDMATが入り、しかもそれらの人達が日頃から人脈を繫《つな》いでいた仲であったことがすべての困難を克服した、と小井土は確信している。

つまり関係者たちが〝阿《あ》吽《うん》の呼吸〟で出来たことが大きかったと思うと語るのだ。

そしてさらに、東日本大震災でのDMATの活動を振り返りながら、未来へ繋げる思いをこう語った。

阪神淡路大震災のときは、防ぎえた災害死――通常の医療が提供されていれば助かった命は、五百人いたと報告された。そのときの、医療人としての愕然《がくぜん》とした、悲痛な思いが、今回、誰もの中で非常に強かったと強調する。DMATだけでなく、日本赤十字、NPO団体などもそうだったと――。

「医療人の中に、そういう気持ちがある限り、互いに助け合うという気持ちがある限り、これからもそれは繋がってゆくはずです。今回の教訓、反省点はもちろんあります。しかし、そういう気持ちが繋がってゆく限り、志の高い人がいれば、大丈夫だと、そう思います」

そして、最後に小井土はこう付け加えた。

「危機管理において、最大のリソースは、やはり『人』であることをあらためて確信しました」

絶え間なく続いていたDMAT活動が、ようやく落ち着きかけた四月の中旬、休む間もなく、新たなオーダーが飛び込んだ。

危険状態が続く福島第1原発。もしもさらに重大な事態となった場合、DMATが被曝患者の治療にあたって頂けないか――。

疲れ果てた体に鞭《むち》を打つように腹に力を込めた小井土は、ふとそのことを思い出した。

あるマスコミ関係者から電話をもらったのは、東日本大震災発生の一週間後のことだった。だが、すぐに忙しくなり、三十秒もしないうちに電話を切った。

そのとき、最後に何を言ったかも思い出した。

――すぐにかけ直すよ。

カレンダーを見た小井土は苦笑した。

それからすでに一カ月近く経《た》っていた。

（了）

（文中敬称略）

取材ノート

文庫本として出版するにあたり、広報セクションを通してあらためて関係者の方々よりお話を伺った。

東日本大震災より三年近い月日が経《た》っていたが、皆さんのご記憶は鮮明だった。

それだけ、あの災害は、皆さんにとって忘れえぬ思いが、体に刻みつけられていると、今更ながら深い思いに浸った。

私自身も、幾つかの記憶がある。

その多くが「恐怖」だ。

家々を呑《の》み込む大津波、漆黒の闇《やみ》の中で燃え続ける港町、激しく炎上する石油コンビナート、なにが起きているのかわからない原発事故、そして文字通りに墨を塗りたくったようになった計画停電の町——。

しかしそれだけではなかった。

被災地へ足を運び、様々な関係者の方々よりお話をうかがうにつれ、本当は、もっと大変なことが起きていて、そのことを誰も知らないのではないか、その思いに呪縛《じゅばく》されはじめた。

その思いは、関係者やマスコミの方々も同じであったことも驚きだった。

「本当は、重大なことが、ひたひたと進行し、そのことに誰も気づいていないのではないか?」

何人もの人から聞かれた。

また、関係者から言われた言葉に息を飲むこともあった。

「恐れていたことがついに起きてしまいました」

ある国際医療組織に登録した医師からの話も、私にとっては恐怖を増長するものとなった(同医師の実名での話は、掲載上の手続に時間がかかり、文庫化においても間に合わなかった)。

その医師は、チームとともに、東日本大震災の直後に東北に入った。自衛隊の偵察部隊のオートバイがまだ走り回っていたというから、かなり初期に入っていたことになる。自力でガレキを乗り越え、被災地を目指した。ある村に入り、老女を診察すると、とても喜んでくれた。老女は、自分の貴重な食事を医師に分け与えてくれようともした。医師は涙が出て止まらなかったという。

そんな頃、チームにある情報が入った。ヘリコプターが調達できる。原発近くで医療ニーズがある。希望者を募りたいと。

そのとき、チームの誰もが無言となった。手を挙げる者はいなかった。

世界の数々の紛争地域、それも銃弾が飛び交うような世界で命懸けの医療活動をおこなってきた猛者《もさ》たちが逡巡《しゅんじゅん》したのだ。

私は、被災者でもないのに「恐怖」に苛《さいな》まれるようになった。

そんな中で、私は、東北に向かった。

恐怖の実体を、自分の目で確かめたい、という気持ちが突き動かしたのかもしれない。

そのとき私は知ることとなった。

恐怖と立ち向かっている、余りにも多くの人々の存在を。

私は強く思った。

彼ら、あるいは彼女たちの姿を何としてでも記録に留めたい——。

ところが、いざ取材に入ると、私は愕然《がくぜん》とした思いに襲われた。

東北のある場所で、危険を顧みずに最前線で活動されている方と会ったときのことだ。

なんと言って声をかけたらいいのか、言葉が頭に浮かばないのだ。

ごくろうさまです、おつかれさまです——そんな言葉が、余りにも軽く思えた。不謹慎だとさえ思った。

最前線で活動する関係者たちの言葉で、深く記憶に残っているものは数多い。

例えば、福島第1原子力発電所での活動をした自衛隊関係者の言葉だ。

危険な活動をされていることで、心配する気持ちを投げかけたとき、その関係者が言った言葉が今でも忘れられない。

「覚悟はすでにしています」

それに何も言えなかった自分がそこにいた記憶がある。

その他にも忘れえぬ言葉はたくさんあるが、多くの方々が、ふと洩《も》らした、たわいもない言葉について紹介したい。

「若い女性スタッフが作ってくれた。それも形が歪《いびつ》だったことがすごく感動した」

「体の芯《しん》まで凍り付きそうになったとき、それはあまりにも暖かく、よしがんばろうという力となった」

最前線の修羅場において、多くのプロフェッショナルたちが、「おにぎり」に感動し、いかに自分を奮い立たせる原動力となったかを語ってくれた。

不眠不休で疲労がピークに達しているとき、寒さに筋肉が硬直して苦悶《くもん》する中、「おにぎり」に救われたというエピソードに、人間の強さと弱さとを同時に感じないではおれなかった。

ＤＭＡＴ事務局長、小井土雄一医師の言葉どおり、危機管理の最大のリソースとなるのはひとりひとりの人間である。ゆえに、そのとき、そのポストに誰が座っているかによって、危機対応はガラリと変わる――そのことを痛切に感じた。それこそ人間の真の姿なのだとも。

本書はヒーロー伝ではない。その人間が、自然の力の前に、余りにも弱く、苦悩し、恐怖に震え、涙した。しかし、それでも人知れず、力強く、前へ進み続けた者たちがいた。その姿があったことを知ってもらいたい――それが本作品に托《たく》した希望である。

哀悼と謝辞

東日本大震災で、犠牲になられた方々、またそのご遺族に、そして被災された方々にこの本を捧《ささ》げます。

貴重な〝物語〟を残すためにご理解をくださり、貴重な御時間を頂き、取材に応じて頂きました皆様に、心より深くお礼を申し上げます。各機関の広報の方々にも大変お世話になりました。

稚拙な質問を重ね、さらにご面倒の数々をおかけしましたこと、どうかお許しください。

もし事実関係に間違いがありましたら、それはすべて私の責任です。

あのとき、あの日、希望の光があることに気づかない人々は多かった。単なる光ではない。眩《まばゆ》いまでの光に。

一般の日に触れる機会は少ないが、「日本の力」は歴然と存在していました。

頼もしく、強い力が、大災害と真正面から戦い続けたのです。

本書は『文藝春秋』と『週刊文春』に掲載したものに、さらに取材を重ねて大幅に加筆した単行本として新潮社から出版。そして今回、同社から文庫化にあたり、さらに再取材を行い、多くの埋もれていた「記録」を追加した。

文藝春秋の木俣正剛氏、島田真氏からのご指導、ご支援に厚く御礼を申し上げます。出版にあたり、その機会を与えてくださいました、新潮社の正田幹氏と岡田葉二朗氏には、数々のご教示も頂き、誠にありがとうございました。

文庫化にあたり編集をご担当して頂いた、新潮社の石戸谷渉氏には、ご面倒ばかりをおかけし、また貴重なご指導を賜り、深くお礼を申し上げたい。本当にありがとうございました。

なお、登場する方々の職位や階級は震災当時のものとしました。

本文では、敬称を略させて頂いた。お許し頂きたい。

二〇一四年一月

麻生　幾

この作品は二〇一一年八月新潮社より刊行された。
文庫化にあたり大幅に加筆、改訂した。

NHK「東海村臨界事故」取材班
朽ちていった命
―被曝治療83日間の記録―
大量の放射線を浴びた瞬間から、彼の体は壊れていった。再生をやめ次第に朽ちていく命と、前例なき治療を続ける医者たちの苦悩。

NHKスペシャル取材班著
マネー資本主義
―暴走から崩壊への真相―
百年に一度の経済危機を引き起こしたのは何だったか。世界を呑み込むマネー経済の本質を、当事者への直接取材で抉るドキュメント。

春原剛著
在日米軍司令部
北朝鮮ミサイル危機の時、そして東日本大震災の後、在日米軍と自衛隊幹部は何を考え、どう動いたか――司令部深奥に迫るレポート。

春原剛著
零《ゼロ》の遺伝子
―21世紀の「日の丸戦闘機」と日本の国防―
零戦の伝統を受け継ぐ「国産戦闘機」が大空を翔る日はくるのか。「先進技術実証機」開発秘話が物語る日本の安全保障の核心。

秋尾沙戸子著
ワシントンハイツ
―GHQが東京に刻んだ戦後―
日本エッセイスト・クラブ賞受賞
終戦直後、GHQが東京の真ん中に作った巨大な米軍家族住宅エリア。日本の「アメリカ化」の原点を探る傑作ノンフィクション。

菅谷昭著
新版 チェルノブイリ診療記
―福島原発事故への黙示―
原発事故で汚染された国に5年半滞在し、子どものガンを治療し続けた甲状腺外科医。放射線被曝の怖ろしさを警告する貴重な体験記。

佐藤唯行著

アメリカはなぜ
イスラエルを偏愛するのか

ユダヤ・ロビーは、イスラエルに利益をもたらすため、超大国の国論をいかに傾けていったのか。アメリカを読み解くための必読書！

「選択」編集部編

日本の聖域《サンクチュアリ》

この国の中枢を支える26の組織や制度のアンタッチャブルな裏面に迫り、知られざる素顔を暴く。会員制情報誌「選択」の名物連載。

陳天璽著

無国籍

「無国籍」として横浜中華街で生まれ育った自身の体験から、各地の移民・マイノリティ問題に目を向けた画期的ノンフィクション。

手嶋龍一著

たそがれゆく日米同盟
―ニッポンＦＳＸを撃て―

日米同盟は磐石のはずだった。あの事件が起きるまでは――。ワシントンと東京の狭間、孤立無援で闘い続けた哀しき外交戦士たち。

手嶋龍一著

外交敗戦
―130億ドルは砂に消えた―

外交を司る省、予算を預かる省。ふたつの勢力の暗闘が大失策を招いた！ 戦略なき経済大国・日本の真実を圧倒的情報力で描ききる。

手嶋龍一著

ウルトラ・ダラー

拉致問題の謎、ハイテク企業の陥穽、外交官の暗闘。真実は超精巧なニセ百ドル札に刻み込まれた。本邦初のインテリジェンス小説。

櫻井よしこ著
日本が犯した七つの大罪
日朝交渉、道路公団民営化、住基ネット……。櫻井よしこが徹底した取材でこの国の政治の欺瞞を暴き、真の日本再生の方途を探る。

櫻井よしこ著
異形の大国 中国
―彼らに心を許してはならない―
歴史捏造、軍事強化、領土拡大、環境汚染……人口13億の「虚構の大国」の真実を暴き、日本の弱腰外交を問い質す、渾身の中国論。

櫻井よしこ著
日本の覚悟
迫りくる無法者どもに対峙し、断乎として国益を守り抜くため、我々に必要なこととは何か。日本再生を見据えた著者渾身の国家論。

柳田邦男著
「死の医学」への日記
医療は死にゆく人をどう支援し、人生の完成へと導くべきなのか？ 身近な「生と死の物語」から終末期医療を探った感動的な記録。

柳田邦男著
言葉の力、生きる力
たまたま出会ったひとつの言葉が、魂を揺さぶり、絶望を希望に変えることがある――日本語が持つ豊饒さを呼び覚ますエッセイ集。

柳田邦男著
壊れる日本人
―ケータイ・ネット依存症への告別―
便利さを追求すれば、必ず失うものがある。少しだけ非効率でも、本当に大事なものを手放さない賢い生き方を提唱する、現代警世論。

佐野眞一著　東電ＯＬ殺人事件

エリートＯＬは、なぜ娼婦として殺されたのか――。衝撃の事件発生から劇的な無罪判決まで全真相を描破した凄絶なルポルタージュ。

佐野眞一著　東電ＯＬ症候群《シンドローム》

事件は終わらなかった――。死してなお強い磁力を発する「彼女」に、日本中が感応を始めた。浮き彫りになる女たちの闇、司法の闇。

佐野眞一著　甘粕正彦　乱心の曠野
講談社ノンフィクション賞受賞

主義者殺しの汚名を負い入獄。後年一転「満州の夜の帝王」として、王道楽土の闇世界に君臨した男の比類なき生涯に迫る巨編評伝！

石井光太著　神の棄てた裸体
―イスラームの夜を歩く―

イスラームの国々を旅して知ったあの宗教と社会の現実。彼らへの偏見を「性」という視点から突き破った体験的ルポルタージュの傑作。

石井光太著　絶対貧困
―世界リアル貧困学講義―

「貧しさ」はあまりにも画一的に語られていないか。スラムの生活にも喜怒哀楽あふれる人間の営みがある。貧困の実相に迫る全14講。

石井光太著　レンタルチャイルド
―神に弄ばれる貧しき子供たち―

カネのため手足を切断される幼子。マフィアが暗躍する貧困の現実と、運命に翻弄されながらも敢然と生きる人間の姿を描く衝撃作。

「新潮45」編集部編

殺人者はそこにいる
—逃げ切れない狂気、非情の13事件—

視線はその刹那、あなたに向けられる……。酸鼻極まる現場から人間の仮面の下に隠された姿が見える。日常に潜む「隣人」の恐怖。

「新潮45」編集部編

殺ったのはおまえだ
—修羅となりし者たち、宿命の9事件—

彼らは何故、殺人鬼と化したのか——。父母は、友人は、彼らに何を為したのか。全身怖気立つノンフィクション集、シリーズ第二弾。

「新潮45」編集部編

凶悪
—ある死刑囚の告発—

警察にも気づかれず人を殺し、金に替える男がいる——。証言に信憑性はあるが、告発者も殺人者だった！ 白熱のノンフィクション。

清水　潔　著

桶川ストーカー殺人事件 遺言

「詩織は小松と警察に殺されたんです……」悲痛な叫びに答え、ひとりの週刊誌記者が真相を暴いた。事件ノンフィクションの金字塔。

高山文彦著

「少年A」14歳の肖像

一億人を震撼させた児童殺傷事件。少年Aに巣喰った酒鬼薔薇聖斗はどんな環境の為せる業か。捜査資料が浮き彫りにする家族の真実。

鹿島圭介著

警察庁長官を撃った男

２０１０年に時効を迎えた国松長官狙撃事件。特捜本部はある男から詳細な自供を得ながら、真相を闇に葬った。極秘捜査の全貌を暴く。

門田隆将著

なぜ君は絶望と闘えたのか
―本村洋の3300日―

愛する妻子が惨殺された。だが、犯人は少年法に守られている。果たして正義はどこにあるのか。青年の義憤が社会を動かしていく。

山本譲司著

獄窓記
新潮ドキュメント賞受賞

秘書給与詐取事件で実刑判決を受けた元代議士。彼を待っていたのは刑務所内の驚くべき実態であった……。衝撃の真実を伝える手記。

豊田正義著

消された一家
―北九州・連続監禁殺人事件―

監禁虐待による恐怖支配で、家族同士に殺し合いをさせる――史上最悪の残虐事件を徹底的に取材した渾身の犯罪ノンフィクション。

森功著

黒い看護婦
―福岡四人組保険金連続殺人―

悪女〈ワル〉たちは、金のために身近な人々を脅し、騙し、そして殺した。何が女たちを犯罪へと駆り立てたのか。傑作ドキュメント。

「週刊新潮」編集部編

黒い報告書

いつの世も男女を惑わすのは色と欲。城山三郎、水上勉、重松清、岩井志麻子ら著名作家が描いてきた「週刊新潮」の名物連載傑作選。

「週刊新潮」編集部編

黒い報告書2

不倫、少女売春、SM、嫉妬による殺人……。実在の事件をエロティックに読み物化した「週刊新潮」の名物連載傑作選、第二弾。

前《まえ》へ！

―東日本大震災と戦った無名戦士たちの記録―

新潮文庫　あ-45-4

平成二十六年　三月　一日　発行

著者　麻《あそ》生《う》幾《いく》

発行者　佐藤隆信

発行所　株式会社　新潮社

郵便番号　一六二―八七一一
東京都新宿区矢来町七一
電話　編集部(〇三)三二六六―五四四〇
読者係(〇三)三二六六―五一一一
http://www.shinchosha.co.jp

価格はカバーに表示してあります。

乱丁・落丁本は、ご面倒ですが小社読者係宛ご送付ください。送料小社負担にてお取替えいたします。

印刷・錦明印刷株式会社　製本・錦明印刷株式会社

ISBN978-4-10-121934-9　C0195